JN008776

無形資産が経済を支配する

資本のない
資本主義の正体

CAPITALISM WITHOUT CAPITAL
The Rise of the Intangible Economy

ジョナサン・ハスケル＋スティアン・ウェストレイク［著］
山形浩生［訳］

東洋経済新報社

Original Title:
CAPITALISM WITHOUT CAPITAL
The Rise of the Intangible Economy
by Jonathan Haskel and Stian Westlake

Japanese translation published by arrangement
with Princeton University Press
through The English Agency (Japan) Ltd.

原著ペーパーバック版序文

ちょうど本書のハードコピー版最終ゲラの朱入れを終えて、それをロンドンのフェデックスの営業所から、アメリカの版元に送ろうとしていた。原稿をフェデックスの封筒に入れて、送り状の記入を始めた。住所、発送元、品名、等々ときて、最後に「内容物の価額」のところにきた。荷物の正確な価値に自信がなかったので、そこは空けておいた。フェデックスの職員は尋ねた。「『ゼロ』はだめですよ。アメリカの税関に変だと思われて、配達が遅れかねません。中身は何ですか？」

「私たちの本のプリントアウトです」

職員はそれを手で持った。「かなり重たい紙の塊ですね。５ポンドと書いておきます」

なんとも皮肉きわまりないことだが、私たちは紙の塊と無形資産――本の中のアイデア――との関係をあれこれ考えてきたというのに、この本の価値と言われて答えが出せずにいる。実地に体験しなければその真価はわからないというよい教訓でもあった。

私たちの学習プロセスは、本書のハードカバー版が出た後も続いた。「マージナルレボリューション」ブログのタイラー・コーエンは、無形投資が長期停滞につながりかねないという私たちの考えを発展させて、私たちよりも明解に表現した。『タイムズ』紙のマーティン・ウルフは無形経済が持つ「4S」という我々の枠組みを伝える新しい方法を与えてくれた。『エコノミスト』誌のコラム「ボタンウッド」執筆者は、無形ベース企業の台頭は株式市場を激変させ、少数のエリート高収益株を生み出すかもしれないと指摘し、『投資家クロニクル』のクリス・ディローは投資家にとっての意味合いをさらに考察した。

ネスタやグーグル、全国産業審議会での講演で、人々はブロックチェーン技術が無形資産のスピルオーバーの管理に役立ち、それが新たな経済成長の基盤となるのではというアイデアを提起してくれた。イギリス財務省や内閣、OECD、ワシントンでの講演では、無形投資が政府にとって持つ影響についても考えを深めねばならなかった。

無形資産の計測と価値評価の問題をことさら浮き彫りにするニュース報道は、イギリスの建設・アウトソーシング企業カリリオンの倒産だった。カリリオン社は建設会社として知られているので、有形資本主義を体現する企業だと思うだろう。舗装、オフィスビル建設、巨大パワーショベル使用。どれも非常に確固たるものだ。なんといっても同社はかつて、ターマック社と呼ばれていたのだ（訳注：ターマックはアスファルトの別称）。

驚いたことに、同社はまったくそんなものではなかった。カリリオン社倒産からしばらくして、金融ジャーナリストは同社のバランスシートが20億ポンドの（非現金）資産を含んでいることを指摘した。うち75％にあたる15億ポンドほどは無形資産——具体的にはのれん代だった。評論家は、その無形資産とは何で、なぜそれがこんなにあっさり消えてしまったのかと問うた。

実はこれは、無形投資をあらわすのに企業会計基準がいかに不十分なものかを示す典型だった。これまで学んだ通り、おおむね企業会計は無形資産を無視する。だがある企業が他の企業を買収するときは例外だ。その場合（ちょっと単純化すると）買収金額と資産簿価との差額は、「のれん代」という単一の無形資産にまとめられ、買い手企業のバランスシートに載るのだ。

この資産は、何か研究開発やデザインやビジネス関係など具体的な無形資産と関連したものではない。あるとすれば、それは生産のための資産というよりは、金融資産（買収された企業の証券の暗黙価値）に似たものだ。つまりのれん代は、本書で論じた無形資産とはまったくちがう代物であり、それだけがあらゆる無形資産の中で企業会計において資本化されるという事実は、企業のバランスシートと今日の経済で本当に重要な種類の資産とのギャップを示すさらなるしるしだ。

本書がペーパーバック版として出るのは喜びであり、またハードカバー版を読んでコメントするだけの手間暇を親切にもかけてくれたみんなにここで感謝できるのも喜びだ。このペーパーバック版が、無形投資の台頭が社会の厚生や公共政策、経営者、投資家についてどんな意味を持つのか、さらなる議論を引き起こすことを願いたい。

【目次】

第1章

無形資産の台頭で何が変わるのか？

第Ⅰ部

無形経済の台頭

第2章 姿を消す資本 18

第3章 無形投資の計測 49

第4章

無形投資はどこが違うのか?：無形資産の4S

第Ⅱ部

無形経済台頭の影響

第5章

無形資産、投資、生産性、長期停滞 134

第6章

第7章

第8章 無形経済への投資資金という課題

第9章 無形経済での競争、経営、投資

第1章 無形資産の台頭で何が変わるのか？

昔ながらの企業価値評価、あるいはエセックスで1000年

コリン・マシューズは困惑していた。鑑定人たちが自分の空港中をうろつくなんて、絶対に許し難い。でも3年たって、もはや止めるすべもなかった。

時は2012年夏。3年にわたり彼は、イギリス競争・市場庁による、イギリス空港会社（BAA）解体の試みと戦ってきた。彼はイギリスの大空港をほとんど所有しているこの会社をずっと経営してきたのだった。でも法的な対抗手段が尽きてしまい、もう諦めることにした。

そういうわけでスーツと表計算ソフトと安全ベストを備えた男女が彼の空港をうろつき、潜在的な買い手にとってどのくらいの価値を持つか見極めようとしていた。会計士や弁護士や測量士

やエンジニアたちは、計測しては会計的な評価を行って、徐々にではあるがロンドン北東部にあるイギリス第四の空港スタンステッド空港の総価値を計算していった。

彼らは滑走路、ターミナル、預け入れ荷物の処理施設の値段を付けていった。駐車場、バス停、空港ホテルの値段についても合意を見た。地下の燃料ポンプについては多少の議論があったが、その計算もＢＡＡの会計士たちにとっては、目新しい話ではなかった。資産の設置費用から減価償却を引いて、インフレ分を補正するのだ。そういうわけで、スタンステッド空港は２０１３年に15億ポンドで売却されたが、この価格は会計士たちがこの事業について行った価値評価とほとんど同じだった。

ある意味で、スタンステッド空港の価値評価の作業はきわめて21世紀的な風景に見えた。そもそも空港自体が21世紀的だ。グローバル化した現代性のシンボルとして、空港に勝るものはあるまい。会計士や弁護士の軍団がいた。彼らは金融資本主義の、あらゆる場面で目撃される召使いたちだ。そしてもちろん、プロセスの経済的論理も忘れてはならない。そもそもＢＡＡを民間部門に移した民営化から、その解体を引き起こした競争政策、さらに解体後の資産を買おうと群がるインフラ基金。どれもきわめて現代的だ。

でも同時に、スタンステッド空港の価値評価は、もう何世紀も前から行われているのと同じ活動だった。物理的なモノを数えて計測することで何かの価値をつきとめるという仕事は、長く貴い伝統を持っている。

９００年以上も前、当時ただの田舎村だったスタンステッドは、似たような場面の舞台となった。代官たちや伝令（コリン・マシューズを困惑させた会計士や弁護士たちの11世紀版の前身だ）がこの場所に集まり、征服王ウィリアムの実施したイギリスの富に関する莫大な調査ドムスデイブック（土地台帳）のためにスタンステッドの価値を評価しようとしたのだった。ラップトップではなく数え棒を使って、彼らは独自の価値評価を行った。人々と話をしてモノを数えた。スタンステッドには製粉所、ウシ16頭、ブタ60匹、奴隷３人を持つと記録した。そして数えたモノを計測し、スタンステッド荘園を年11ポンドと価値評価した[1]。

そして中世のスタンステッド村に彼らがつけた価値は、２０１３年に空港を売ってＢＡＡが得た15億ポンドよりはずいぶん少ない。だが代官たちや征服王ウィリアムのために計測を行った使節たちは、コリン・マシューズの会計士たちがやっていたことと、根本的には同じことをしていたのだった。

何世紀にもわたり、人々が何かの価値を測ろうとするときには――所領、農場、会社、国など――物理的なモノを数え計測した。特に、耐久価値を持つものを計測した。そうしたモノは会計士のバランスシートで固定資産となり、また経済成長を理解しようとする試みの中で経済学者や国家統計担当者が数え上げる投資にもなった。

やがてこうした資産や投資の性質は変わった。草原やウシの重要度は下がり、動物は機械や工場や車両やコンピュータに道を譲った。しかし資産というのが概ね触れるモノだという発想や、投資というのが物理的なモノを作ったり買ったりすることだ、というのは、20世紀の会計士や経済学者たちにとっても、ドムスデイブックの書記官たちにとっても正しい考え方だった。

なぜ投資が重要か

投資の性質は、銀行家から経営者まで各種の人々にとって重要だ。経済学者も例外ではない。投資は経済的思考の多くで、中心的な地位を占める。投資は資本を造り上げるもので、その資本は労働と共に、経済を動かす生産への投入として計測されるものとなる。つまり経済を動かすための腱と関節だ。国内総生産（ＧＤＰ）は、消費、投資、政府支出、純輸出の価値の合計と定義される。この四つのうち、好況不況の原動力となることが多いのは投資だ。というのもこれは、金融政策や事業者の不安次第で劇的に変動しかねないからだ。ＧＤＰの投資要素こそは、経済のアニマルスピリットが吠えるところであり、不景気が最初に食いつくところなのだ。

結果として、国民所得をまとめるのが仕事の統計職員たちは、企業が毎年、毎四半期、どれだけ投資するかを計測するのに、長く継続的な努力を注いできた。１９５０年代以来、国の統計機関は定期的に企業にアンケートを送り、企業がどれだけ投資しているか突き止めようとした。それぞれの資産がどのくらい保つか理解するため、定期的な調査も行われる。そして特にコンピュータのようなハイテク投資については、時間とともにどれだけ改善しているかも調べる。

ごく最近まで、国の統計局が計測する投資はすべて有形資産だった。こうした投資は華々しい工業を基本として現代を代表するものだった（２０１５年のイギリスでは、企業は新しい建物に７８０億ポンド投資し、ＩＴ、工場、設備に６００億ポンド、車両に１７０億ポンド投資した）[2]。でも投資とは物理財に対するものだという基本原則は、征服王ウィリアムの代官たちでも納得したことだろう。

投資のダークマター

でももちろん、経済は有形資産だけでまわっているわけではない。たとえばスタンステッド空港は、滑走路やターミナルやトラックだけでなく、見たり触ったりしづらいものも所有している。複雑なソフトウェア、航空会社や小売り業者との価値ある合意、社内のノウハウ。こうしたものはすべて、構築に時間もお金もかかったり、空港を所有した人にとっては、長持ちする価値を提供するものだが、物理的なモノではなくアイデア、知識、社会関係でできている。経済学者の用語だと、これらは無形資産と呼ばれている。

経済が非物質的なものに依存するようになるかもしれない、という発想は目新しいものではない。アルヴィン・トフラーやダニエル・ベルのような未来学者は、１９６０年代や１９７０年代というずいぶん昔から「ポスト工業化」の未来について語るようになっていた。１９９０年代にコンピュータとインターネットの力がずっとはっきりしてくると、非物質的なものが経済的には重要だという発想は、ますます広く受け入れられるようになった。社会学者たちは「ネットワーク社会」「ポストフォーディズム」経済といった話をした。経営の神様たちは、経営者に対して知識経済で活躍する方法を考えろとうながした。経済学者たちは、研究開発やそこから生まれたアイデアを、経済成長のモデルに組み込めるのではと考えるようになった。こうした経済は、ダイアン・コイルの著書『脱物質化社会』という題名に手際よくまとめられている。チャールズ・レッドビーターのような著者は、人々が間もなく「虚空で生きる」ようになると示唆した。

２０００年のドットコムバブルの崩壊で、ニューエコノミーに関する荒唐無稽な主張は抑え込まれたが、経済学者たちの間では、ずばり何が変わっているのか研究は続いていた。２００２年に、所得と富に関する研究会議の会合で経済学者たちが集められたのは、こういう文脈でのことだった。彼らは、「ニューエコノミー」と呼ばれるもので人々が行っている種類の投資をずばり計測するにはどうすべきか考えるために呼ばれたのだ。この会議以降、アメリカ連邦準備制度理事会のキャロル・コラードとダン・シチェル、メリーランド大学のチャールズ・ハルテンは、ニューエコノミーの各種投資について考える枠組みを開発した。

この種の投資がどういうものか考えるために、その会合の時点で世界で最も時価総額が高かった企業を取り上げてみよう。マイクロソフト社だ。マイクロソフト社の2006年における市場価値は2500億ドルほどだった。マイクロソフト社の資産を計上するバランスシートを見たら、総資産は700億ドルほどで、うち600億ドルは現預金や金融資産だ。[3] 工場や設備といった伝統的な資産はたった30億ドル、マイクロソフト社の資産の4％という微々たるもので、時価総額の1％に過ぎない。つまり伝統的な資産会計によると、マイクロソフト社は現代の奇跡だ。これは資本なき資本主義なのだ。

この会議からほどなくして、チャールズ・ハルテンはマイクロソフト社の帳簿を精査して、なぜこんなに時価総額が高いのかを説明しようとした（Hulten 2010）。彼はいくつかの無形資産、「通常は具体的な製品やプロセスの開発に伴うものや、組織能力への投資、企業がある市場で競争できるような立ち位置を作り出すような製品プラットフォームの構築または強化のための投資」となる資産を同定した。マイクロソフト社が研究開発や製品デザインへの投資で生み出したアイデア、ブランド価値、サプライチェーンや社内構造、研修で構築した人的資本などがその例だ。

こうした無形資産は、どれもマイクロソフト社のオフィスビルやサーバーのような物理的実体を持たないが、どれも投資の特徴を持つ。同社はこうしたものに対して事前に時間とお金を費やさねばならず、そしてそれはマイクロソフト社が恩恵を受けるような価値を、長期にわたって提供した。でも、それらは普通は企業バランスシートには現れず、無理もないことだが、国民経済計算での国のバランスシートにも登場しない。コラード、ハルテン、シチェルらの研究成果は、アンケート、既存の時系列データ、様々な情報源や手法を用いたデータからの推計などを使い、無形投資を推計する手法の開発に大きく貢献したのだった。

未来への道中で起きた奇妙なできごと

かくして無形研究プログラムが生まれた。2005年のコロラドで、ハルテンとシチェルはアメリカ企業が無形資産にどれだけ投資しているかについて、最初の推計を公表した。2006年にハルテンはイギリスを訪れ、イギリス財務省でその研究についてセミナーを開いた。それを受けて財務省は即座に、この研究をイギリスに拡大するためのチームを組成した（本書著者の一人もその一員だった）。同じ作業が日本でも始まった。OECD（経済協力開発機構）のような組織は、かなり早い時期から無形資産に取り組み（たとえばYoung 1998参照）、政策や政治の部門で無形投資の考え方を促進し、その発想は台頭しつつあった経済ブログ界隈の評論家たちの間で、多少の注目を集めた。図1-1が示すように、「無形」の言及は、無味乾燥な学術誌においてすら、着実に流行するようになった。

だがそこで経済アジェンダを一変させるできごとが生じた。2008年の世界金融危機だ。経

図1-1　科学専門誌における「無形（intangibles）」の言及

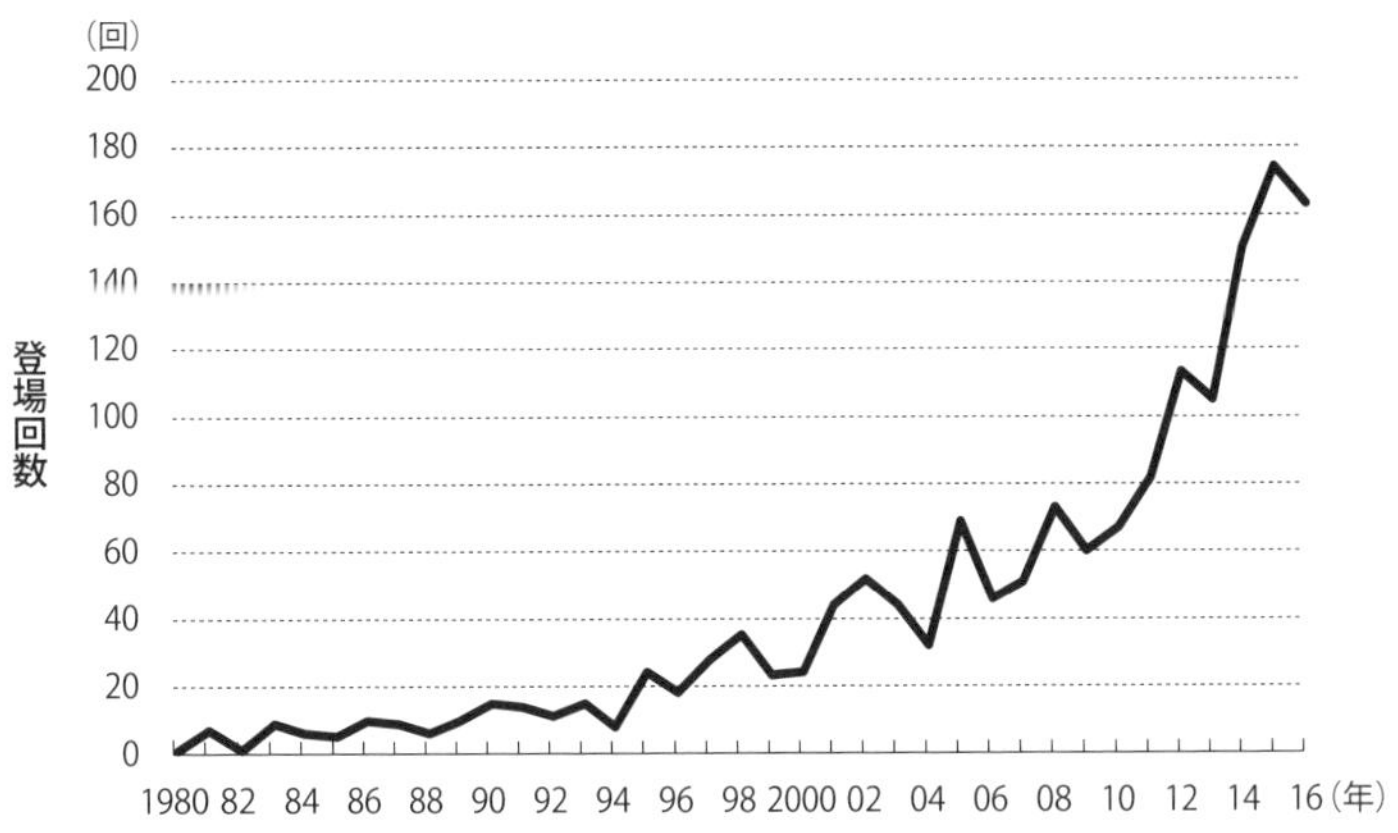

データは「経済学、計量経済学とファイナンス」分野において概要、題名、キーワードに「intangible」が、ScienceDirectデータベースに登場する回数。
出所：ScienceDirectに基づく著者の計算

済学者と経済政策担当者たちは、当然ながら新しい経済と称するものを理解するよりも、経済全体が荒廃へと崩壊するのを防ぐほうに関心があった。危機の最も危険な部分が回避されると、経済論争を支配するようになったのは、一連の新しく、いささか陰気な問題だった。これほどとんでもない破綻ぶりを見せた金融システムをどう直すか、富と所得の格差が急拡大したという認識、そして生産性上昇の長期的な停滞にどう対応するか、という問題だ。ニューエコノミーの発想がまだ議論されたとしても、それは悲観的でディストピア的とすら言える形での言及となった。つまり、技術進歩は回復不能なまでに停滞し、経済的な希望を破壊してしまったのだろうか？　技術は悪となり、みんなの仕事を奪うロボットを作り出すだろうか、あるいは悪性で強力な人工知能を登場させるだろうか？

だがこうした陰気な課題がマスコミの論説欄やブログにおける経済学論争の主題となっている間にも、資本の新形態を計測するプロジェクトは静かに進んでいた。アンケートや分析による無形投資の時系列データが生み出された。まずはアメリカについて、それからイギリス、さらに他の先進国についてもそれが進んだ。財務省や国際組織はそうした研究を支援し続け各国の統計機関もまたある種の無形投資、特に研究開発を投資調査に含めるようになった。過去の時系列データも構築され、無形投資がこれまでどう変動してきたかが見えてきた。そしてこれから見る通り、無形投資は、ほとんどあらゆる先進国で、ますます重要性を増してきた。実際、一部の国ではすでに有形投資を上回るようになっている。

無形投資は何が違うのか

さて、経済的な観点からすると、企業の投資対象の種類が変わるのは、それ自体としておかしなことではないし、特に興味深いわけでもない。いやむしろ、これ以上普通のことはないくらいだ。経済の資本ストックは絶えず変わり続けている。運河にかわって鉄道が出てくるし、馬車のかわりに自動車が出てきて、タイプライターのかわりにコンピュータ、そしてもっと細かい水準でも、企業は投資の構成をいつも見直している。本書での私たちの中心的な主張は、無形投資には何か根本的に違うものがあるということだ。そして無形投資への着実な移行を理解すると、今日私たちが直面している重要課題のいくつかが理解しやすくなるということだ。イノベーションと成長、格差、経営の役割、金融と政策改革などについて、これが言える。

無形資産には一つ大きな違いがあるということをこれから示そう。まず、ほとんどの計測手法がそれを無視している。これにはもっともな理由もあるが、無形投資が重要になるにつれて、いまや私たちは資本をすべて計測せずに資本主義を計測しようとしていることになる。第二に、無形資産の基本的な経済特性により、無形主体の経済は有形主体の経済とは違うふるまいを示す。

計測：資本なき資本主義

これから論じる通り、伝統的な会計慣行は、無形投資を見るときに、それが長期にわたる資本資産を作り出すものとは考えない。そしてこれは確かに一理ある。マイクロソフト社が机やオフィスビルに投資すれば、それは目に見えるし、中古オフィス設備やオフィス床の賃貸市場を見れば、その投資の日々の価値はおおむね分かる。だがもっとよいソフト開発への投資やユーザーインターフェース改善への投資の価値を直接的に見ることができる市場はない。だからこの投資に関わる「資産」を計測するのは、実に難しい作業だ。慎重さで知られる会計士は、よほど限られた状況でもない限り（普通はソフトがうまく開発され、販売され、目に見える市場価格ができた場合だけ）、そんなことはしたがらない。

こうした保守的なアプローチは、この種の財への投資がほとんどない経済なら大いに結構だ。しかしそうした投資が有形投資を上回るようになると、経済のますます大きな部分が白紙のまま残されてしまう。

無形資産の性質：なぜ経済が大きく変わりつつあるのか

もし計測ミスだけが問題なら、無形投資へのシフトは比較的どうでもいい問題かもしれない。例えるなら、経済の中で新しいトラックのほとんどは数えているけれど、いくつか数え残しがある、というようなものだ。統計局にとっては見すごせない問題だが、それだけでしかない。

だが無形資産の台頭には、もっと重要な影響があるというのが私たちの議論だ。無形資産は全体として、伝統的に支配的だった有形投資とは、全体としてかなり違う経済特性を持っているのだ。

まず、無形投資はサンクコスト（埋没費用）を表すことが多い。企業が工作機械やオフィスビルといった有形資産を買ったら、必要に応じてそれらを売却できるのが普通だ。多くの有形投資は、かなり大規模でかなり特殊なものですら転売できる。オーストラリアの鉱山で使われる巨大なトラクターがお気に召したら、マシーナリーゾーンというオンラインオークションサイトで中古品を買える。ワールドオイルズでは、あまり使い込まれていない石油掘削リグが販売されている。そしてＵＶＩサブファインドという企業は、中古の潜水艦を取り扱っている。ところが無形資産は転売しにくいし、それを作る企業に固有のものである場合が多い。トヨタ自動車はカンバン生産システムに何百万ドルも投資するが、その投資を工場から引き剥がして転売するのは不可能だ。そして一部の研究開発は特許となって転売できることもあるが、ずっと多くの部分はその投資を行った企業固有のニーズにあわせたもので、知的財産市場はきわめて限られたものとなってしまう。

無形投資の第二の特徴は、それがスピルオーバー（波及効果）を作り出すということだ。フルーゲルバインダーの製造業を営んでいるとしよう。工場という形の有形資産を持ち、フルーゲルバインダーのすばらしい新設計という形の無形資産を持っている。その会社が工場からの便益を最大限に獲得できるようにするのは、バカみたいに簡単だ。工場のドアに鍵をかければいい。もし無料で工場を使わせろと言われたら、丁寧に断ればいい。侵入されたら、警察を呼んで逮捕してもらう。

ほとんどの先進国では、これは実に白黒はっきりした話だ。実際、工場など所有する有形資産の便益を自分が獲得できるようにするというのは、あまりに簡単なので、質問するほうがばかばかしく思える。

だが設計となると、話はまったく違ってくる。真似されないよう秘密にしておくことはできるが、競合他社が製品のフルーゲルバインダーを買って、それをリバースエンジニアリングするかもしれない。真似をされないように特許を取れるかもしれないが、競合他社は「迂回発明」をして、製品の各種側面をちょっと変えて特許が適用できないようにしてしまえる。

特許がしっかりしていても、特許侵害で賠償を得るのは、警察に工場侵入者を引っ捕らえてもらうよりもはるかにややこしい――何カ月、何年にもわたる訴訟の挙げ句、勝てるかどうかもわからない。あのライト兄弟は、世界初の飛行の後で、もっと優れた飛行機の開発に時間を費やすどころか、特許を侵害していると思った競合開発者と戦うのにほとんどの時間をかけていた。私的な投資のはずだったものから他人が便益を得る傾向――経済学者たちがスピルオーバーと呼ぶもの――は多くの無形投資の特徴だ。

無形資産の価値の源泉

無形資産はまたスケーラブル（拡張可能）であることが多い。コーラを考えよう。ジョージア州アトランタにあるコカ・コーラ社は、コーラ1リットルを製造するときに起こる様々なできごとの中で、ほんの一部しか担当していない。その最も価値ある資産は無形だ。ブランド、ライセンス合意、コカ・コーラをコカ・コーラらしい味にするシロップを製造するためのレシピ。コーラ製造販売事業のその他ほとんどの部分は、コカ・コーラ社とは無関係のボトリング会社が行っており、そのボトリング会社のそれぞれは、世界のある地域でコーラを生産する合意を結んでいる。こうしたボトラーたちは通常、自前のボトリング会社、営業部隊、車両群を持っている。

アトランタのコカ・コーラ社が持つ無形資産は全世界にスケーリングできる。コカ・コーラの製法とブランドは、コーラが1日10億杯売れようと20億杯売れようとまったく同じ働きを持つ（ちなみに実際の売上は現在17億杯ほどだ）。ボトリング会社の有形資産は、ずっとスケーリングしにくい。オーストラリア人たちが急にコカ・コーラをたくさん飲むようになったら、コカ・コーラ・アマティル社（地元のボトリング会社）はおそらくその配送トラック増大、生産ライン拡大、やがては新工場に投資しなくてはならないだろう。

最後に、無形投資はシナジーを持つ傾向にある（経済学者なら相補物と呼ぶものだ）。組み合わせにもよるが、あわせたほうが価値が高まるMP3プロトコルは、ミニハードディスクと、アップル社によるレコードレーベルとの契約やデザイン能力とが組み合わさってiPodを生み出した。これはきわめて価値の高いイノベーションだ。こうしたシナジーはしばしば予想がつかない。電子レンジは、軍事関連企業（レーダー設備からのマイクロ波が食品を温めるのに使えることを偶然発見）と家電メーカー（家電機器の設計能力を活用）の提携で生まれた。有形資産にもシナジーはある——たとえばトラックと積み込み場、あるいはサーバーとルーターなど——が、通常は無形資産ほど革新的で予想外の規模にはならない。

結論

こうした異様な経済特性から見て、無形資産の台頭は投資の性質におけるちょっとした変化ではすまない。無形資産が平均では有形投資とは違うふるまいをするので、無形資産が支配的な経済もまた違うふるまいをすると思ってよさそうだ。

実は現代経済における資本の性質の変化を考慮すると、各種の不思議な現象が、理解しやすくなってくる。本書ではこれから、無形投資へのシフトが経済について関心のある人すべてが気にしている四つの大きな問題の理解に役立つことを示す。長期停滞、長期的な格差拡大、非金融経済を支持するにあたっての金融システムの役割、経済が栄えるために必要なインフラとは何か、という四つの問題だ。こうした理解をもとに、続いてこうした経済変化が政府の政策担当者、企業、投資家にとってどんな意味を持つか理解できるようになる。こうして私たちの旅は、過去の鑑定人たちを超えて、現代の無形投資という地図なき領域へと導いてくれる。

第Ⅰ部 無形経済の台頭

第2章

姿を消す資本

投資は経済で最も重要な活動の一つだ。だが過去30年にわたり、投資の性質が変わった。本章はその変化がどのようなものかを描き、その原因を検討する。第3章では、この投資変化をどう計測するかを考える。第4章では、この新種の投資が持つ異様な経済的性質を検討し、なぜそれが重要かを考える。

投資はあらゆる経済の機能の中心にある。時間、リソース、お金を割いて将来役に立つものを作れるようにするというのは、経済的な観点からすると、企業や政府、個人の活動で決定的な部分だ。

本書の出発点は、ある観察だ。過去数十年にわたり、投資の性質が次第に、だが重要な形で変化している、というものだ。

この変化は決して情報技術が主体ではない。新規投資はロボットやコンピュータ、シリコンチップといった形を取ってはいない。ただしこれらすべて、物語における助演にはなっている。抜きがたく台頭してきた投資の種類は無形投資だ。つまりアイデア、知識、美的感覚、ソフト、ブランド、ネットワークや関係への投資だ。

本章はこの変化と、それが生じた理由を描く。

スポーツジムへの旅

物語の発端はスポーツジム、それも二つのスポーツジムだ。２０１７年のスポーツジムと１９７７年のスポーツジムを訪れて、どこが違うかを見てみよう。これから見るように、スポーツジムのような一見するとさほどハイテクではない産業ですら、投資の種類を微妙に変えている。赤裸々ながらも典型的な例なのだ。

スポーツジムは、無形経済を探る旅の出発点として興味深い場所だ。というのも、一見するとあまり無形な部分がなさそうだからだ。スポーツジムなんか大嫌いだという方ですら、そこに行けば何があるかについて、なんとなくご存じだろう。２０１７年のスポーツジムは、この事業運営に必要な設備だらけだ。コンピュータのある受付と回転ドアがあるかもしれない。運動用の機械、ウェイト、シャワー設備、ロッカー、マット、鏡（「鏡こそスポーツジムで最も多用される設備なんだ」とあるスポーツジムの所有者は冗談めかした）。こうした設備はすべて、スポーツジムを所有運営する企業の財務に反映される。彼らの会計簿は通常、触って目に見える資産を大量に含む。それはその運営事務所から、顧客の使うランニングマシンやバーベルまでを含む。

さて40年前のスポーツジムを考えよう。１９７７年のアメリカはジムだらけだった。アーノルド・シュワルツェネッガーの出世作映画『アーノルド・シュワルツェネッガーの鋼鉄の男』が公開されたばかりで、彼がロサンゼルスのベニスビーチにあるゴールドジムでトレーニングしている場面が大量に出てくる。このジムは１９６５年に開業し、アメリカ全国にフランチャイズ展開していた。他のスポーツジムは、ノーチラスのようなマシンを備えていた。これは固定ウェイトマシンの元祖で、１９６０年代末にアーサー・ジョーンズが発明したものだった。当時のジムを見回したら、今日のジムとずいぶん似ているので驚くかもしれない。確かにウェイトマシンは少ないだろうし、またずいぶん古くさいだろう。会員の管理にはコンピュータではなくインデックスカードを使っていたはずだ。物理的な内装も、ずっと無骨だったかもしれない。だがそれ以外では、事業の目に見える資産はほぼ同じだ。トレーニングの部屋、着替えの部屋、設備。

足に落としても怪我しない

だが２０１７年のスポーツジムに戻ってもっとよく見れば、少し違う点に気がつくだろう。実は現代のジムは、1977年のジムとは違う様々なものに投資しているのだ。フロントデスクのコンピュータにあるソフトは、会員を記録し、クラスを予約し、スタッフのローテーションをスケジュール管理して、それが中央のデータベースとつながっている。ジムにはブランドがあり、これは各種広告キャンペーンを通じて構築されたものだ。1977年のジムの広告などは、これに比べれば実にお粗末だ。

運営マニュアルもあり、スタッフに対して新会員の勧誘から、サボる顧客への対応まで各種の作業のやり方を教えてくれる。スタッフはこのマニュアルに従うよう研修を受け、すべてをルーチン化された効率性をもってこなしている。これは『鋼鉄の男』の気ままな世界では異様に見えるだろう。

こうしたもの——ソフト、ブランド、プロセス、研修——はすべて、ウェイトマシンや回転ドア、ジムの入居しているビルとちょっと似ている。つまり短期的にはお金がかかるが、長期的にはスポーツジムが機能して儲けるのに役立つということだ。だが物理的な特徴と違い、こうしたもののほとんどは人が触れることができない——足の上に落としても怪我をする危険はまったくない。

ジム事業はいまでも、物理的な資産のかなりのへビーユーザーだ（イギリスの四大スポーツジムは、プライベート・エクイティ企業が保有しているが、これは資産集約事業がお気に入りだ）。だが40年前のスポーツジムに比べたら、人が触れることができない資産の比率がはるかに大きい。

そしてこの変身はもっと根深い。部屋の一つで、このジムは会員向けの定期トレーニング教室を開催している。最も人気が高いのがボディパンプと呼ばれる、というか入り口のドアについた看板によれば「ボディパンプ®」だ。実はこの場で事業を行っているのは、ジムの運営会社だけではないのだ——そしてこの二番目のビジネスのほうが、経済的な観点からするとさらに興味深い。

トレーニング教室の運営は別企業

ボディパンプは、「高強度インターバルトレーニング」(HIIT)と呼ばれる運動の一種で、参加者は音楽にあわせて活発に動き、軽量のウェイトを持ち上げる。だがこの説明では、ワークアウトの強度や、うまく運営されたHIIT教室が顧客に引き起こす、アドレナリンまみれの献身ぶりをとても伝えきれない。登録商標マークがついていたのは、ボディパンプがこの建物で活動している別の企業が設計所有しているからだ。それはニュージーランドの、レズミルズ・インターナショナル社という企業だ。

レズ・ミルズはオリンピックの重量挙げ選手で、ジョー・ゴールドがロサンゼルスに最初のジムを開設した3年後に、オークランドで小さなジムを設立した。その息子フィリップはロサンゼルスを訪れ、音楽とグループ訓練とを組み合わせると有望だと見て取った。彼はそれをニュージーランドに持ち帰り、ルーチンにウェイトを追加して1997年にボディパンプを生み出した。そしてルーチンを書き上げ、それを最新の高エネルギー音楽コンピレーションと組み合わせることで、他のジムに売れる製品ができると気がついた。

2005年には、ボディパンプやボディコンバットのようなレズミルズ教室が世界55カ国のおよそ1万カ所で提供され、週ごとの参加者は推定400万人とされる（Parviainen 2011）。同社のウェブサイトによれば、現在では週ごとの参加者は600万人だという。

レズミルズ社のデザイナーたちは、3カ月ごとにこのプログラム向けに新しい振り付けを作りあげる。それを撮影し、その映像にガイダンスをつけて振り付けのポイントを説明し、さらに音楽ファイルを添えて、ライセンスを受けたインストラクターたちにそれを発送する。

執筆時点で、こうしたインストラクターは13万人にのぼるという。インストラクターになるために3日にわたる研修を受ける（受講料は現在300ポンドほど）。これで生徒に教えられるようになるが、先に進むためには完全な教室の風景を撮影したビデオをレズミルズ社に送らねばならない。それにより、技法や振り付け、コーチングがチェックされるわけだ。

イノベーションよりもイナベーション

レズミルズ社のような企業がお金儲けのために使うものは、1977年のゴールドジムのバーベルやマットとはかなり違うようだ。確かに、その資産の一部は物理的なもの——録画機器、コンピュータ、オフィスなど――だが、ほとんどは違う。彼らは非常に価値の高いブランドの束を持っており（スポーツジムの顧客は、ボディパンプが提供されなくなると反乱を起こすことで知られる）、著作権と商標で保護された知的財産（ＩＰ）、運動教室設計の技能、一群のサプライヤやパートナー（たとえば音楽配信業者やトレーナー）との独占的な取引関係もある。

ワークアウト方法のアイデアにより儲けるという発想は目新しいものではない――レズ・ミルズが生まれる10年前に、チャールズ・アトラスはボディビル講座を販売していた――が、レズミルズ・インターナショナル社の事業規模と、それがブランド、音楽、コース設計、研修を組み合わせるやり方は驚異的だ。

スポーツジムの世界をのぞくと、きわめて物理的な事業――文字通り、物理的な身体の事業――ですら過去数十年で、非物質的なものにずっと依存するようになったことが示唆される。これは、何百ものニュース記事でお馴染みとなった、インターネットによる破壊の物語ではない。レコード店はナップスター、iTunes、スポティファイに置き換わってしまったが、スポーツジムはアプリで置き換わったりはしていない。ソフトウェアが自分のかわりにウェイトを持ち上げてくれたりはしない。

それでも事業は、二つの違った形で変化した。１９７０年代と表面的に似ている部分――ジムそのもの――をシステムやプロセス、取引関係、ソフトウェアが縦横に貫くようになっている。これはイノベーションというよりむしろ、イナベーション（神経挿入）だ――つまり身体器官に神経が挿入され、感覚を持たせ、秩序を与え、制御できるようにするのだ。そして人が触れることができないものに基づく形で成功している新企業が立ち上がりつつある。

本章ではこれから、スポーツジム産業で起こった投資と資産の変化が、経済の至るところで見られること、そしてなぜそうした変化が起きたかを見る。だがその前に、投資とは何なのかをもっと厳密に考えることにしよう。

投資、資産、資本とは何だろう?

スポーツジムが運営とお金儲けのために買ったり開発したものというのは、資産と投資だ。投資は経済学者にとってきわめて重要だ。というのもそれは経済の「資本ストック」と呼ばれるものを構築するからだ。資本ストックとは、経済産出となる財やサービスを生み出すために労働者が使う、道具や設備のことだ。

だが「投資」「資産」「資本」はわかりにくいこともある。「投資」を考えよう。ファイナンス系のジャーナリストは通常、証券を売買する人々を「投資家」と呼んで、「投資家の気分」を不安げに診断する。その同じジャーナリストは、ウォーレン・バフェットのような長期金融家を「投資家」と呼び、その短期のライバルたちを「投機家」と呼んだりする。大学に行こうかと考えている人は、「教育は最高の投資だからね」なんて言われたりする。

「資産」と「資本」という言葉もまた、混乱する各種の方法で使われる。有名な『21世紀の資本』で、トマ・ピケティ（Piketty 2014）は資本を「個人が所有できる各種の富」と定義した。マルクス主義の著述家たちは一般に「資本」を会計的な定義だけでなく、ある収奪システム全体に適用する。「資産」もまた各種の定義を持つ。

多くの企業は自社の事業資産というのを、工場設備のストックだと考える。会計士にとって、銀行口座の現金や顧客がまだ払っていない売掛金を事業資産に含めるのは当たり前だ。だがこれは生産に使われる機械のようには思えず、むしろその事業の結果のように見える。

こうした複数の意味があるし、またこうした用語をこれから多用することになるので、本書での投資、資本、資産の定義を確立しておくほうがいいだろう。

私たちは投資について、世界中の統計機関が国民経済のパフォーマンスを計測するときに使う、国際的に合意のとれた定義を一貫して使う。これは標準化されているし、すでに十分考え抜かれているし、ニュース記事でいつも見うけるＧＤＰといった数字にも直接結びつく。

国連のＳＮＡによる定義

国民会計のバイブルとも言うべき国連の国民経済計算（ＳＮＡ）によると、「投資とは、生産者が固定資産を購入するか、リソース（お金、努力、原材料）を費やしてそれを改善するときに起こることである」[1]。これはかなり集約された定義なので、その意味を解きほぐそう。

まず「資産」の定義を見よう。「資産」とはある期間にわたり便益を提供すると期待される経済リソースだ[2]。銀行が新しいサーバーやオフィスビルを買うときには、そこからの便益がある期間は続くものと期待している――まちがいなく1年でおしまいということはないだろう。電気料金を四半期ごとに支払うのであれば、その電力の便益は3カ月続くだけだ。だからサーバーと建物は資産だが、電力や、その料金を支払ったという事実は資産ではない。

第二に、「固定」という言葉を考えてほしい。「固定」資産というのは、生産プロセスにおいてリソースを消費することから生じるものだ。飛行機や自動車や薬の特許はすべて、生産されねばならない――だれかが無から有を創り出す作業をしなければならない。

これが、金融資産との大きな違いだ。たとえば公開企業の株式持ち分は金融資産だ。株式の持ち分は生産されるものではない(もちろん、その持ち分をあらわす株券を印刷するという意味では生産されているが、それはどうでもいい部分だ)。

つまり経済学者が「投資」というとき、それは個人ファイナンス的な意味で、株を買ったりするような意味の投資ではない。そして固定資産の話をしているのだから、企業の銀行口座にある現金といった、会計上の概念の話もここには含まれない。

第三に、「リソースを使う」という話があった。投資となるためには、その投資を行う企業は、その資産をどこかから購入するか、あるいはそれを費用をかけて自分で生産しなくてはならない。

最後に、生産者という言葉がある。国民会計では企業や政府や第三セクターによる「生産」を計測する。家計の生産（たとえば自宅での洗濯や料理）は含まれないし、家計による投資（たとえば洗濯機やコンロ）も含まれない。これは国民会計を計算するときの定義として決まった特性であり、人々がＧＤＰを批判する理由の一つでもある（これはかなりでかいし、歴史的に主に女性が実施してきた経済の部分を記録から外してしまうからだ）。

いつの日か、「生産」が国民会計でもっと広い意味を持つようになるかもしれない。本書で描く変化のほとんどは、いわゆる生産者だけでなく家計部門にも当てはまると私たちは考える。

つまり本書で「投資」というとき、証券市場で紙切れを売買する話をしているのではないし、家計が大学の学費を払う話をしているわけでもない。むしろ、企業、政府、第三セクターが固定（つまり非金融）資産を創り出すために行う支出の話をしている。つまり、生産サービスの長期ストリームを創り出すために使われたリソースの話をしている。こうした長期の生産サービスを提供する固定資産を「資本」と呼ぼう。経済学者たちはこれを「生産要素」と呼ぶ[3]。

投資がすべてさわれるものとは限らない

前の節で挙げた投資の例に、薬の特許があった。これはたとえば医薬品会社が持っていたりする。医薬品会社はもちろん生産者であって、家計ではない。企業はその特許を生み出すためにリソースを支出したり、その特許を買ったりしなくてはならない。

特許は生産プロセスから生じる——ここでは研究室で活動する科学者たちの仕事で生じる。そしてその特許がよいものなら、長期的な価値を持つだろう。同社はそれを将来利用のために開発し、それに基づいた医薬品を売ったりできるからだ。

特許は無形資産の一例で、無形投資のプロセスにより生み出された。またスポーツジムの話に出てきた各種資産も同様だ。ジムの会員管理ソフトから、レズミルズ・インターナショナル社のボディパンプのブランドまで。こうしたものは生産プロセスから生じ、生産者により購入されたり改善されたりして、長期的に便益を提供する。

この種の投資は、経済の至るところに見られる。

仮にあるソーラーパネルの生産者が、太陽電池生産の安いプロセスを研究により発見したとしよう。その会社は現在発生する経費を使い、将来便益が得られると期待される知識を生み出したわけだ。あるいは、音楽ストリーミングの新興企業を考えよう。この会社は何カ月もかけてレ

表2-1　有形と無形の事業投資例

有形投資	無形投資
建物	ソフトウェア
情報通信設備（コンピュータハード、通信設備など）	データベース
コンピュータ以外の機器	研究開発
車両	鉱物探索
	娯楽創造、文芸・芸術の創作
	デザイン・設計
	研修・訓練
	市場リサーチとブランディング
	ビジネスプロセス・リエンジニアリング

出所：SNA 2008 10.67節とtable 10.2、およびCorrado, Hulten, and Sichel 2005をもとに構成。SNAはまた兵器システムは耕作生物資源も有形資産に含める。無形資産として研究開発、鉱物探索と評価、コンピュータソフトやデータベース、芸術的創作を含める。他の無形資産はCorrado, Hulten, and Sichel 2005をもとに構成

コードレーベルとの契約を設計交渉し、そのレコードレーベルが持つ曲を使わせてもらおうとする——これも短期の支出により長期の利得を生み出そうとするものだ。研修企業が、人気ある計量心理テストを行う長期的な権利を購入したとしよう。これもまた投資だ。

こうした投資の一部は、新しい技術的アイデアだ。一部はハイテクとはあまり関係ない各種のアイデア、たとえば新しい製品設計やビジネスモデルなどだ。タクシーアプリの運転手ネットワークのような、長期的または独占的関係という形を取ることもある。

コード化された情報もある。たとえば顧客ポイントカードのデータベースなどだ。すべてに共通しているのは、それが物理的なものではないということだ。だから私たちはそれ

を無形投資と呼ぶ。

表2-1にいくつか例を示した。左側は有形事業投資だ。建物、コンピュータハードのような情報通信設備、コンピュータ以外の機器、車両など。右側は無形投資となる。ソフトウェア、データベース、設計、鉱物探索、研究開発、ビジネスプロセスなどだ。こうした右側の無形投資は、企業や国民会計士たちが投資に含めたがらない要素だ。だがこれから見る通り、過去40年でその一部は投資に含まれるようになった。

無形投資は着実に増加

無形投資がスポーツジム事業で拡大してきた物語は、珍しいものではない。

多くの人がお馴染みの、別の産業部門をみてみよう。小売りスーパーマーケットだ。40年前のセルフサービスのスーパーに行ったら、古くさく思えるだろうが、でもスーパーだとはわかるはずだ。当時のスーパーは陳列棚や冷凍室やフリーザーだらけの巨大な部屋で、これは今とまったく同じだ。顧客は自分の買いたい物をショッピングカートに入れて、それをレジに持っていって代金を支払う。裏方ではトラックが中央倉庫からスーパーの在庫を補充する。

もちろん、スーパーマーケット事業の有形資産の側面だって、いまや変化はしている。店舗の形は変わり（一部は巨大化して郊外に移り、一部はずっと小さくなって都心にある）、レジのシリコンチップは増えたし、セルフサービスのレジさえある。

だがこうした変化は、スーパーマーケットの無形資産の変化に比べれば些細なことだ。1970年代でもすでに、バーコードがますますスーパーの在庫管理に使われるようになっていた。1980年代と1990年代になると、これがサプライチェーン管理のコンピュータシステムをもたらし、この部門の生産性は激増した。スーパーマーケットは複雑な値づけシステムに投資を始めた。

またブランディングとマーケティングのキャンペーンも野心的になった（これは各種の独自ブランド製品も含む）。従業員向けの詳細なプロセスやシステムが続き、それに伴って研修も進んだ。そして管理システムでは店舗や中央本部が業績を追跡し、在庫水準を安定させ、プロモーションを計画できるようにした。

これに伴い、各種の無形投資集約事業がこの部門に登場した。たとえばフレッシュダイレクトやオカドといったオンラインストア（これは店舗のかわりにソフトを使う）や、スーパーマーケットを支援する情報処理事業、たとえば顧客ポイントのデータ処理専門事業者であるダンハンビーやLMUKなどだ。

急伸するハイテク企業は、無形投資集約度の最も高い企業だ。理由の一部はソフトウェアとデータが無形資産だということ、そしてコンピュータや電気通信の能力拡大でソフトウェアにできることが拡大していることだ。だがベンチャー資本家マーク・アンドリーセンの言う「ソフトウェアが世界を食い荒らす」プロセスは、ソフトウェアに限ったことではない。他の無形資産も大量に関わってくる。

アップル社のデザインと、その無類のサプライチェーンを考えよう。それがあるおかげで、同社はエレガントな製品をすばやく市場に出し、しかも顧客の需要を満たすだけの大量出荷ができるのだ。あるいはウーバーやAirbnbなどシェアリングエコノミーの巨人が開発した、運転手やホストのネットワークを考えよう。あるいはテスラ社の製造ノウハウも考えよう。コンピュータとインターネットはこの投資変化の重要な推進力だが、この変化は長期にわたるものだし、ワールドワイドウェブはおろか、インターネットやパソコンにすら先立つものだ。

〝添え物〟だった無形投資

無形投資の台頭をはっきりさせるには、経済全体についてのデータを見ればいい。ここしばらく、経済学者たちは国民会計に含まれない無形資本を計測し、無形投資の量に関する推計の精度をますます高めている。この計測の中身とやり方については次章で扱うが、全般的なトレンドは図2−1の示す通りだ。

かつての経済学者は無形投資の計測に注目していなかったが、最近の学者は何十年も前に企業が無形資産にどれだけ投資したかを再現できるようになった。

図2-1　アメリカの有形投資と無形投資の推移

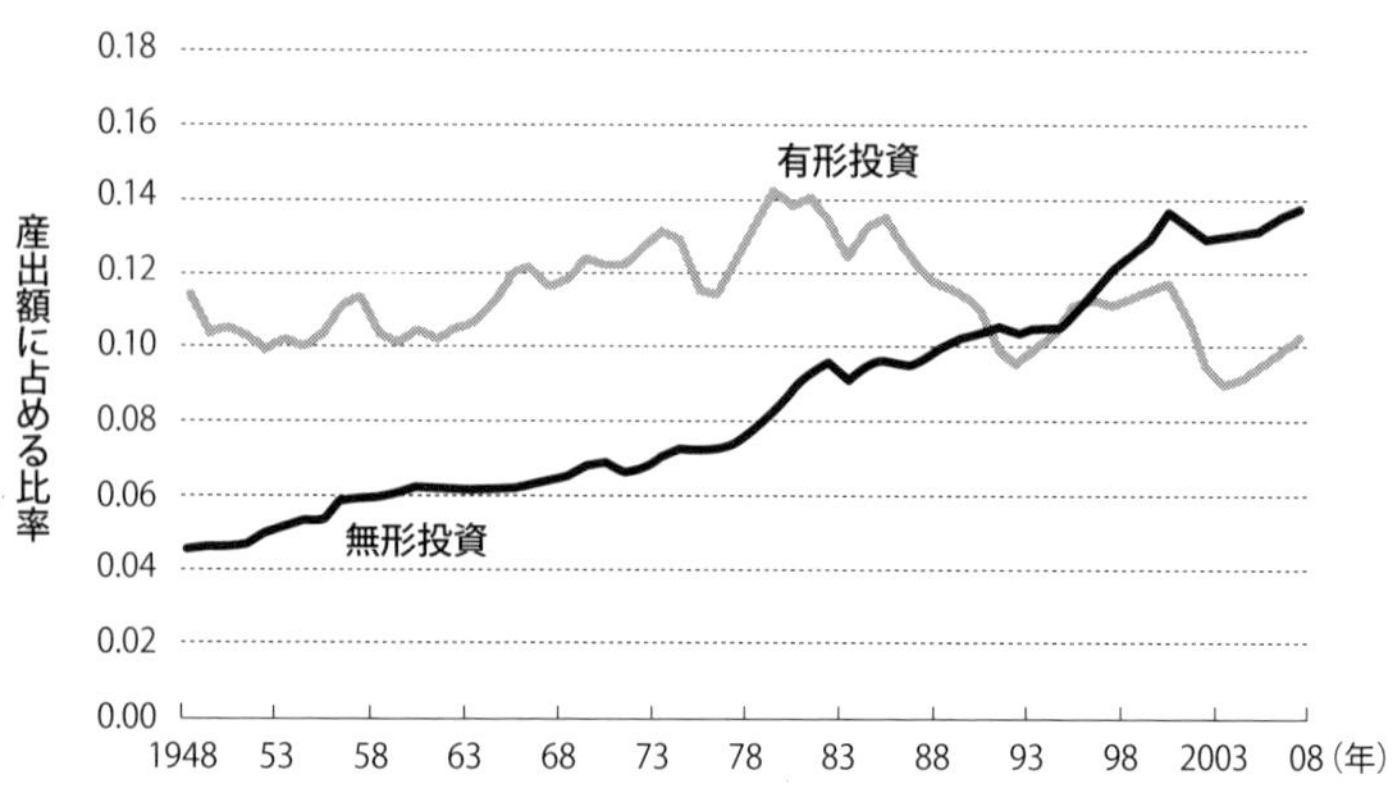

データは、アメリカの有形資産と無形資産への投資額を、アメリカ非農業部門産出（無形産出含む）に対する比率で示したもの。最終データは2007年。
出所：Corrado and Hulten 2010、オンラインデータ補遺

かつては、最先進国ですら無形投資というのは添え物でしかなかった。グラフが示す通り、やがてこのバランスがだんだん変化していった。無形投資は着実に増えた。有形投資は、経済全体に占める割合としては成長が鈍化し、ときに減ることもあった。アメリカでは、どうも１９９０年代半ばに無形投資が有形投資を追い越したらしい[4]。

こんなに遡れるのはアメリカだけだが、イギリスについてはピーター・グッドリッジらが１９９２年に遡る推計を出している（Goodridge et al. 2016）。彼らによると、無形投資が有形投資を追い越したのは１９９０年代末頃だという（図2-2参照）。

最近のＥＵ出資プロジェクトのいくつかは、このデータをＥＵ諸国について一貫し

図2-2　イギリスの有形投資と無形投資の推移

データは、イギリス市場部門の有形・無形投資を、イギリス市場部門産出（無形産出含む）に対する比率で示したもの。最終データは2014年。
出所：Goodridge et al. 2016

た形で集めようとしている。[5] 主要ヨーロッパ経済のデータが図2-3に出ているが、無形投資は増えているものの、まだ有形投資を追い越してはいないことがわかる。

すべての国を合計すると図2-4が得られる。これは無形投資が有形投資を、世界金融危機の頃に追い越したことを示唆している。

結果を国ごとに分解すると、国によって無形集約度にはばらつきがあるのがわかる。図2-5はデータのある国について、有形・無形投資がGDPに占める割合を示している。グラフは無形投資の割合の順で並んでいる。一番左がスペインとイタリアだ。どちらもGDP比で無形投資の水準が最低で、有形投資の水準は比較的高い――有形集約型経済といえる。それに続くドイ

図2-3　ヨーロッパの有形投資と無形投資

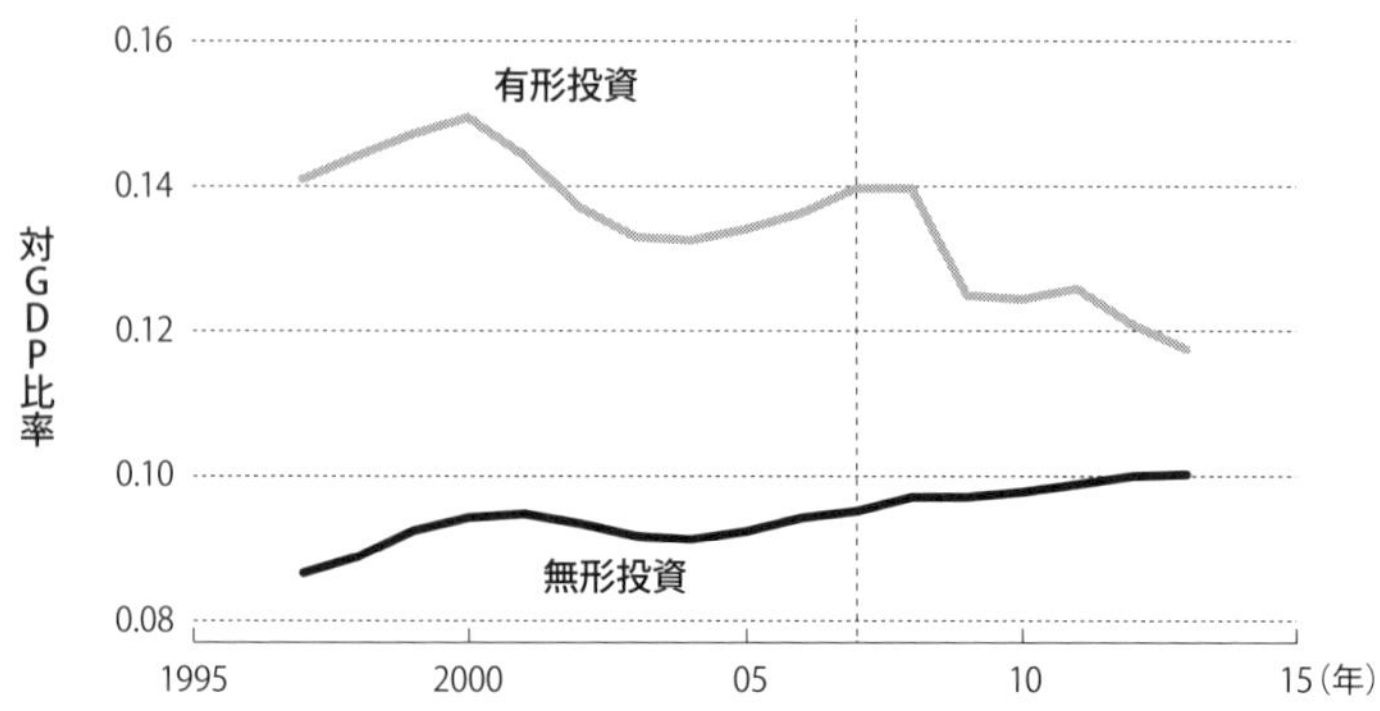

データは、EU諸国経済の有形・無形投資を、GDP（無形産出含む）に対する比率で示したもの。最終データは2013年。ヨーロッパ諸国はオーストリア、チェコ共和国、デンマーク、フィンランド、フランス、ドイツ、イタリア、オランダ、スペイン、スウェーデン、イギリス。
出所：INTAN-Investデータベース（www.intan-invest.net）に基づく著者の計算

図2-4　ヨーロッパとアメリカの有形投資と無形投資

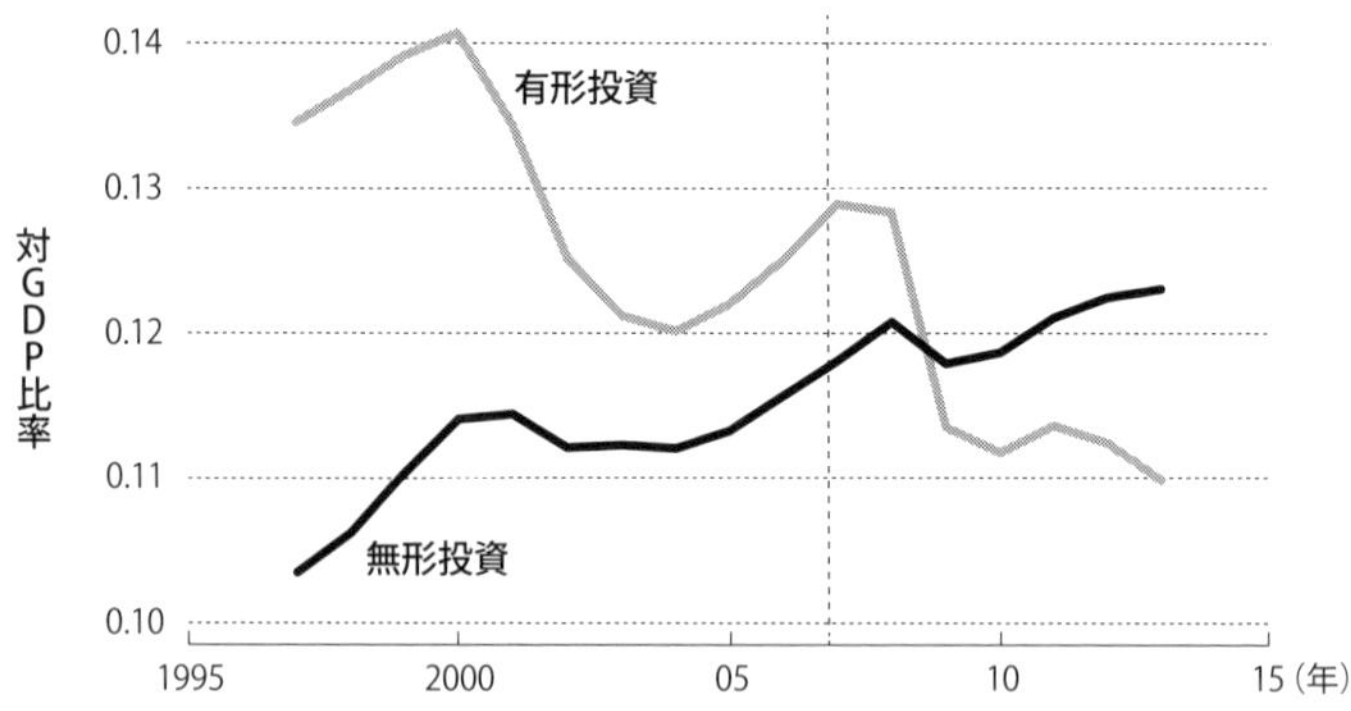

含まれているのはオーストリア、チェコ共和国、デンマーク、フィンランド、フランス、ドイツ、イタリア、オランダ、スペイン、スウェーデン、イギリス、アメリカ。
出所：INTAN-Investデータベース（www.intan-invest.net）に基づく著者の計算

図2-5　有形投資と無形投資の各国GDP比（1999-2003年平均）

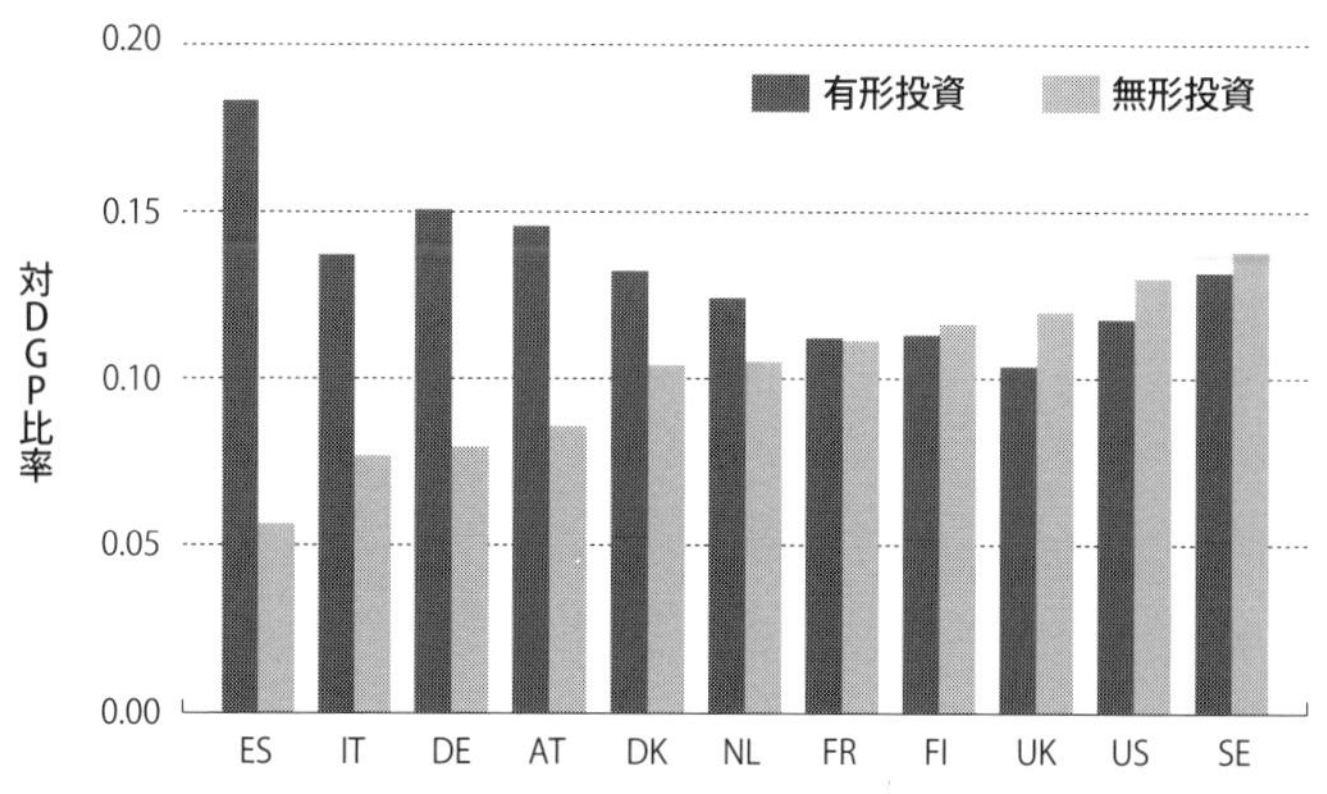

データは全経済、無形投資を含めるように補正したGDP。国はオーストリア（AT）、デンマーク（DK）、フィンランド（FI）、フランス（FR）、ドイツ（DE）、イタリア（IT）、オランダ（NL）、スペイン（ES）、スウェーデン（SE）、イギリス（UK）、アメリカ（US）。
出所：INTAN-Investデータベース（www.intan-invest.net）に基づく著者の計算

ツ、オーストリア、デンマーク、オランダ、フランスでは、無形集約度は低から中水準で、有形集約度は高から中水準となる。どの国も有形投資のほうが無形投資より多い。フィンランド、イギリス、アメリカ、スウェーデンでは、いずれも無形投資のほうが有形投資を上回る。

こうした国ごとの違いは、直感的にもうなずける。おおざっぱに、地中海諸国は無形投資の最低グループで、北欧、アメリカ、イギリスがてっぺんにあり、その他大陸ヨーロッパは中間だ。

こうしたグラフは、無形投資を分類して計測しようという10年以上もの研究の成果だ。次章では、この研究を検討し、計測手法を説明する。だがその前に、この無形投資の長期的な増大の理由を考えておくほうがいいだろう。

無形投資の増加原因

本書の主な狙いは、なぜ無形投資がこんなに着実で長期的な増大を見せているかを説明することではない。私たちは、その台頭と、それが経済全体にあたえる影響のほうに関心がある。だが無形投資をどう計測したか細かく見る前に、その理由をいくつか考えよう。

この驚くべき変化の原因を理解するために、さっきのグラフで示唆されていた、国ごとの違いに戻ることにしよう。

技術と費用

製造業部門の生産性は、サービス産業よりも急速に上昇するのが通例だと昔から理解されていた。なぜなら、オートメーションと労働節減設備は、製造業のほうで貢献が大きいからだ。これは時間がたつにつれ、労働集約型サービスの値段は製造財と比べて高価になるということだ（この影響を描いたウィリアム・ボーモルにちなんで、経済学者はこれを「ボーモルのコスト病」と呼ぶ）。

さてほとんどの有形投資は製造業が中心だ（車や工作機械やシリコンチップなど様々なものを創り出している世界中の無数の工場を考えよう）。確かに有形投資には大量の労働が必要だ（配線、部品の組みつけ、建設産業では丸ごと）が、あくまで製造業も重要だ。

これに対して無形投資は、はるかに多くを労働に依存している。デザインにはデザイナーへの支払いが必要だ。研究開発は、科学者への支払いが必要だ。ソフトウェアには開発者への支払いが要る。だから、無形投資支出は次第に、ボーモルが予言したとおり有形投資を上回るようになると予想される。この上昇の一部は、一部の無形費用はほとんどが「固定」または「一回限り」だという論点により相殺されるかもしれない。だからこれが話のすべてであるはずはないが、それでも一要素であるはずだ。

技術と無形投資の生産性

新技術はまた、企業が無形資産に生産的な形で投資する機会を増やしているようだ。最もわかりやすいのがＩＴだ。情報通信には多くの無形投資が必要なため、これはほとんど定義からしてＩＴが改善すれば効率が高まる。

ウーバーが、運転手の広大なネットワークを構築するのに行った投資を考えてみよう。コンピュータやスマートフォンの発明以前にも理論的には可能だが（タクシーの無線配車ネットワークはあったわけだし）、投資収益率はスマートフォンにより激増した。スマートフォンは人々をすばやく結びつけ、運転手の評価と乗車の料金計測もできるからだ。

ソーシャル技術もまた、無形投資の収益性を改善した。19世紀ドイツにおける企業のR&D研究所という概念と、ドイツおよびアメリカでのその発展（つまり無形投資を生み出すプロセスへの無形投資）は商業R&Dを系統的で価値の高いものにした。トヨタによるとされるリーン生産システムのカンバン方式といったシステムの発明と発達は、組織的な投資に対する収益を高めた。GitHubやStack Overflowのようなコードレポジトリやその使われ方は、ソーシャル技術の一種だ――プログラマの共同作業を支援することで、ソフトウェア投資への収益を高めるのだ。

無形投資の国別データはこの一端をうかがわせてくれる。図2-6は無形投資の対GDP比と、IT有形投資の対GDP比との間にある程度の相関を見せている。

この図は興味深い問題を提起している。無形投資の上昇は、IT改善の副作用に過ぎないのでは？　無形経済というのは、ムーアの法則のおまけのようなものか、それともエリック・ブリニョルフソンとアンドリュー・マカフィーがセカンド・マシン・エイジ（第二機械時代）と呼ぶものの付随物なのだろうか？　技術変化の因果関係を証明するのは難しいが、話がこれよりは少し複雑だと考えるべき根拠はある。確かに一部の無形資産はコンピュータを通じて機能する――実際、無形資産の一部門であるソフトウェアの場合、コンピュータは前提として必要条件だ。そして多くの無形資産、たとえば娯楽などの市場規模はITで大幅に拡大した可能性も高い。

だが無形経済の唯一の原因がコンピュータの台頭だというのは、ちょっと考えにくい。まずす

図2-6　無形投資とIT有形投資（1999–2013年平均）

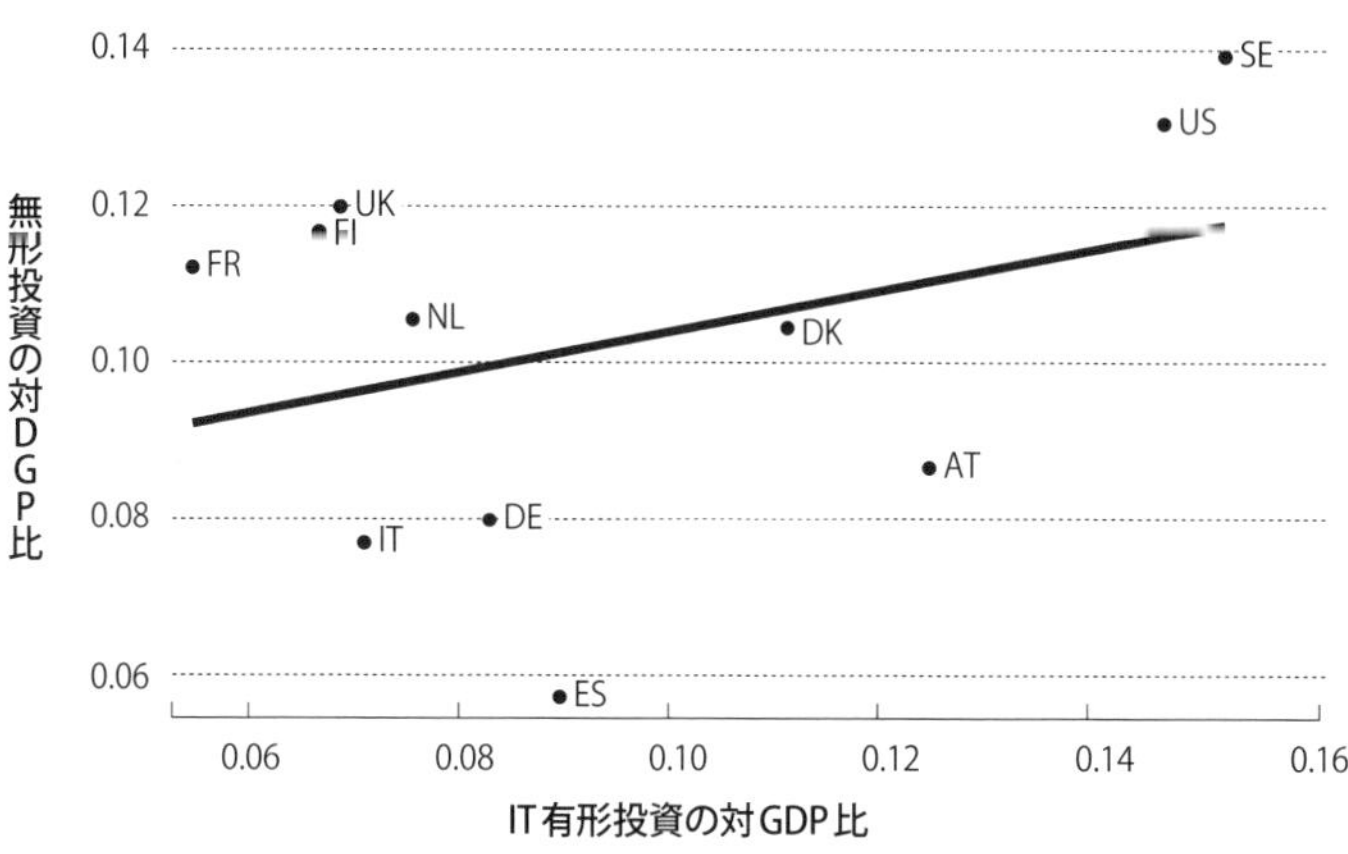

国はオーストリア（AT）、デンマーク（DK）、フィンランド（FI）、フランス（FR）、ドイツ（DE）、イタリア（IT）、オランダ（NL）、スペイン（ES）、スウェーデン（SE）、イギリス（UK）、アメリカ（US）。
出所：INTAN-Investデータベース（www.intan-invest.net）に基づく著者の計算

でに見た通り、無形投資の増大は半導体革命以前、１９４０年代や１９５０年代に始まっている。それ以前からあったかもしれない。第二に、ソフトウェアやデータのような無形投資は大いにコンピュータに依存するが、そうでないものも多い。ブランド、組織開発、研修などがそうだ。最後に、イノベーション研究文献の著述家の多くは、むしろ無形投資の増大こそが現代ＩＴの発展につながった面も大きいと論じている。

歴史家ジェームズ・ベニガー（Beniger 1986）は、現代の情報技術が今のような形で発達したのは、生産と運用をコントロールするという圧倒的なニーズがあったからだという。まずそれは軍隊で始まり、それからビジネス界でも起こった――この論理からすれば、ＩＴやそれを生み出した研究は無形投資に飢えた経済が形成したものであり、無形投資が各種ＩＴの偶発的な発明への対応として起こったのではないということになる。[6]

産業構造

無形投資増大の説明として考えられるものの一つは、企業が生み出すもののバランスが変わったというものだ。先進国の産出は、ドイツや日本のような巨大製造業部門を持つ国ですら、ほとんどがサービスであることは常識だ。「ポスト工業社会」の台頭を初めて唱えた社会学者や未来学者たちはまた、知識経済と呼ばれるようになるものの予言者でもあった。では、現代世界が暗い悪魔のような工場を、システム、情報、アイデアに投資するサービス企業に置き替えているというのは本当なのだろうか？

蓋を開けてみると、証拠はそんなにはっきりしない。図2-7を見ると、ここで取りあげたすべての国で、サービス業は１９９０年代後半には有形投資集約型だったが、それが逆転した。驚いたことに、製造業は、有形集約度よりも無形集約度のほうが大きい。だから経済の構造は、無形投資の相対的重要性に影響するが、その影響は時間と共に変わる。製造業のデータは意外では

図2-7　製造業とサービス業の無形集約度（実物部門付加価値の実質シェア、EUとアメリカ、非農業）

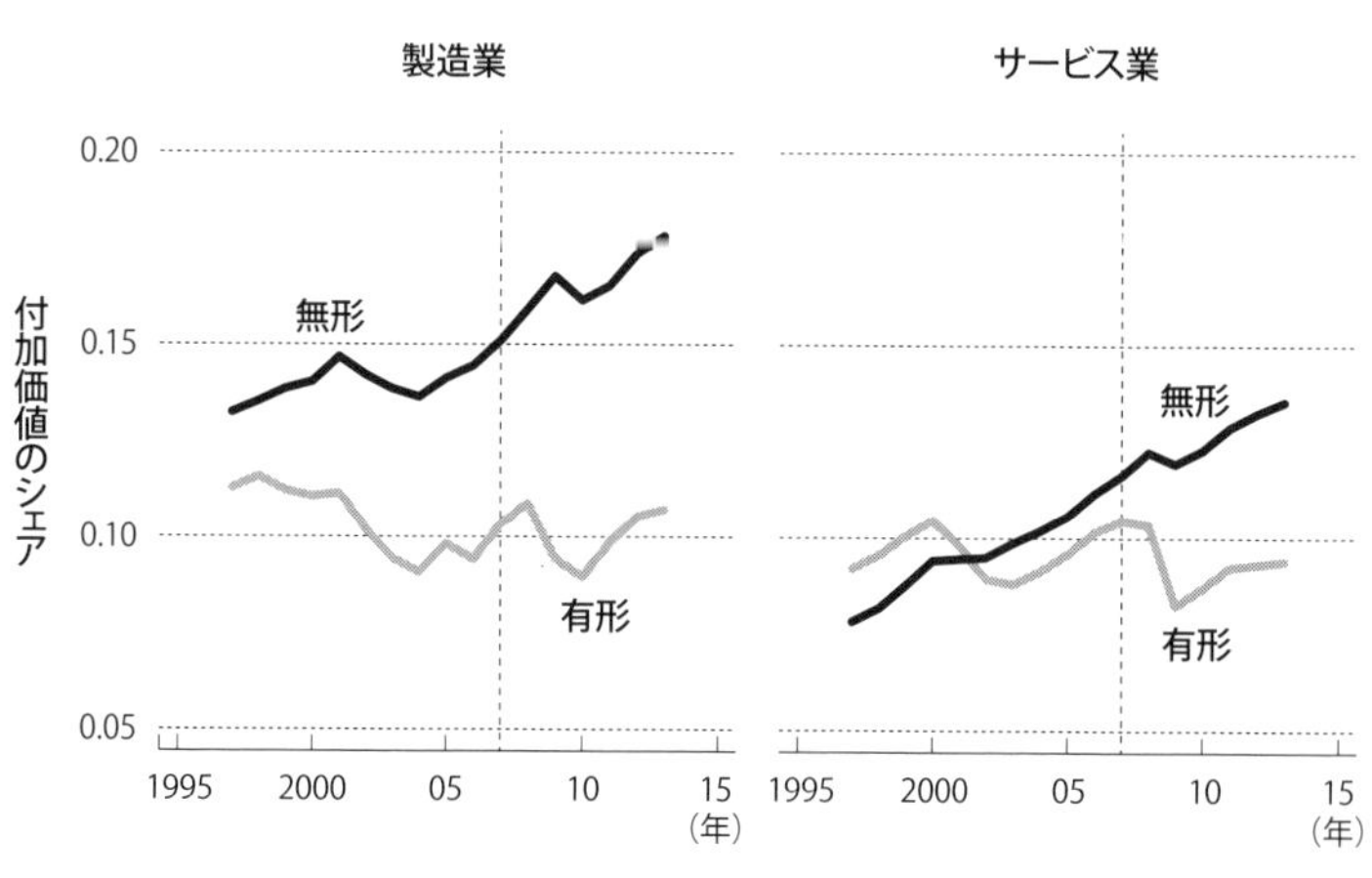

出所：INTAN-Investデータベース（www.intan-invest.net）に基づく著者の計算

ないはずだ。というのもこれはおそらく、一部はグローバル化のせいだからだ。

貿易が発展途上国に開かれると、たとえば2000年に中国がWTOに加盟したときのように、先進国は自分が比較優位を持つ部分にさらに専門特化しなければならなかった。高賃金経済で栄える製造業企業は、無形投資をたくさんするところが多い。たとえばファイザー製薬やロールス・ロイス社の研究開発から、日本の自動車産業のリーン生産技術などだ（グローバル化がさらに複雑な組織やネットワーク構築を必要とする限り、これまた無形投資を直接増やすことになる）。

事業環境の変化

1980年以来の年月は、世界最大級の

経済の多くで製品市場と労働市場の両方における、各種の規制緩和が着実に続いた時期だった。同時に、ほとんどの政府は右派左派問わず、1960年代や1970年代の政治家が驚愕するような企業との親和性を誇るようになった。これが無形投資の長期的な増大を後押ししたのでは？

無形投資の国際比較に戻ると、製品市場や労働市場の規制緩和が無形投資を促進するという多少の証拠が見られる。図2-8は有形投資と無形投資に帰属する、事業部門GDPの割合を、OECDが「雇用厳格度」と呼ぶ指数と対比させたものだ。この指数が高いと、労働者を雇ったりクビにしたりするのが高価なイタリアのような国になり、低いとそれが比較的安価なアメリカやイギリスのようになる。

この図はおもしろいものを示している。雇用と解雇に制約の多い国は有形資産に多くを投資し、無形資産への投資は少ない。労働市場規制が有形資産に与える影響は直感的にわかる。社員の雇用や管理が本当に面倒なら、企業はむしろ機械に投資したがるだろう。だが無形投資への影響は逆だ。なぜだろう？

新しい無形資産が入ると、しばしば労働者は働き方を変えねばならない。工場がリーンプロセスを導入したところを想像しよう——これは組織開発投資の一種だ——。あるいは製品の性質を変えるとしよう。新しい無形投資はリスクが高く、実業家たちは失敗の可能性をかなり高く見積もっても無理はない。労働力が柔軟でないと、そんな投資はそもそも敬遠されるかもしれない。[7]

これは別に、労働者の権利を踏みにじれと軽率に推奨しているのではない。だが過去数十年に

図2-8　無形・有形投資と規制（部門付加価値の実質シェア、1999-2003年平均）

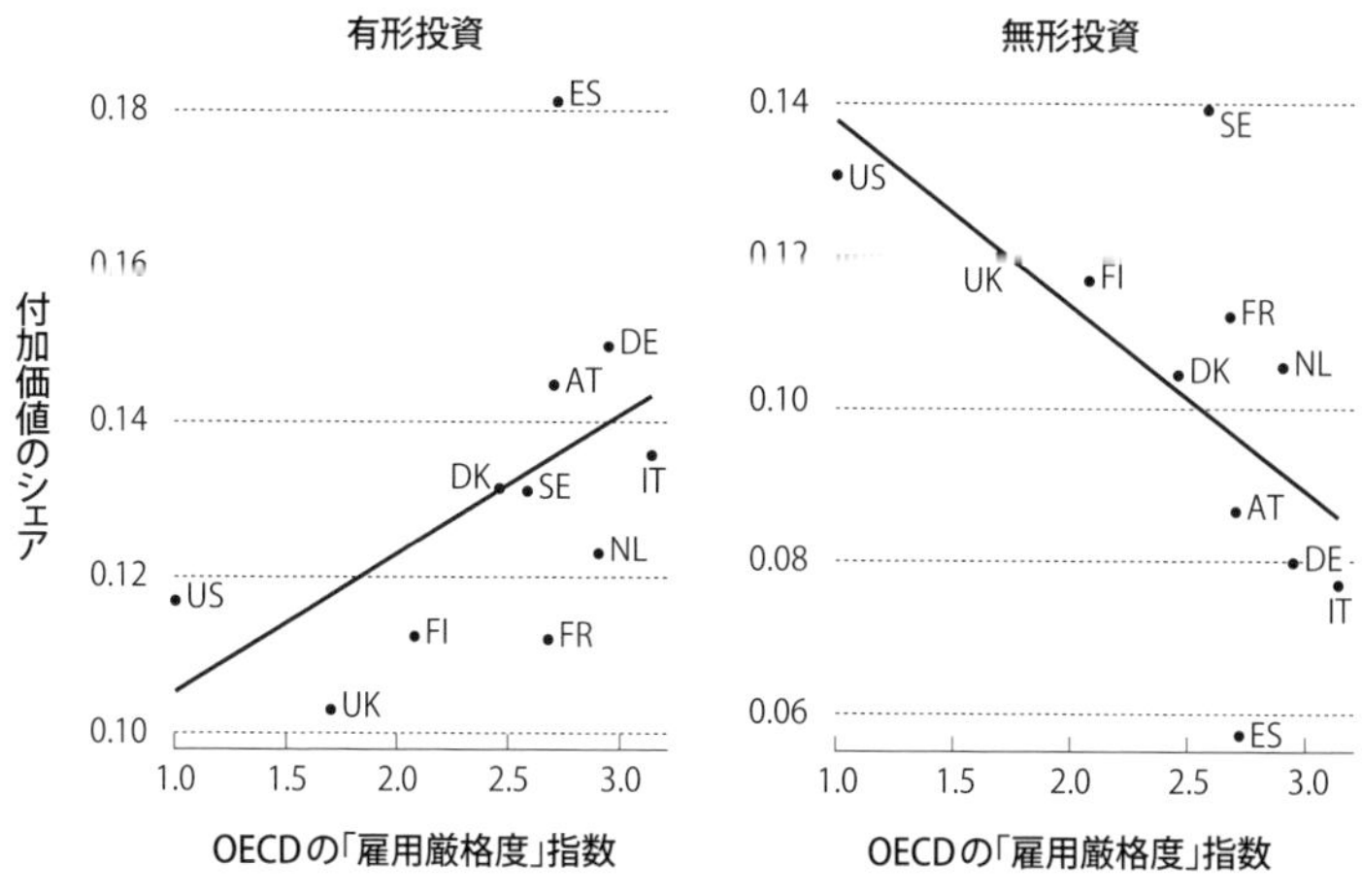

国はオーストリア（AT）、デンマーク（DK）、フィンランド（FI）、フランス（FR）、ドイツ（DE）、イタリア（IT）、オランダ（NL）、スペイン（ES）、スウェーデン（SE）、イギリス（UK）、アメリカ（US）。
出所：INTAN-Investデータベース（www.intan-invest.net）に基づく著者の計算とOECDデータ

おける投資の差が続いていることについてさらに別の説明を提供してくれるし、政治がそうした変化に無関係ではないことを示唆するものでもある。

図2-9は、市場部門における無形支出と、政府の研究開発支出との間に相関があることを示している。フィンランドやスウェーデンのような国では、政府の研究開発支出がきわめて高く、市場部門の無形支出も高い。スペインやイタリアはその逆だ。無形投資は、公共部門の共同投資の規模に応じても変わる。

最後に、無形投資は先進国のほうが、GDP比で見て高いようだ。Corrado and Hao（2013）論文など

図2-9　無形投資と政府研究開発支出（1999-2003年平均）

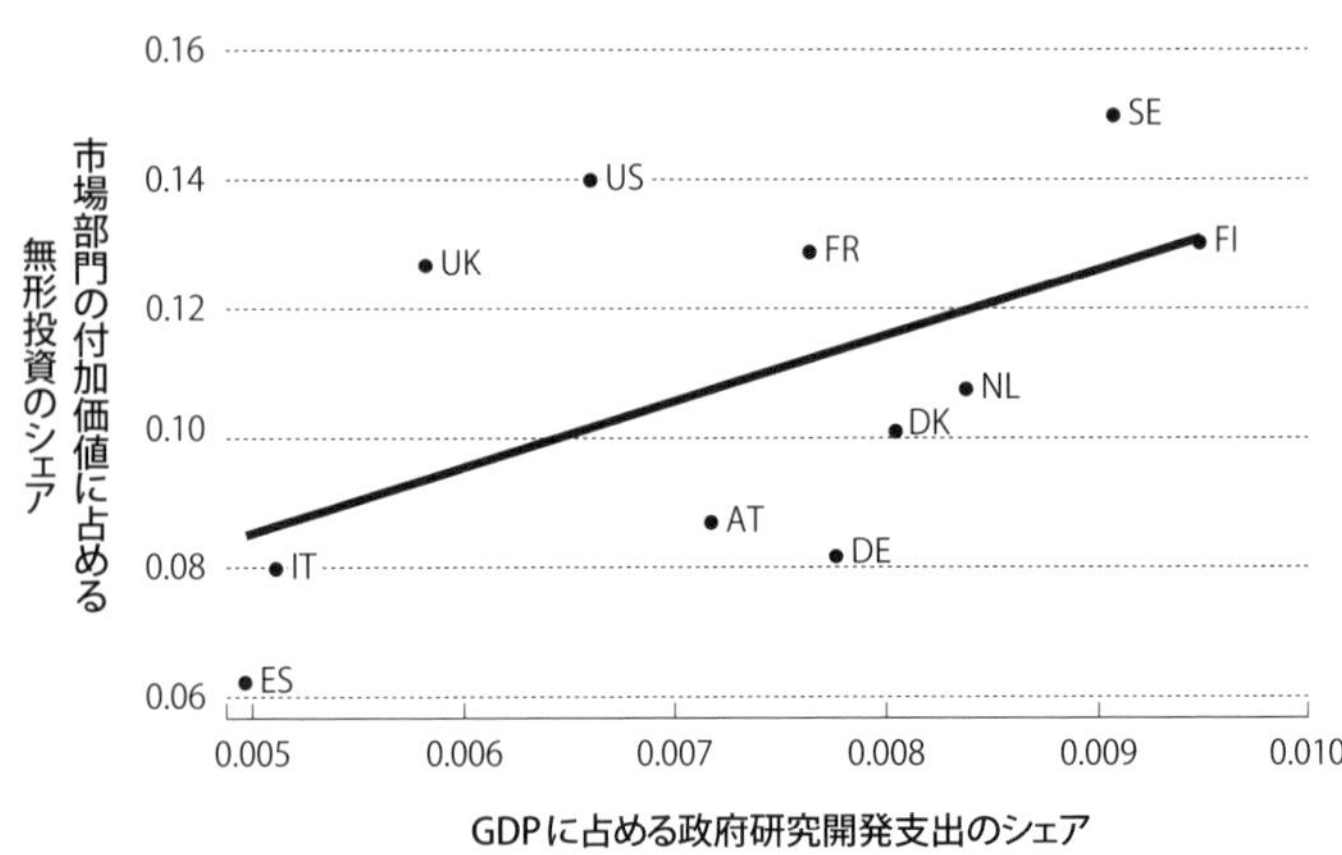

国はオーストリア（AT）、デンマーク（DK）、フィンランド（FI）、フランス（FR）、ドイツ（DE）、イタリア（IT）、オランダ（NL）、スペイン（ES）、スウェーデン（SE）、イギリス（UK）、アメリカ（US）。
出所：INTAN-Investデータベース（www.intan-invest.net）に基づく著者の計算とOECDデータ

は、ブランド支出を見ることでこの傾向を指摘している。アメリカではこれは1人当たりGDPの1％だが、中国では0・1％にすぎない（データは1988-2011年）。そしてほとんどの研究開発が先進国のごく一部によるものだというのも有名だ（たとえばvan Ark et al. 2009のデータを参照）。これは低所得国が労働集約製造業に特化しているせいかもしれないし、大規模な無形投資を行うための財政的、科学的な基盤がないせいかもしれない。

グローバル化と市場規模拡大

最後の決定要因は市場規模だ。多くの無形投資、たとえばスターバックスのブランドやフェイスブックのソフト

図2-10　無形投資と貿易の制約度（2013年）

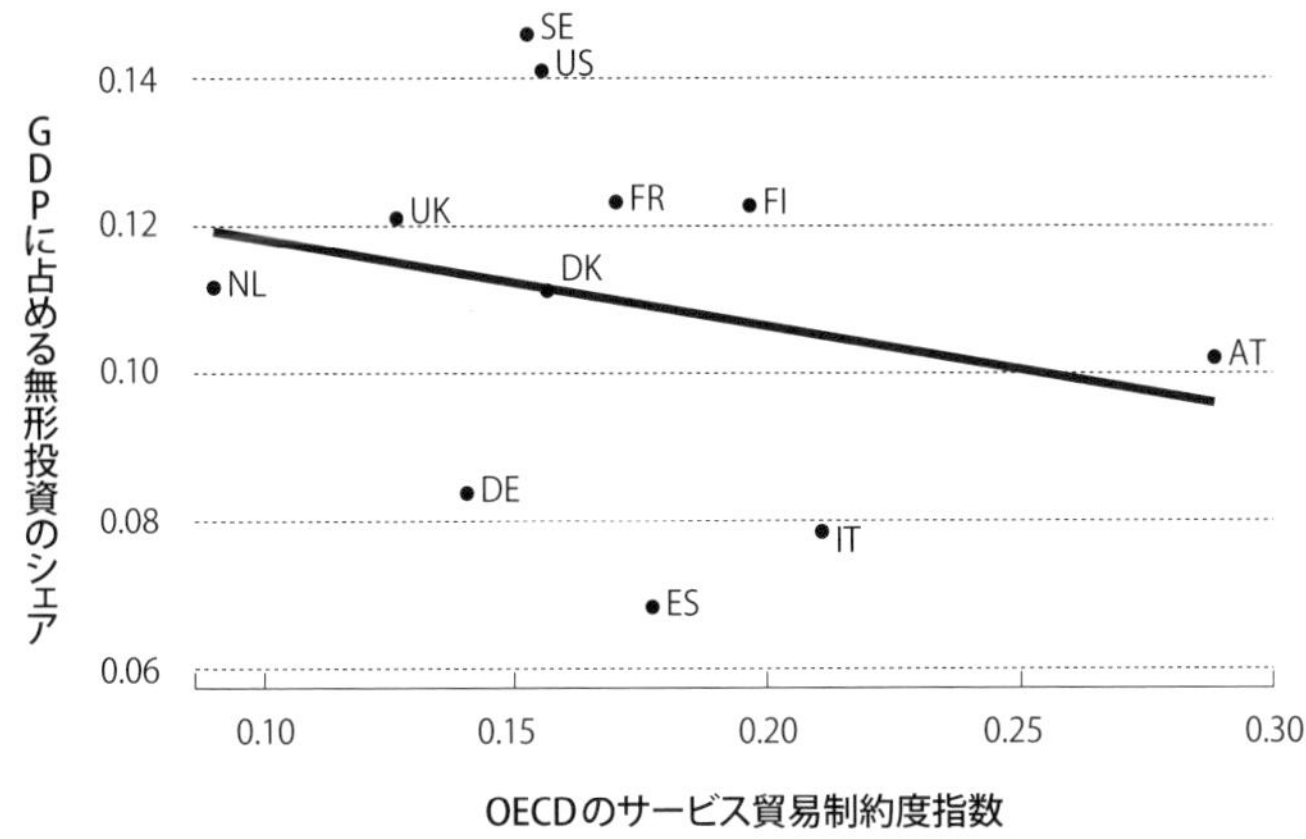

国はオーストリア（AT）、デンマーク（DK）、フィンランド（FI）、フランス（FR）、ドイツ（DE）、イタリア（IT）、オランダ（NL）、スペイン（ES）、スウェーデン（SE）、イギリス（UK）、アメリカ（US）。
出所：INTAN-Investデータベース（www.intan-invest.net）に基づく著者の計算とOECDデータ

は、ほぼ無限にスケーリングできる（この点については第4章でまた触れる）。だから小さい市場（たとえば貿易障壁で取り囲まれた国）は無形投資を行う場所として魅力が少ない。

図2-10は、無形投資に帰属するGDPシェアと、OECDのサービス貿易制約度指数との散布図だ（グラフ右側の国のほうが、サービス貿易の制約が強い）。これで国ごとの投資パターンの開きがある程度説明できる。たとえばオーストリアは、もちろん有力な経済ではあるが、かなり貿易機会の制約が強いので、スケーリングの可能性の面で制約を受けている。

過去50年にわたる国際貿易の着実な増加は、それに直面する企業が無形投資を行うインセンティブを高めた。そしてこれは、貿易障壁がブレグジット（イギリスのＥＵ離脱）や貿易政策を通じて拡大すれば、無形投資のインセンティブが減るということだ。

結論：姿を消す資本

無形投資はますます重要になってきた。新しい計測手法を使うと、それがいまや一部の先進国で有形投資を上回っていること、そしてそれが過去数十年にわたり増加する一方、有形投資は着実に減ってきたことがわかる。無形投資の増加にはいろいろ理由があり、経済におけるサービス業と製造業のバランス変化、グローバル化、市場の自由化拡大、ＩＴや管理技術の発展、サービスの投入費用変化（これは無形投資のほうで大きな役割を果たす）などがある。次の章では、経済の無形投資をどうやって計測するかについて、もっと細かく見よう。

第3章

無形投資の計測

この章は、無形投資をどうすれば測れるか、経済学者たちがそれをどう割り出したか説明する。

投資の計測方法と測る理由

経済学者や統計学者たちが無形投資をどうやって測るようになったかという物語は、はるかに大きな物語の一番最後のエピソードでしかない。その大きな物語とは、ＧＤＰと国民会計システムの発明だ[1]。この物語はダイアン・コイル『GDP：〈小さくて大きな数字〉の歴史』と、エーサン・マスード『偉大な発明：GDP物語（*The Great Invention*）』（未邦訳）で魅力的に語られている。

GDPを創るにあたり最大の概念的な課題は、何を数えるか決めることだった。これは昔ながらの問題だ。アダム・スミスは『国富論』で、イングランドがローマ帝国崩壊の時点よりも多く生産しているかどうかで悩んだ。これを裏付けるデータがまったくなかったので、スミスは直感で多いはずだと決めた。というのも、生産的な労働力が増えて、非生産的な労働が減ったからだ。この非生産的な労働というのは「召使い（中略）、貴族（中略）、演奏家、道化、音楽家、オペラ歌手」といった職業のことだ[2]。

大恐慌の頃、経済学者たちが経済のどこがおかしくなったのか理解すべく駆り立てられていた頃、この問題は緊急性を増した。だれもが経済はひどい状態だというのは知っていた。でも、どのくらい生産が落ち込んだかわからなかった。フォード社は、自社の主力製品であるA型車の売上が、1930年から1931年末までに半減したのは知っていた。鋼鉄生産者たちは、生産が激減したのは知っていた。設備稼働率は1929年9月に96％だったのが、12月には60％になった（CQ Researcher 2016）。

だが経済全体はどのくらい落ち込んだのか？　問題は、鋼鉄メーカーは自動車生産者にとっては投入物を生産しているので、両者の生産高を足すだけだと二重計上になってしまうということだ。だからこそ、GDPの計算は一見したよりずっと難しいのだ。全産業の全生産高を単純に足すだけではダメなのだ。

二重計上を避けたいなら、自動車産業の生産高だけ数えたらどうだろうか？　もし自動車メーカーが、鋼鉄だけ買って自動車を作るならそれでもいいだろう。でも自動車メーカーが鋼鉄製の工作機械を買って、その機械を毎年使い続けたらどうだろうか？　工作機械のなかの鋼鉄は、まちがいなく使い果たされたりしない。すでに見た通り、これは資産だ。すると、長持ちする耐久財はすぐに使い果たされるものとは扱いを変えたほうがよさそうだ。これを根拠に、GDPの創始者たちは、耐久財支出、つまり投資も、経済産出の一部として計上することにした。

機械以外は投資と見られなかった

投資をGDPに含めるのがいかに重要かは、ちょっとした思考実験でわかる。現在のGDP計測手法がちょうど主流になりつつある、1940年代末に戻ったとしよう。二つのきわめて似通った国があったとする。どちらも車を1000台生産し、どちらも国内消費者がそれを買う。

唯一の違いは、A国は自動車工場向けの新しい機械も作るが、B国は作らないということだ。こうした機械の生産は、消費支出統計には出てこない。消費者たちはろくろだのベルトコンベアだのスプレー装置だのは買わないからだ。でも年末になれば、A国のほうが明らかに財をたくさん生産している。というのも市民たちが享受するピカピカの新車に加え、工場にもピカピカの新しい設備があって、この先もっとよい車を安く作れるようになっているからだ。車の生産価値と、機械の生産価値を足し合わせれば、それがＧＤＰになる。

それを間接的に得るには、消費者の支出をすべて計上し、さらに企業による投資支出を足してもいい。この単純な世界では、どちらも同じになる。

実際には、生産を数えるのは難しいので、ＧＤＰの最初の推計は支出を使う。こちらのほうがちょっと計測しやすいからだ。国の統計係官たちは、消費者にアンケートをして消費支出を得て、企業にアンケートをして投資支出を得る。だから投資はＧＤＰの一部になる。

経済学者たちが１９４０年代に本気でＧＤＰを計測し始めたとき、この種の投資は世界全体にとって非常に重要だった。当時の世界は、第二次世界大戦の破壊の後で工業生産力を再建しつつあったからだ。だから投資の計測が重視されたのも無理はないはずだ。

この枠組みでは、投資は物理的なものだけに厳しく制限された。自動車工場の新しい機械は投資だ。新車の設計にデザイナーたちがかけた時間は投資ではない。それにかかった時間は、事業経費とされた——鋼鉄や電気代のような「中間投入」だ。産出の一部にはならない。設計は生産プロセスで完全に消費されてしまうものとされ、投資のように長持ちするとは考えられなかった(3)。

知識生産もGDPを引き上げる

経済学者たちはすぐに、これを疑問視するようになった。すでに1960年代に、経済学者たちはこの種の知識への支出が長持ちするのではと考え始めた。フリッツ・マッハルプはオーストリアの天才で、第二次世界大戦中にニューヨーク大学に移った（オーストリアの経済学者ルートヴィヒ・フォン＝ミーゼスの弟子だったが、マッハルプが金本位制はダメじゃないかと疑問視したことでミーゼスとは袂を分かった——2人は3年にわたり口をきかなかったという）。

1962年にマッハルプは『知識産業』という本を書き、各種の知識というのも、ろくろや塗装場のように生産できる有価物ではないかと提起した。彼は研究開発や広告、ブランド、研修など各種の支出の計測を開始した（Machlup 1962）。

マッハルプの本は、経済学者以外にも好評を博した。経済学者たちは、特に全米経済研究所（NBER）のツヴィ・グリリカスを筆頭に、研究開発と知識生産がGDPを引き上げるのに重要な役割を果たすことを知っていた。

NBERは1060年に、「発明活動の速度と方向性」についての大規模な会議を開催した。OECDの作業部会がイタリアのフラスカティに集まり、研究開発計測の共通枠組みで合意を見たそのアプローチをまとめたものがフラスカティ・マニュアルと呼ばれるものだ。この定義（何度か版ごとに改訂され、最新のものはOECD 2015）は今日でも研究開発の計測に使われている。1966年には、クリス・フリーマンによるサセックス大学の科学政策研究センターが創設された。これはイノベーションの学際研究を強力に主導している機関だ。

だが国民会計に関する限り、相変わらず重要なのは有形投資だった。統計学者たちは有形資本ストック計測方法を改善し、投入産出表（産業連関表）や、経済のグローバル化に伴い国際貿易推計といった他の手法を発達させた。

コンピュータの品質補正

経済学者たちの無形投資計測に対する関心を再燃させたのは、皮肉にも有形物であるコンピュータだった。１９８０年代を通じ、経済学者たちはある謎と取り組んでいた。１９７０年代半ば以降、先進国での生産性上昇はがっかりするほど低かった。企業を改善するはずの新技術として大いに喧伝されたコンピュータ技術があったのにこのざまだ。経済成長研究への貢献で比肩する者のほぼいないロバート・ソローは、１９８７年に、コンピュータ時代の影響はあらゆるところに見られるのに生産性統計にだけは出てこない、と述べたことで有名だ（Solow 1987）。

こうした批判を受け、アメリカ経済分析局（ＢＥＡ）を筆頭とする統計機関は、情報や情報技術の扱いをもっと細かく検討し始めた。そして二種類のイノベーションを導入した。

まず１９８０年代に、ＩＢＭと共同で、ＢＥＡは品質調整済みのコンピュータ価格指数を作成するようになった。これはコンピュータハードウェアに企業が行っている投資を大きく変える結果となった。

ほとんどの場合――食品など――同じ財の価格はインフレにあわせてゆるやかに上昇する。だがコンピュータの額面価格が上がっていても、明らかに昔のコンピュータと今のコンピュータは違う。その品質（速度、メモリ、大きさ）のあらゆるものがすさまじい勢いで改善されている。だからその「品質調整」価格は、実は下がっていて、しかも激減している。つまり1ドルで買ったコンピュータの品質は、実は激増しているということだ。

コンピュータが経済全体に浸透するにつれ、この品質補正を公式のコンピュータ価格データにかける必要性がますます重要となった。そしてスティーブ・オリナーとダン・シチェルの重要な論文（Oliner and Sichel 1994）は、こうした品質補正がアメリカの生産性を理解するのに決定的な役割を果たすことを示した。

一方、ＯＥＣＤの経済学者アレッサンドラ・コレッチアとポール・シュライアー（Colecchia and Schreyer 2002）は、アメリカ以外の統計はほとんどこの品質補正を使っていないことを立証した。コレッチアとシュライアーがアメリカの品質補正指数をアメリカ以外の経済にも適用すると（というのもコンピュータはかなり国際的だからだ）、アメリカ以外の経済でのコンピュータは、国民会計で示されるよりもはるかに成長に重要な貢献をしていることがわかった。

調査票に記入の場所がない

この展開は、コンピュータのハードウェアに関わるものだった。だが１９９０年代の第二の重要な発展はコンピュータソフトをめぐるものだった。企業、特に大企業は、自分のソフトの大半を自社生産している。特に銀行は巨額の支出をしている。シティバンクはマイクロソフト社よりもたくさんプログラマを雇っていた時期さえある。

統計学者たちがこの支出を見るにつけ、この企業が書いているソフトは、コンピュータそのもののような有形財ではなく、無形財なのだということに気がつき始めた。コードとして記述される知識なのだ。そしてそのコードは長持ちしているようだ。確かに定期的なデバッグや更新、刷新は必要だが、少なくとも数年は保つ。

実際、銀行ITの仕事をした人ならみんな知っているように、大銀行は大量のきわめて古いレガシーコードに依存していて、それを置きかえるには、銀行が潰れかねないほどの巨額の費用が必要となってしまう。

するとソフトも投資扱いすべきかもしれない、と経済学者たちは結論づけた。問題は、統計機関が企業に書いてもらう調査票には、ソフトウェアの記入場所がないということだった。こうした調査はコンピュータ、機械、車両、建物への支出は尋ねたが、ソフトについては何の記述もなかった。だからこの立場は、当時アメリカ連邦準備制度理事会の議長だったアラン・グリーンスパンによる、どこかにニューエコノミーがあるはずなのに、統計機関がそれを捕らえていないという不安を反映するものとなった。

1999年にアメリカBEAは、アメリカGDPの計算にソフトウェアも投資として含めた

(Moulton, Parker, and Seskin 1999)。アメリカ企業のソフトウェア投資を各種の手法で推計したのだった。10年毎の調査で得たソフトウェア購入についての情報と、ソフトウェア労働者の賃金に対する乗数から求めた社内投資だ。

OECDの支援を受けて、他の国もまたこの手法を導入し、ソフトウェア投資を投資調査の質問票に含めるようになった（たとえばイギリスは2001年からこれを始めた Chesson 2001）。イギリスはこうした手法を導入するのが少し遅れたので、その間に経済学者ニコラス・オールトンに短期的な補正の提言を求めた。彼の提言は、現在のソフトウェア支出を3倍しろ、というものだった――そしてイギリスが後にアメリカの手法を導入すると、支出はほぼ3倍ぴったりに増えた。

経済モデルに組み込まれる

だがニューエコノミーの発想はまた、経済学者にもっと一般的な知識投資の役割を検討するよう促した。ロバート・ルーカス、ポール・ローマー、フィリップ・アギオン、ピーター・ホーウィットなどは、知識が成長促進に重要な役割を果たす経済モデルを考案した。それはある生産者から他の生産者への知識スピルオーバーによるものだったり、継続的な生産改善への投資という競争プロセスを通じたものだったりする（たとえばLucas 1993; Aghion and Howitt 1992; Romer 1990）。

理論家たちは必ずしもそういう言い方はしなかったが、２０００年代初頭には、特にアメリカでは、企業が物理的な実体はないのに価値がある耐久物に大金を支払っているという信念が、企業アナリストたちの間でますます高まっていた。だがこれは、ソフトや研究開発だけではなかった。そこには、新しい組織的な仕組みも含まれた。

ニューヨーク大学の会計学教授バルーク・レブは、企業がこの新種の投資をどう管理して計上すべきかについて、影響力の大きな本を書いた（Lev 2001）。彼はこの無形投資の特徴をいくつか列挙し（これは次章で扱う）、企業のバランスシートがこうした投資を記録していないと指摘した。

同様に、アメリカのマクロ経済学者ロバート・ホールは、無形投資が市場の説明に役立つのではと考えた。その研究は彼の２００１年論文「アメリカ株式市場を理解しようと苦闘する」(R. E. Hall 2001）の題名に見事に要約されている。

学術界から政策界へ

こうした思考は、学術界から政策界へと流れ込んだ。フィラデルフィア連邦準備銀行では、レナード・ナカムラが計上されない投資について、初の大ざっぱな推定を行い、２０００年の論文に「無形資産へのアメリカ総投資額はいくら？　（少なくとも）年間1兆ドル！」とのタイトルを付けた（Nakamura 2001; Nakamura 2010)。そしてパリではＯＥＣＤが、こうしたもっと広い非物質的資産を組み込む枠組みについて積極的に考えていた（Young 1998）。

１９９０年代末のドットコムバブルの興奮は長続きしなかった。ニューエコノミーで儲けるのは、Pets.comやエンロン社への投資家が思ったよりも、難しかったのだ。でもアイデア、知識、ネットワークへの投資は、それが新情報技術で可能になったものであるかとは関係なしに、継続した。

２００２年春、ハイテク株を扱うＮＡＳＤＡＱ指数がドットコムバブルの絶頂から65％下がった時点で、経済学者のグループがニューエコノミーへの投資計測について、真剣かつ厳密に考えるプロジェクトを開始した。経済学での計測研究のために１９３６年にアメリカで創設された、所得と富に関する研究会議が、キャロル・コラードとダン・シチェル（当時アメリカ連邦準備制度理事会）とジョン・ハルティワンガー（メリーランド大学経済学部教授）主導でワシントンに集まった。この会議とその後、コラード、シチェル、チャールズ・ハルテン（メリーランド大学）は各種の無形投資とそのＧＤＰ成長への貢献を記録する枠組みを構築した。

そして、各種の投資を定義して計測するという面倒なプロセスが始まった。まずはアメリカで、それから他の国にもそれが広がった。２００５年にコラード、ハルテン、シチェルはアメリカに関する初の推計を発表した（Corrado, Hulten, and Sichel 2005）。２００６年にハルテンはイギリス財務省でセミナーを開き、アメリカチームの手法を説明した。

学術セミナーに対する最速の反応の一つとして、イギリス財務省はすぐに、似たような作業をイギリスについて行うよう委託し、トニー・クレイトン、マウロ・ジョルジオ・マッラーノ、ジョナサン・ハスケル、ギャヴィン・ワリスが２００４年、イギリスについて推計値を出した。一方、日本では深尾京司、宮川努、迎堅太郎、篠田由紀夫、外木好美が作業を進めており、２０１０年には『レビュー・オブ・インカム・アンド・ウェルス』が無形資産の特集を行い、英米日の成果を発表した（Corrado, Hulten, and Sichel 2009; Giorgio Marrano, Haskel, and Wallis 2009; Fukao et al. 2009）。

ソフトウェアの資本化でＧＤＰは上振れ

同時に、無形投資が公式統計にも含まれるようになった。ニュース報道やアナリスト・レポートを飾るＧＤＰ統計の守護者である世界の国民統計局は、次第に企業が行っている新種の投資に気がつき始め、それを国民会計に含めるようになった。

１９９３年にＳＮＡ（国民会計の国際ルールで、第2章で投資の定義を見た）はソフトウェアも投資と見なせると発表し、それに続いて１９９５年にはヨーロッパ会計制度、１９９８年にはイギリス国民経済計算もそれに追随した（Chesson 2001）。２００８ＳＮＡは、研究開発も投資に入れるよう推奨し、この推奨は次第に多くの国に採用されはじめた（イギリスでは２０１４年）。

ずっと早い時期だがあまり気がつかれなかった点として、ＳＮＡは１９９３年に、娯楽、文芸、アートの原作への投資を投資として扱ってはと提案している。一部の国はこうした数字を組み入れたが、そうでないところも多い。アメリカですら、それを完全に導入したのは2013年だ。

そしてこうした変化は積み上がる。たとえばアメリカでは、ソフトウェアの資本化により1999年GDPが1・1％上積みされ、2012年GDPは2・5％上積みとなり、この数字は増える一方だ（Corrado, Hulten, and Sichel 2005）。

無形資産の種類

では無形投資計測に使われた枠組みを見よう。経済学で何かを測定するときに、最初の課題は定義だ。何を計測するのか表現できなければ、データ集めも始められない。

コラード、ハルテン、シチェルが2005年に初めて無形投資を計測し始めたとき、1962年のフリッツ・マッハルプと同じ提案を使ってそれを拡張し、そして2000年過ぎに、OECD作業部会が開発した定義（OECD Secretariat 1998）を使い、さらにバルーク・レブが2001年の著書で発展させ、レナード・ナカムラも拡張させたもの（Nakamura 2001）を使った。

彼らは無形投資を大きく三種類に分けた。表3-1を参照してほしい。「コンピュータ化情報」

「イノベーション財産」「経済能力」という分類だ。表でわかるとおり、それぞれ投資の種類だけでなく、生み出す資本資産の種類も違う。

いちばん明解なのは「コンピュータ化情報」だ。これは、コンピュータに情報を入れて長期的に有用にするための投資すべてを含む。最も明らかな例はソフトウェアで、購入したソフトや企業が自社用に独自に書いたソフトがある。これは当初この投資分類として比較的小さいものだが、その後のビッグデータ爆発と、それが技術セクターだけでない大企業にとって持つ重要性を考えると、これを含めたことはきわめて重要だった（データ、情報、知識などの違いについて詳しくはBOX4・1を参照）。

「イノベーション財産」は一見すると少しわかりにくい。これは経済学者や統計学者が昔から計測してきた研究開発を含む。また、科学技術に直接的に頼らない、他の製品やサービス開発も含む――たとえば店舗設計や飛行機のシート設計などだ。この分類はまた、石油探索から小説書き、それに伴う各種権利など、他の創造や発見形態を含む[4]。

「経済能力」はイノベーションやコンピュータに直接は関わらない他の投資を含む。コラード、ハルテン、シチェルの2005年論文は、こうした投資を「ブランド名など企業固有の人的・構造的資源に埋め込まれた知識」と定義している。細かく言うと、こうした投資には大きく三種類ある。マーケティングとブランディング（顧客ニーズの理解と、それに遡及するブランド作り）、組織資本、たとえば固有のビジネスモデルや企業文化の創造、およびその会社固有の研修。

表3-1　無形投資の分類

大分類	投資の種類	生み出されそうな知的財産	国民会計で投資扱い？
コンピュータ化情報	ソフトウェア開発	特許、著作権、デザインIPR商標、その他	2000年代初頭以来
	データベース開発	著作権、その他	SNA1993で推奨だがOECDによれば実施にバラツキ
イノベーション財産	研究開発	特許、デザインIPR	SNA2008で推奨、その後次第に導入
	鉱物探索	特許、その他	はい
	娯楽、芸術的原作創造	著作権、デザインIPR	EUではいい、アメリカでは2013年以来
	デザイン、その他製品開発費用	特許、デザインIPR、商標	いいえ
経済能力	研修	その他	いいえ
	市場調査とブランディング	著作権、商標	いいえ
	BPR	特許、著作権、その他	いいえ

注：研究開発は公式定義と整合的に、科学的な支出と考えるべきで、芸術やデザイン活動とは区別すべき。3列目「その他」は事業上の秘密、契約などを指す。3列目は公式な知的財産を指す。すべての無形投資は暗黙知も生み出すと私たちは考える。

出所：1、2列目はCorrado, Hulten, and Sichel 2005、3列目はCorrado 2010、4列目はCorrado et al. 2013をもとに構成

表3－1はまた、他に二種類の情報を示している。3列目は、それぞれの投資が生み出しそうな知的財産（IPR）の種類だ。たとえば研究開発なら特許、娯楽投資なら著作権だ。こうしたIPRの一部は国によって異なる。ビジネスプロセスやソフトウェアは、一部の国では特許にならない（さらにこの表を見ると、多くのイノベーション指標がやるように、特許を研究するだけではイノベーションの全貌を捕らえきれないことがわかる）。そして最終列は統計局がこうした支出部門を投資として扱うかを示している。ご覧

の通り、多くはいまや投資扱いだ。だがこの扱いはかなり最近のことで、しかもカバー範囲も不均等なので、データベース投資の計上は実際には国ごとに一貫性がない（Corrado et al. 2013）。

以下の節では、こうした投資の計測手法を検討する。その後、こうしたものを投資に含めるのに対する反対論を検討しよう。最後に、無形投資の計測に対する将来的な課題を見よう。

無形投資の計測

第2章で述べたように、投資の狙いは価値ある資産を作ることだ。まずこうした無形資産への投資をどう計測するかを見てみよう。その後に、こうした投資が作り出す資産の価値をどう測るか検討する。というのも、ここからさらに面倒なことがいろいろ出てくるからだ。

投資を計測するにはいくつかステップが必要だ。まず、企業が無形資産にいくら支出しているかを調べねばならない。次にそうした支出のすべてが耐久資産を作り出すとは限らない。たとえばテレビのニュース速報は長期資産を生み出さないが、映画は長期資産だ。だからその支出を補正して投資を計測しなくてはならない――つまり支出の中で長期資産を作り出す部分を選り分けるのだ。第三に、その投資をインフレと品質変化に応じて補正し、物価と品質が変わっているときの各種期間の投資を比較できるようにしたい。

支出（つまり企業が前年に支払ったポンド、ドル、ユーロ、円の数字、経済学者が「名目値」と呼ぶもの）を見つけるのは、ほとんどの投資財については簡単だ。

国民会計担当官がヒースロー空港による除雪車投資や、ネット通販セインズベリーズの新しい配送トラックの投資を知りたければ、あっさり訊けばいい。彼らに、統計官が投資財だと考えるものに対する支出を一覧にしてくれという書式を提出する。コンピュータ、工場、車両、建物への支出を尋ねるわけだ。イギリスの全国統計局（ONS）は、これを資本資産取得廃棄四半期調査と呼び、四半期ごとに2万7000社に発送する。[5]

最近では、ONSはこの調査対象となる投資財を増やし、特にその中にソフトウェア、データベース、芸術的原作、デザインも含めるようにした（企業はまた、売却した投資財があれば、その価額も尋ねられる）。

ソフトウェアの社内「工場」

面倒な点が二つある。まず、調査票に載っていない投資、研修や市場調査はどうだろう？　これについて、研究者たちは他の調査を見るか、市場調査産業の産出を見る必要がある。

第二に、これは投資資産の購入を調べているだけだ。さて有形財ならこれでも結構。というのも、独自の有形投資財を自前で作る企業はきわめて少ないからだ。空港は自分で除雪車を作ったりしていないし、スーパーが自分でトラックを作ったりもしない。

だが無形財となると、この一般論があてはまらない。多くの企業——たとえば銀行——は自前のソフトを書くし、自前の研究開発を行う。だからどれだけ支出しましたか、と企業に尋ねるときには、企業が買ったものと、「インハウス」または「自社勘定」の投資資産への支出との両方が記入されるよう、慎重を期す必要がある。

社内支出を計測するために、統計学者たちはソフトウェアや研究開発や研修の「工場」が社内にあると想像し、その「工場」運営にどれだけの支出が必要かを考える。どうやってそんなことをするのか？　労働力調査を通じてだ。

世界中の統計機関は、かなり詳細な労働力調査を行うので、小売業でデザイナーが何人働いているか（たとえば店舗設計などをする人だ）、それがいくら給料をもらっているかもわかる。業界にヒアリングをかければ、賃金以外の追加費用もわかる。管理費、資本費用などだ。ソフトウェアの場合、この数字はだいたい1・5くらいだ。だからソフトウェアのインハウス支出の推計は、各種ソフトウェア職業に支払われる賃金費用の1・5倍となる。

「名目」を「実質」に変換する

これは第一歩でしかない。というのもここで出てくるのは名目支出の数字でしかないからだ。だがこれでは不十分だ。投資を計測するには、その支出が1年以上のどのくらいの期間にわたって保つかを知らねばならない。これが第二歩だ。このためには業界ヒアリングを行う。たとえばソフトウェアでは、プログラマは時間の9割をかけて長期にわたるソフトウェア資産を創り出すが、ソフトウェアの管理職は、もし管理業務がほとんどなら、ソフトウェア作りにかける時間は5%くらいでしかない。同様に、勤務管理簿の証拠を見ると、駆け出しのデザイナーは通常、デザインにかなりの時間をかけ、営業や管理業務はあまりしないが、上級デザイナーだとそちらが多くなるので、その時間も補正が必要だ。同様に、芸術的な原作支出は、それがニュース向けのテレビ番組製作なのか（短命だと考えられる）、テレビ映画向けなのか（長命と考えられる）で違ってくる。

さてこの二つのステップを経て名目投資額が出た。つまり支出に、長持ちする部分の割合をかけたものだ。第三歩は、この名目投資を「実質」投資に変換することだ——つまりこの名目投資をインフレや品質変化について補正して、今日のソフトに対する500ポンドの支出と、5年前のソフトにかけた500ポンドとを比べられるようにするのだ（「名目」と「実質」の指標のちがいについて、詳しくはBOX5・1を参照）。

面倒なインフレ補正

インフレ補正は、みなさんが思っているより面倒だ。インフレの一般水準はわかる。中央銀行は代表的な財のバスケットの価格の上昇を公表しているからだ。きちんと定義された物理財で、属性があまり変わっていないものについてなら価格の上昇は簡単に知ることができる。標準的な鋼鉄1トン、一定の長さの銅線などだ。

でも多くのサービスの価格についてはあまりよくわかっていない。たとえば、経営コンサルやマーケティングコンサルからの助言はいくらだろうか?

統計学者たちはこれをつきとめようとした。手法の一つは、こうした助言の価格が一般的な物価の変動パターンに従うとすることだ。別の方法としては、「助言」を財のバスケットに分解してそれぞれの財の価格を見ることだ。たとえば法的サービスの価格は、遺言状を執筆する費用や、家の売買を行うときの値段を見ることで計測する。第三の手法は「時間ベース」で、あるサービスのバスケットの所要時間数と1時間あたり報酬を見ることだ(たとえば監査などの会計サービス、給与、税務コンサルなどだ)。

バスケット構築は、品質が激変しているときにはずっと難しい。ある年のソフトウェアパッケージは、数年前のものよりずっとよくなっているかもしれず、両者をそのまま比べても意味はないかもしれないからだ。これはバスケットをかなり頻繁に更新しなくてはならないということだ。

別の手法は、一連の品質属性について考え方をみんなで合意しておくことだ。ハードウェアなら、速度、メモリ、空間かもしれない。統計学者たちはこうした属性変化を、コンピュータ全体に見られる価格変化と相関させ、それぞれの属性の「価格」を決める。

全体として、品質補正は国民会計の担当官が直面する最も難しい部分だ。Hulten 2001論文はアダム・スミスの次の記述を引用している。「品質は（中略）あまりに意見の分かれる問題なので、この種の情報についてはすべて、いささか不確実なものと考えるようにしている」

こうしたステップを経て実質投資が推計される。この投資が創り出す資産ストックを計測するために、経済学者たちは別の一連のステップを使う。

まずは次の質問を考える。この資産はどのくらい急速に価値を失うだろうか？（減価償却）。言い換えれば、毎年どのくらい陳腐化したり捨てられたりするだろうか？（これは無形資産の簿価がゼロとなる場合も含まれる――エンロン社のように不正のためや、規制変化や臨床試験失敗の結果そうなることもある）。もし経済への投資のフローが年ごとにわかり、減価償却の速度もわかれば、ある年の無形投資のストックも計算できる。本章の補遺でこれを論じる。

無形投資は本当に投資と言えるのか？

ほとんどの人は、ソフトウェア、研究開発、新製品開発が投資だという発想をかなり直感的に理解してくれる。前章での投資の定義に戻ると、投資というのは（a）お金がかかり（b）長期の収益を生み出すと期待され、それ以上に（c）その投資を行っている企業が、その投資収益の十分な割合を享受できる見込みがあるようなものだ。

マーケティング、組織資本、研修は本当に投資なのだろうか？　人によってはマーケティング――特にブランド構築のための広告部分――は企業同士のゼロサムゲームでしかないと論じる。こちらのブランドが市場シェアを獲得すれば、あちらのブランドはそれを失う。また組織開発に使われるお金は、書類作業を増やして無意味な仕事を作るだけだと言う。そして研修はそれを行う企業にとってではなく、研修を受けた人物にとっての資産を作り出すのだから、除外すべきだという人もいる。

こうした批判はどれも真実の一面をとらえているが、だからといってこうした支出を投資から外すほどではない。

最初の反論、つまりブランディングがゼロサムゲームであって、売上を、たとえばコカ・コーラからペプシにシフトさせるだけだという指摘を考えよう。これはそれ自体としては、それが投資であることを否定する議論にはならない。アメリカン航空が新しい航空機を買ってブリティッシュ・エアウェイズから市場シェアを奪っても、それが投資ではないという人はいないだろう。むしろ問題は、A社による投資がB社の資産価値の低下をもたらすか、ということだ。[6]もし資産価値の低下が100%なら、経済における純実質投資はゼロだ。

確かに一部の広告支出はこうした「やるか、やられるか」的性格を持つが、あらゆる企業が完全にお互いを相殺しているとは考えにくい。さらに少なくとも一部の広告は他の企業にも恩恵を与える。というのも消費者はA社の製品だけでなく、そうした商品すべての存在も知ることになるからだ。

経済学者フェルディナンド・ラウチは、政策の変更を活用してこの問題を検討した（Rauch 2011）。2000年まで、オーストリアでは広告に課税しており、地域毎に税率が違っていた。2000年に全国的にそれが統一され、すべての地域で5％になった。つまり国の一部では広告費用が上がり、一部では同時に下がった。

もし広告が単にゼロサムゲームなら、この課税の変更は企業支出にまったく影響しなかったはずだ。というのも、彼らが単に相手よりたくさん広告費を使おうという軍拡競争をしているのであれば、税率はどうあれ競争により支出を続けるしかないはずだ。

ところが実際には、広告の費用が上昇した地域では出稿は減って、下落した地域では増えた。全体として、広告の出稿量は増え、製品価格は下がった。つまり消費者は広告の増加に対して、もっとたくさんの財やサービスを低価格で買うことで反応した。これは広告によって情報が増えて、市場がもっとうまく機能するようになったという考え方と整合している。

組織開発には価値がある

組織開発を無形投資として扱うことに対する反対は、それが耐久性がないというものか、あるいはそれに価値がないというものだ。確かに経営管理業務に対する支出の一部は無駄か無価値だ。特に経営のまずい事業ではこれは顕著だろう——無価値で非生産的な経営については、『書記バートルビー』から『ザ・オフィス』に到る豊かな文芸作品が残されている。同様に、一見すると組織開発に見える活動がすべて持続性を持つわけでもない――多くの経営コンサルティングは、うまくいく場合ですら新しい組織構造の構築を目指すよりも、短期の意志決定改善への支援でしかない。

だがどんな組織投資も長持ちしないとか、価値がないというのは行きすぎだ。よい経営と高い業績の文化を保つ企業があり、そうした文化の創造と維持には投資（時間もお金も）が必要だというのは明らかだ。そして、そうした企業のほうが、ダメな文化の企業よりも成功しやすいのは当然だろう。

たとえばトヨタのカイゼン運動や、ゼネラル・エレクトリック（GE）のシックスシグマを考えてみよう。第8章で、その他の例も論じる。イノベーションはしばしば組織変化への投資を伴うのはわかっている。たとえば新しい製品ラインを販売するために新しい事業部を作る場合などだ。

そして自社の外で有益な組織資産を作るために投資を行った企業もある。ティム・クックが構築した見事なアップル社のサプライチェーンは、明らかにアップル社にとって長期的な価値の源泉で、同社が製品をすさまじい速度で市場に出すことを可能にした。シェアリングエコノミー企業、たとえばウーバーやAirbnbなどにとっての価値ある資産は、通常はそこに貢献するサプライヤのネットワークだ――つまりウーバーなら運転手、Airbnbならホストたちとなる。これまた両者が開発に大量の投資を行った資産として長期的な価値を持つ（だからこそ彼らは、サプライヤを従業員として扱うよう義務づける法制などを適用されないように投資する）。

ここにはこれ以外にもっと一般的な論点がある。企業による無駄な支出の例を見つけるのは簡単だ。だが企業は市場の圧力の下で活動している。その圧力が存在する限り、無価値なプロジェクトに繰り返し支出していたら、市場から駆逐されてしまう。少なくとも市場部門の企業にとって、その支出が無価値だということはなさそうだ。

組織開発投資の定義については慎重であるべきだが、成功した組織開発が資産に分類されるべきでないという主張は、いささか行きすぎに思える。

研修の成果はだれのものか

研修を無形投資として扱うことに対する反対論は、それが企業の資産ではなく、従業員の資産だというものだ。だが第2章で見たＳＮＡの投資の定義を思い出すことが重要だ。所有は定義基準に含まれない。重要なのは、だれが恩恵を受けるかだ。確かに研修は従業員にとって一般的に価値を生み出すのは事実だし、雇用者はその研修を受けた労働者を雇っている間しかその恩恵を受けられない。社員の一人に一般会計士の資格を取らせるのは、従業員に所属する技能への投資であって、企業に帰属する技能投資ではない。

しかし二つの要素から見て、一部の研修は従業員よりは企業にとっての資産となる。まず、研修の多くはその研修を行う企業にとって有益であると同時に、それ以外の場所ではかなり限られた意義しか持たない。ときにはこれは技術的な理由による。ある会社の会計士は研修コースを受けて、その企業で使われるプロセスを学ぶが、それ以外の場所ではそのプロセスは使われていないかもしれない。たとえば自社製監査ソフトウェアの利用研修などだ。この種の研修は従業員たちがその会社固有の複雑なシステムで作業をすることが多いので、かなり一般的なものだ（エスプレッソマシンでコーヒーを作るのは、ある意味では移転可能な技能だ。だがスターバックスのバリスタが学ばねばならない技能の多くは、スターバックス固有の運営手順に固有のものだ）。

第二に、雇用者たちは従業員との合意書を取り交わすことで、研修の果実を他所に持って行きにくくできる。従業員が高価なコースを受講するための費用を負担する会社では、従業員はしばしば一定期間内に退職したらその研修費用を弁済するという合意書に署名させられる。一部の雇用契約は、競合排除条項を含んでおり、従業員が研修や技能を競合他社に持っていくのを難しく――あるいは不可能に――している。

企業は（ありがたいことに）従業員を所有はできないものの、研修については従業員ではなく企業の資産として見ることができるし、そうすべき状況はたくさんある。

無形投資計測の今後の課題

こうした困難にもかかわらず、無形投資を正式な投資データに含めようという動きは揺るがない。これまで見たように、ソフトウェア、研究開発、芸術的原作はすべて含まれている。イギリスの公式四半期投資調査はいまや、デザインについて尋ねている。表3-1の他の資産――市場調査、研修、ブランディング、組織開発――は公式には含まれていないが、それを含めたら投資とGDPはどうなるか。それをシミュレーションする実験的な作業が進んでいる。たとえば現在のイギリスONS研究発展計画は、こうした資産についてもデータを集める予定だ。それまで公式機関はこの実験作業の結果を使って、自分たちの考えを深めている。たとえば資産への対応は、OECDイノベーション戦略にとって中心的なものだし、無形投資データは大統領への経済報告にも含まれている。データに含まれる無形資産がさらに広がれば、新たな概念的な課題もさらに増えてくるだろう。

まず、投資をまったくしなくても、少なくとも多少の知識は企業に入ってくる。その一部はちゃっかり他の企業からもらってくるものだ。私たちがスピルオーバーと呼ぶものであり、これは後で議論する。一部は生産活動そのものの副産物だ――たとえば実地訓練などだ。これはその会社にとって有益な情報のようだが、企業として負担する費用が発生しないので投資ではない。

第二に、経済学者が財の価値を計測するとき、通常は市場価格を探す。電話やアイスクリームや休暇の旅行ならそれができる。これまで私たちが述べた手法は、むしろ財の創造にかかる費用を見てきた。経済学者たちは、市場価格がない場合、たとえばインハウスの設計などではこれをやらざるを得ない。というのも市場にないからだ。だが費用ベースの手法は、一連の難しい問題を引き起こす。

費用ベース手法の問題点

まず一部のきわめて成功した製品は、その企業に創造費用とはまるで桁違いの収入ストリームをもたらしてくれるといって反対する人もいるだろう。だから費用ベースの手法が正確であるはずがないのでは？　確かにこの論理は、特定の成功したプロジェクトについてはあてはまるかもしれない。

だが実際には、企業や経済においては無数のプロジェクトが実施されている。それぞれが不確定だ。一部は驚異的な成功をおさめ、一部はとんでもない失敗となる。これは事後的にしかわからないことだ。しかし平均では、もし成功と失敗がつりあえば、大規模な経済における投資の価値は、その支出の価値と等しくなるはずだ。[7]

費用ベース手法の第二の問題は、時間調整がどうしようもなく主観的で不正確だという点だ。実は多くの専門サービス企業は、課金シート、課金ルール、課金時間簿を設けており、職員はそれを使わねばならない。たとえば若手コンサルタントはほとんどすべての時間を設計に費やし、管理業務はほとんどやらない。上級コンサルタントだとその逆であることは想像がつく。だがこの時間配分問題は、組織資本構築を理解しようとするときわめて大きく効いてくる。

経営者が勤務時間をどのように使っているのかについては、ヘンリー・ミンツバーグ（Mintzberg 1990）のごく初期の研究と、最近のラファエラ・サドゥン（Bandiera et al. 2011）によるもの以外はほとんど情報がない。だがこれらの研究は、組織資本構築についてずばり教えてくれるわけではない。むしろそれは、管理職が会議でどれほどたくさんの時間を使うか記録しているだけだ。だからこの方面は今のところ、かなりの不確実性がある。(8)

キャピタルゲインはGDPに含まれない

他の概念的な問題に戻ろう。第三に、公共部門も無形投資をする。ソフトウェアも買うし、研修もするし、マーケティングにも投資する（たとえば犯罪防止の広報など）。実際、公共セクターの知識投資はほとんど無制限だという見方すらできる。学校、大学、図書館等々。法治、役人への人々の信頼、中央銀行の評判、美術館やアートギャラリーの文化資産や遺産はどうだろう？

これに答えるには、ＧＤＰの二つのルールを思い出すと役に立つ。まず、ＧＤＰに含まれるためには、支出はすべて（前年の）生産活動に対応しなければならない。新しい美術館建設は

ＧＤＰの一部だ。その美術館に所蔵するティティアンの傑作を買ってもＧＤＰに計上されない。ティティアンの絵は、かつて「生産」されたが、その年にではない。その購入が所有者にすさまじいキャピタルゲインをもたらしたとしても、それはＧＤＰの一部には計上されない。キャピタルゲインは生産活動からは生まれず、したがって生産ではない。単に売り手から買い手へのＧＤＰ再分配だ（同じ理屈で、住宅を売ったときに所有者が手にするキャピタルゲインがＧＤＰに含まれないこともわかる。たとえばロンドンやニューヨークのＧＤＰは、そうした都市における巨額のキャピタルゲインは含んでおらず、その地域での生産の価値だけを含む）。

このルールからすると、大量の政府支出は生産活動を反映しているので、実際にＧＤＰとして計上されている。学校、病院、警察などだ。だがすべての政府支出が計上されるわけではない。年金や補助金（「移転支払い」）はキャピタルゲインと同じ扱いとなる。現在の生産活動に対応するものがないため、ＧＤＰには含まれないのだ。

家計の生産活動も除外される

覚えておくべき第二の点は、ＧＤＰは家計による生産活動を除外するという点だ。だから自分で自分の車や衣服や皿を洗っても、これは生産にならない。洗車屋やクリーニング屋や皿洗い人に支払ってやってもらうと生産になる。これはもちろん変な例を生み出す――たとえばサミュエルソンの有名な指摘に、ある人が自分のコックと結婚したら、ＧＤＰは下がる、というものがある。だが家庭内の時間の価値評価を取り巻く問題は大きすぎるために、ここでは触れない。ここでの目的からすると、教育は最も重要な家計投資だ。だから政府による教育支出はＧＤＰに含まれるが、家計があれだけ教育に時間をかけて創り出す「人的資本」は、国の資本ストックとして勘定されない。

だからほとんどの政府支出はすでにＧＤＰに含まれているが、公共部門の無形投資で最大の問題は、知識投資をどうやって切り出すかということだ。公共部門は、実に大量の研究開発に出資するが、これはすでに計上されている。アメリカについての研究でジャーボエは、統計機関や気象庁、連邦図書館、無党派的な報告、会計局、特許局の支出も含めるべきだと指摘する。

イギリスを扱ったBlaug and Lekhi 2009は同じように、科学研究データや地図／気象データ、国民統計、企業登記所が公表する企業データ、誕生、死亡、結婚、土地登記などの登録情報、知的財産局が持つ特許データなどの費目も含めるよう提案している。例示として、ジャーボエの２００６年のアメリカに関する推計は２０４０億ドルで、うち研究開発資金が１２２０億ドル、７００億ドルが教育と訓練、統計局や気象局、製品安全局などが１２０億ドルだという（Jarboe, Blaug, and Lekhi 2009での引用）[9]。

最後に、生活の質はどうだろう？　ＧＤＰは生産についてのものだ。生活の質の一部が消費に依存している以上、ＧＤＰはまちがいなくそれに関連している。というのも生産が増えれば、他のことが同じなら、消費も増やせるからだ[10]。同様に、安全で寛容な社会はきわめて生産的な社会と関連しているかもしれないが、これは国の直接的な産出物ではない。

結論：無形投資の計測

本章では、経済学者が次第に、増大する一方の各種投資を計測しようとして努力を重ねてきた様子を見た。１９８０年代から作業に着手し、彼らは一部の無形投資を計測して、それを国民会計に組み込む方法を開発した。それが２０００年代には、コラード、ハルテン、シチェルによって現行の無形投資計測手法が生み出された。こうした投資の計測方法を見て、それを投資として扱うことに対する反対論として考えられるものを検討し、いくつか残る課題を指摘した。この分野は議論が完全に落ち着いたわけではないが、全体としての無形投資の上げ潮トレンドは広く受け入れられている。だがこの上げ潮がどうしたというのか？　だって、投資の性質なんてしょっちゅう変わるものではないか。この問題を次の章でとりあげよう。

補遺：無形資産ストックの計測

投資が資産を創り出すなら、その資産の価値はどうやって算定しようか？　これについての考え方は、投資はフローで資産はストックだというものだ。投資が増えればストックの価値も増す。だがストックの価値が減価償却すれば、その価値は減る。だから少なくとも、ストックへの追加分は投資として計測できる。これは先述のように計測したものだ。そしてそこから価値の減価償却を差し引く。そしてある過去の時点でのストックの価値がわかっていれば、それに追加分を加算することで、価値の推移がわかる。

そうすると最初の問題として、資産の価値は1年でどれだけ減るのだろうか? 一見すると、これは減価償却の問題のようだから、車両、建物、機械の「損耗」「劣化」計算になれている会計士には、お馴染みのものに思える。だが経済学者にとって、これは回答の一部でしかない。問題は、資産の価値が年間にどれだけ下がるか、というものだ(これは「経済的減価償却」と呼ばれている)。

価値は劣化、つまり資産の物理的な質の低下により下がることもあるが、もしそれに取って代わるもっとよい資産が登場してきた場合にも価値は下がる。この後者の効果を除却と呼ぼう。除却が生じるのは、たとえばあるアイデアの商業価値が別のアイデアからの競争で下がったり、労働者が企業の知識の少なくとも一部を持って会社を辞めたりした場合に生じる。だからアイデアは決して劣化せず、その価値もまったく減らない場合もある一方で、短期間で除却されてしまうこともあり、その場合には急激な価値低下が生じる。

チャールズ・ハルテンとフランク・ウィッコフ(Hulten and Wykoff 1981)は、こうした影響の相互作用により資産の寿命を通じてなめらかな経済減価償却経路が生じることを示した。これは最初は急速だが、その後は遅くなる。

有形資産となると、ほとんどの研究はエンジニアや企業に対して損耗や劣化に関する証拠を求めた。無形資産となると、問題は主に除却となる。直接推計はアンケート調査からのものとなる。たとえばイスラエル統計局の行ったもの（Peleg 2008a; 2008b）およびイギリス全国統計局が行ったAwano et al. 2010論文を参照してほしい。

こうした調査では研究開発投資の「寿命」（イスラエルの企業小分類別）と無形資産（研究開発などについてのイギリスの五つの資産種類）について尋ねている。イスラエルの調査は、研究開発のアイデアは10年くらいは有用だという考えを裏付けるものだが、これは産業ごとに異なる。一方イギリスの調査は、他の無形資産の有効寿命が3年ほどだという考えを裏付けている。まとめると、証拠から見てソフトウェア、デザイン、マーケティング、研修は経済償却の速度を高く（年率33％ほど）設定するのがよく、研究開発については中くらいの速度（年率15％ほど）で、娯楽や芸術的原作や鉱物採掘についてはかなり遅い速度にしたほうがよさそうだ。

第4章

無形投資はどこが違うのか?:無形資産の4S

この章は、無形資産の変わった経済的特徴を検討する——この特徴のために無形資産の多い経済は、有形資産の多い経済とは異なる特性を示す。こうした特性を一言でまとめると4Sになる。つまり無形資産は有形資産に比べて、スケーラブルで、その費用は埋没(サンク)していることが多く、スピルオーバーを持つ傾向があり、お互いにシナジーを持つ、ということだ。

投資の中身はしょっちゅう変わる。倉庫や波止場から坑道や製鉄所、工作機械やダイナモから冷却塔やレジ、サーバー、ソーラーファームまで。だったら、第2章と第3章で描いた有形投資から無形投資への移行について、別に心配する必要などあるのだろうか?

これから見るように、無形資産はいろいろ重要な点で有形資産とは違う。すると無形資産に依存する企業は、多くの有形資産を持つ企業とはふるまいが違うことになる。経営者や労働者は別のインセンティブや報酬に直面する。こうした企業の多くは独特な形で機能する。この章では、無形投資が経済学的に見て変わった特徴を示すことを検討し、なぜそれが重要かを考える。こうした特徴を、4Sとしてまとめよう。スケーラビリティ、サンク性、スピルオーバー、シナジーだ。

そのためにまずは、無形投資の実際の物語から始めることにしよう。

EMIが友人からちょっと助けてもらったお話

1960年代半ば、イギリスの人気歌手グループであるビートルズは文化的な影響力にとどまらず、経済的な存在でもあった。その絶頂期に、彼らのレコードやチケット売上は今日の価値に換算して、1秒あたり650ドルを生み出していた。ビートルズの海外ツアーからのドル収入は、イギリス政府を通貨危機から一時的に救ったとすら言われているほどだ。

ビートルズがスターにのしあがったことで恩恵を被った企業の一つがレコード会社パーロフォンだ。この会社は1930年代から、エレクトリック&ミュージカル・インダストリーズ社に所有されていた。EMIと言ったほうが有名だろう（彼ら自身がセックス・ピストルズの歌のネタにされることとなる）。1967年には、EMIの利潤の3割はビートルズの売上によるものだった。

そのフルネームからもわかる通り、ＥＭＩは単なるレコードレーベルではない。１９６０年代には、音楽だけでなく電気（エレクトリック）の分野でも興味深い企業だった。１９５９年にはEMIDEC1100という商用コンピュータを発売した。またカラーテレビカメラ、録音機器、誘導ミサイル、やかんも製造していた。

ビートルズマニアがもたらした現金の山のおかげで、ＥＭＩには投資文化が生まれた。彼らが投資したものの一つが、医療機器研究だった。ＥＭＩＤＥＣを生み出した研究者ゴッドフリー・ハウンズフィールドは、初の商業医療スキャナの開発に着手した。プロジェクトが進む中、イギリス政府もこれを大いに支援し、60万ポンド、または２０１６年価格に換算して７００万ポンドも資金を提供した（Maizlin and Vos 2012）。４年にわたり、彼とそのチームは初のコンピュータ断層撮影スキャナ（ＣＴまたは「ＣＡＴ」スキャナと呼ばれる——Ａは「axial（軸）」の頭文字だ）を発明し、つくりあげた。

これは科学エンジニアリングの驚異的な成果だった。医師はこれで初めて、患者の柔らかい組織の正確な３Ｄ撮影が行えるようになった。これは本当の医学ブレークスルーで、脳外科手術からガン治療まですべてが一変した。ハウンズフィールドは山ほどの賞を受賞した。ノーベル賞ももらい、ナイトの称号も得て、王立協会のフェローにもなった。だが商業的な観点からすると、これはＥＭＩにとって、どちらかといえば失敗だった。

ＥＭＩはその根底にある技術で特許を取り、事業化に向けて投資を行い、病院と提携してＣＴ

が医師にどう役立つかを調べようとした。スキャナをアメリカの病院に売り込む営業部隊も構築した。だが1970年代が進むにつれて、CT市場を制覇するのは他の会社だというのが明らかとなった。ゼネラル・エレクトリック（GE）と、その後シーメンスがEMIからいくつかの技術をライセンス供与され、すぐに巨大なCTスキャン事業を構築した。1976年になるとEMIは、CTスキャン事業からの完全撤退を決めた。

スケーラビリティとサンク性

ビートルズの曲を聴いたりCTスキャンを受けたりしている人にはすぐにわからないかもしれないが、この物語はすべて無形投資に関するものだ。そしてこれは、各種の無形投資が物理的な有形投資と異なるポイントのいくつかを明確に示している。

まず、ビートルズのカタログを想像してほしい。それらはきわめて利潤が高く、それによってEMIはCTスキャナを支援できるようになった。音楽の権利は一種の無形資産だ。いったんそれを所有したら、かなり低コストで好きなだけシングル盤をプレスできる（最近はデジタル音楽の時代だから、この費用はゼロ近くになっている）。

これは工場や店舗や電話線のような物理資産には当てはまらない。物理資産はいったん容量に達したら、新しいものに投資するしかない。だが無形投資は同じ物理法則に従わずにすむ。一般に何度も使える。この無形投資の特徴をスケーラビリティと呼ぼう。

次に、EMIがCTスキャナ事業からの撤退を決めたときに何が起きたか考えよう。彼らはかなりの無形投資をしてきた。最もわかりやすいのが、スキャナ自体を設計するための研究開発だが、スキャナの使い方について臨床医師と共同作業をした投入時間（第3章で述べた枠組みでは、これを設計／デザイン、特にサービス設計と呼ぶ）。そしてアメリカ市場で商業的な地位を確立するためにも投資をした（ブランディングとマーケティング）。

この一部についてEMIは収益を得た——特許についてはGEとシーメンスからライセンス使用料を得た。だがその多くは損切りするしかなかったように見える。営業部隊構築にかけたり、結果的に失敗した事業部構築やブランドにかけたりしたお金を回収するのは難しい。それに比べると物理資産は、かなり専門的なものですらずっと売却しやすい。この無形資産の特徴をサンク性（埋没性）と呼ぼう。

組み合わせによるシナジー効果

GEとシーメンス社がCTスキャナ開発に果たした役割も、無形資産の独特な性質を示している。かなり不公平ではあるが、投資を行った人物や事業が必ずしもその報いを得られるとは限らない。ゴッドフリー・ハウンズフィールドが行ったくらくらしそうな研究開発、病院との設計作業、初期の売上をたてるための苦労はEMIに多少の収益をもたらしたが、その競合他社には巨大な新市場をもたらした。これはほとんどの有形投資ではあり得ないことだ。

GEはもちろん、自分のCTスキャナを作るのにEMIの工場に忍び込んだりはできた——そういう活動を止めるために、鍵や警報や法律というものがある。だが彼らは、EMIの無形投資を比較的安上がりに使えた。経済学の用語では、最初の投資家が無形投資の便益を手に入れるのは難しいこともある、ということだ。あるいは別の言い方をすると、無形投資はしばしば、その投資を行う企業を超えたスピルオーバーがある、ということになる。

最後に、無形投資は他の無形投資と組み合わせると、劇的に価値が高まる。EMIの中央研究所は、コンピュータ、画像処理、電気工学に関する研究のるつぼだった。こうした各種の知識を、最初のスキャナが試験されたアトキンソン・モーリー病院の医師たちが持つ臨床の専門性と組み合わせることで、文句なしのブレークスルーが生まれた。

だが組み合わせることでこうした予想外の便益につながるのは、研究開発から生じたアイデアだけではない。GEのCTスキャナがやがて成功したのは、その装置への技術的投資にGEブランドと顧客関係を組み合わせた結果だった。そしてもちろん、ビートルズ自身の成功は、新しい音楽的アイデア（エルヴィスからラヴィ・シャンカールまで）を組み合わせたのと、パーロフォン自身の無形投資、つまり、このバンドをプロモーションしてマーケティングする能力との組み合わせだ。このすべては無形投資の間のシナジーの例だ——こうしたシナジーはしばしば規模が大きいが予想しにくい(1)。

無形投資の4S

アイデアや商業取引関係やノウハウといった無形のものが、根本的に機械や建物のような物理的物体と異なることは、不思議でも何でもないはずだ。

経済学者もこの事実には気がついていた。過去1世紀にわたり、経済学の各種のサブ分野で、研究者たちは無形資産の様々な変わった性質を検討してきた。

デヴィッド・ワーシュの見事な著書『知識と国の富（*Knowledge and the Wealth of Nations*）』（未邦訳）は、経済学者ポール・ローマーが経済成長理論を改良して知識、特に研究開発を、予想不能の外生変数としてではなく、内生変数として理論を考案した物語を描いている。

ローマー、チャド・ジョーンズ、フィリップ・アギオンなど内生的成長理論と呼ばれるものの先駆者の研究は、知識が風変わりな財だという点を指摘した。というのもアイデアを実践したからといって、アイデアはなくならないからだ。彼らは「非競合性」という用語を使った。サンドイッチのような「競合財」は、一人しか使えないのに対してアイデアのような「知識財」は多くの人に使えるからだ。この非競合性を私たちはスケーラビリティと呼ぶ。

同じく伝統的な経済学では、ある企業から別の企業へとアイデアがスピルオーバーする様子を分析している。アルフレッド・マーシャルは、19世紀末に同じ業界の企業の間でこうしたスピルオーバーが起こる様子を初めて語っている。ノーベル経済学賞を受賞したケネス・アローは、これを1960年代に数学的に表現し、20年後にポール・ローマーがその理論を拡張した（Arrow 1962; Romer 1990）。経済学者エドワード・グレイザーは、この種のスピルオーバーについて「マーシャル＝アロー＝ローマー型スピルオーバー」と名付け、その同じ論文で産業間のスピルオーバーの重要性を実証した。これはツヴィ・グリリカスの研究を元にした論文だった（Glaeser 2011; Griliches 1992）。

同様に、革新的な企業の資金調達を研究する研究者、たとえばブロンウィン・ホールやジョシュ・ラーナーは、研究開発や製品開発といった資産への投資は、物理投資にくらべて負債での資金調達がやりにくいことを示した（Hall and Lerner 2010）。イノベーションのプロセスや性質を研究しているブライアン・アーサーのような学者は、各種の知識を混ぜ合わせるのが重要だと指摘した（Arthur 2009）。そしてバルーク・レヴのような無形投資研究者もそのスピルオーバーについて言及している（Lev 2001）。

今度は無形投資が有形投資とどう違うのか、もっと細かく見てみよう。以下の節では、無形資産の四つの特性――スケーラビリティ、サンク性、スピルオーバー、シナジー――それぞれを検討し、（a）なぜ無形資産がそのような振る舞いをするのか（特に有形資産との対比で）、（b）なぜそれぞれの性質が経済全体にとって重要かを説明する。そこに向かう前に、密接に関連しあった概念でありながら関連文献でいろいろ違う使われ方をする「データ」「アイデア」「知識」

など各種の概念があるので、BOX4・1でそれを明確にしよう。そして4Sそれぞれを詳細に論じたあとで、無形資産の創発的性質、たとえば不確実性とオプション価値の創造がこの4Sから生まれることを示そう。一つはっきりさせておくと、こうした特徴を私たち自身が発見したと主張するつもりはない。むしろこうしたまとめ方で、他の人々の発見を便利な形で整理しようというわけだ。

BOX 4.1 知識、データ、情報、アイデア定義を少々

「データ」「情報」「知識」という用語はどれも同じに見える。Goodridge and Haskel 論文（2016）が指摘するように、イギリスのデータ保護法は「人々の個人情報の使われ方を統制」し、イギリスの情報長官が「個人のデータプライバシーを促進」し、情報自由法は市民が公的に保持されたデータセットを要求する権利を定めている（強調はすべて引用者）。Romer論文（1990）は、無形資産の話をするときに「アイデア」「青写真」「指示書」といった用語を使う。OECDは「知識経済」の話をするし、経済学者は「知識」が実体化されているとかされていないとか論じる。一方、産業革命についての大著で、経

済史家ジョエル・モキールは「知識」を命題型と処方型に分類する（Mokyr 2002）。このすべてはどのように絡み合っているのか？

まずデータから始めよう。二種類のデータを定義する。生の記録と、変換したデータだ。生の記録は、まだきれいにしたり整形したり、変換したりしていないものだ――まだ分析できる状態ではない。たとえばこれは、ウェブからかき集めたデータ、エージェント同士のやりとりで生成されたデータ、機械設備に埋め込まれたセンサ（IoT）がとらえたデータ、何か他の事業活動やプロセスの副産物として生成されたデータなどがある。変換データは夾雑物が取り除かれ、整形され、組み合わされ、構造化されて、何らかのデータ分析に適した形になっている。

さて情報に目を向けると、情報というのは変換されたデータと同じだと考えていい。たとえば非常用ランプの売上と天候についての分析可能なデータは情報となる。Shapiro and Varian論文（1998）は情報というのを、デジタル化できるものすべてという意味で使っており、これは暗黙のうちに情報をデジタルデータと定義していることになる。

私たちは「知識」を、情報のかけらの間の裏付けを持った結びつきが一貫した理解を形成したものと定義する。知識は情報なしには存在できないし、情報を十分に理解し解釈するには知識が必要だ。したがって知識には、分析可能データで構成される情報から観察された、理論、仮説、相関、因果関係が含まれる。

ジョエル・モキール（Mokyr 2002）は、知識を二種類に区別している。「命題型」と「処方型」だ。命題型知識は科学や発見を含む。つまり自然とその性質についての知識だ。処方型知識は、生産のための行動を処方するもので、レシピ、設計図、技法などだ。たとえば1806年のアペールによるびん詰め（食品を調理してびんに密封することで保存する手法）の発明は、発明者たちがうまく機能させた単純なレシピだった。彼らは微生物による食品腐敗についてのパスツールの研究のことなど何も知らなかったのだ（これはあと50年たたないと誕生しなかった）。つまりこれは、命題型知識ではなく、処方型知識に基づくイノベーションだったわけだ。

モキールの主張は、工業化以前の、動いては止まりを繰り返す発展は偶然の発見に基づくものだった、ということだ。ポスト工業化社会の安定成長が可能だったのは、命題型知識を基盤とする発見のおかげでしかない。

航空機のような有形資産は、金属製だが同時に大量の知識（たとえば生産プロセスからのもの）も含んでいる。だったら、なぜ有形資産は単なる無形資産の集まりではないのか？　その疑問に答えるには、「実体化された」知識と「実体化されない」知識とを区別すると役に立つ。航空機生産には有形の投入（金属など）と無形の投入（ソフトウェアや設計）が必要だ。結果としてできる航空機は、投入や知識がそこに「実体化」されているので有形資産だ。ソフトウェアや設計は、それがたとえばコードや設計図として飛行機と独立に存在する限りにおいては無形資産だ。それが航空機には「実体化されていない」（つまり何度も何度も他の航空機に使える）からだ。

他の知識の分類としては「暗黙」と「コード化」がある。これはその知識が経験に基づくものか、正式に設計図などに記録されているかという区別だ。「応用」「基本」は、その知識が具体的かつ実用的な目的のためのものか、理論的で具体的な応用のないものかという違いだ（OECD Frascati Manual 2015）。最後に「商業化」知識は、ある事業目的に応用された知識だ。

＊この節の引用はイギリス政府公式ウェブサイト（.gov.uk）からもってきた。データ保護については https://www.gov.uk/data-protection/the-data-protection-act を参照。情報長官については https://www.gov.uk/government/organisations/information-commissioner-s-office; 情報自由法については https://ico.org.uk/media/for-organi sations/documents/1151/datasets-foi-guidance.pdf を参照。

スケーラビリティ

なぜ無形投資はスケーラブルなのか

物理資産は、同じ時間に複数の場所には存在できない。これに対し無形資産は、通常は何度も何度も、同時に複数の場所で使える。

スターバックスの店舗マニュアルを中国語でいったん書けば——組織開発投資だ——それを中国の1200店舗すべてで使える。アングリーバードのアプリ開発費用は、数え切れないほどのダウンロード（現在は20億回以上だ）に分散できる。そして航空エンジンメーカーは、特定種類のエンジンは一度開発すればすむ——後はいくらでも量産できる。

このスケーラビリティは多くの無形資産にあてはまる。いったん事業が無形資産を作ったり購入したりすれば、通常はそれを何度も何度も、物理資産の多くに比べて安い費用で使える。

この知識のスケーラビリティは一般的に、経済学者たちが何十年も前から知っていたことだ。経済成長の見方についての先駆者の一人であるポール・ローマーは、経口補水療法（ORT）を例にあげていた。これは下痢による子供の死を防ぐことで、発展途上国の無数の人命を救った簡単な治療法だ。ORTの洞察は、水を飲むだけでは脱水症状の対策としてよくないというものだ。ナトリウムもいるし、身体がナトリウムを吸収するには砂糖がいるのだ。

援助機関が下痢による死を防ぐために投資する物理的なモノのほとんどは、スケーリングできない。水道ポンプを作ったり、井戸を掘ったり、水タンカーを買ったりしても、一定の数の人々のニーズを満たしたら、その投資を繰り返すしかない。でもORTのアイデアは、いったん発見すれば何度も何度も使える。

知識がスケーラブルだという考え方は、経済成長に対する新しいアプローチとしてローマーが先鞭をつけた「新成長理論」の核心にある。ローマーや、ロバート・ルーカスのような他の理論家たちは、技術というものを、たまに顔を出して経済をもっと生産的にする外生的な力として扱うのではなく、それを投資として扱い、経済全体に経済収益を生み出すものとした。

大きな「ネットワーク効果」

経済的な観点からすると、スケーラビリティはアイデアの重要な特徴から生じる。それは経済学者が「非競合性」と呼ぶモノだ。私がコップの水を飲んだら、あなたはそれを飲めない。それは「競合」財だ。でも私がアイデアを使っても、あなたも同じアイデアを使える。競合性はスケーラビリティの背後にある経済的原動力ではあるが、覚えやすいので私たちはスケーラビリティの方を使う(2)。

スケーラビリティは「ネットワーク効果」があると俄然威力を発揮する。ネットワーク効果は、ある資産の数が増えると価値が高まる場合に生じる。ネットワーク効果は有形資産と無形資産の両方で見られる。たとえば電話やファックスは、だれもかれもが持っているほうが価値が高まる。

実際、現在のデジタル技術革命によって、物理資産のネットワーク効果の可能性に人々の注目が集まった。携帯電話やネットワーク化したコンピュータがその好例だ。だがもっときちんと見れば、大きなネットワーク効果があるのは、現在のデジタル技術の波における無形投資の部分であることが分かる。

ウーバーの運転手やAirbnbホストやインスタグラム利用者のネットワーク（すべて組織開発投資だ）やＨＴＭＬの力や、ウェブの元となっている無数の規格（それぞれソフトウェア、設計、組織開発への投資）は無形資産であり有形資産ではない。

実生活での無形資産は通常は無限にスケーリングできないという点には留意が必要だ。実はＯＲＴの塩と砂糖の混合比は、脱水の水準に応じて少し変えなければならない。マクドナルドのメニューとレシピは国ごとに違うし、その差がかなり大きい場合もある。ソフトウェアはパッチやアップデートが必要だ。ほとんどの研究開発集約企業のスケーラビリティは、研修を受けた従業員が一日に働ける時間数により制約される。

だがそれでも、無形資産は、平均すれば有形資産より圧倒的にスケーラブルだと考えられる。

なぜスケーラビリティは重要なのか

きわめてスケーラブルな投資の多い経済では、変わったことが三つ見られるはずだ。

まず、きわめて無形集約的な企業がいくつか巨大化しているはずだ。スターバックスは効果的なブランド、運営プロセス、サプライチェーンを活用して、世界中に店舗展開することができた。グーグル、マイクロソフト、フェイスブックは、かつての製造業の巨人に比べて必要な有形資産が少ない。無形資産の束あるいはソフトウェアや評判をスケーリングできるので、巨大化が可能になった。この手のスケーラビリティはもちろん、ネットワーク効果によりさらに拡大される(3)。

第二に、こうした巨大市場の展望が開けると、ますます多くの企業がそうした市場に挑戦しようという気になる。彼らは厳しい選択に直面する。潜在的な市場は大きいので挑戦したくなるが、競争もかなり厳しいので尻込みしたくもなる。差し引きの影響は、1990年代初頭に経済学者ジョン・サットンによって描き出されている。スケーラブルな投資(研究開発やブランディング)が重要なところでは、「産業集中」が見られる——つまり比較的少数の支配的な大企業が登場するということだ。

第三にスケーラブルな資産の所有者と競争しようという企業はつらい立場に置かれる。一方で、報酬は大きい。なんといっても、グーグル社は各種の大有名検索エンジン企業に対する競争相手として出発したのだ。だがきわめてスケーラブルな資産の市場では、追随者たちの報酬はしばしばわずかなものとなってしまう。グーグルの検索アルゴリズムが最高でほぼ無限にスケーラブルなら、ヤフー検索なんか使う理由はあるだろうか？　勝者総取りシナリオが普通になるだろう。

サンク性

なぜ無形投資はサンクコスト（埋没費用）なのか

企業が無形投資をして、後に撤退したいと思っても、それまで作った資産を売却して費用の回収を行うのは難しい――そして一般に、それは有形資産の場合より難しい。経済学者たちはこの種の回収不能費用を「埋没した（サンク）費用」と呼ぶ。

仮想的なコーヒーチェーン――ターバックスとでも呼ぼうか――が商業的な大惨事に襲われた世界を想定してみよう。この会社は倒産した。清算管理人たちは、どのくらい残存資産を売却して同社の負債を返済できるだろうか？

まず同社が所有または賃貸している店舗を売ろうとするだろう。商業不動産には活発で流動性の高い市場があるから、まともな価格で買い手を見つけられるだろう。そのコーヒーメーカーや店舗の家具什器、配達車両やレジなども回収できる。こうしたものが売買される中古市場が存在するからだ（実際、第1章で見たように、タンカーからシールド工法向けドリルまで各種の珍しい工場や機械の市場がある）。

しかし、無形資産はそれほど簡単には売却できない。ブランドは価値があるかもしれない……果たしてそうだろうか？　そして価値があったとしても、そこからお金を回収するには、そのためだけに行う交渉と対面販売が必要になるだろう。ターバックスのコード化された運営マニュアルや、顧客対応マニュアルは、同社の経営の中でならとても価値があったかもしれないが、他のだれかに売るのは難しいだろう。特にそれがターバックスのレイアウトや製品に特有のものならなおさらだ。ターバックスの価値ある知的財産、たとえば焙煎手法の特許などであれば、清算管理人はそれを売却できるかもしれない。だがその知識が正式な知的財産権の守備範囲になければ（たとえばうまくコーヒー豆を買うノウハウなど）、あるいはそれらが同社の従業員の間に分散していたら（たとえば研修などを通じて）、名目的にも実質的にも売却は不可能となる。

さてもちろん、一部の有形資産も企業倒産やプロジェクト破綻に遭遇すれば売却は難しくなる。きわめて専門特化した機械は、その所有者以外にはまったく無価値かもしれない。つまり、その費用の一部は埋没している（サンク）ということだ。地元の発電所にしか石炭を売れない場所にある孤立した炭坑は、もしその発電所が買ってくれなくなれば無価値だ。英仏海峡トンネルや成田空港は、現在の場所で不要になっても、そのまま荷造りして別の場所に引っ越すわけにはいかない。だが全体として、問題は有形資産よりも無形資産のほうが大きい。

特に、有形資産の場合には、売却できてサンク投資にならない可能性を高める特性が二つある。

まず量産と標準化という現象だ。量産で驚嘆すべきことの一つは、多くの有形資産は他の有形資産のコピーだということだ。世界の企業は大量のフォードのトランジット・バン、ウィンドウズサーバー、ISO668コンテナを所有している。だからこういうものは売りやすい（また価格も推計しやすい。こうした中古有形資産には公表された市場価格がある場合が多いからだ。これについては後述）。標準化はまた有形資産を企業間で使い回しやすくする。コンセントとボルト数が共通だから、工作機械は工場から工場へと移送できる。中型のトランジット・バンは、ある程度は似たり寄ったりだ。だが無形資産となると標準化の度合いははるかに小さく、またほとんどの無形資産は量産されていない。

有形資産が売却しやすい第二の理由は、それを保有する企業やその事業と固有の結びつきを持つ可能性が低いからだ。建物から土地まで、多くの有形資産は様々な種類の事業に使える。特許、巧妙な運営手順、ブランドは、それをそもそも開発した企業にとってしか有用でない場合がある。無形資産の市場——たとえば特許——が存在していても、そうした資産の多くは他の人々よりは、もとの所有者にとって価値が高いことが多い。

なぜサンク性（埋没性）が重要なのか

回収不能な費用が大量にある投資は、資金調達が難しい。特に負債による資金調達は困難だ。銀行が住宅ローン融資が大好きな理由の一つは、その融資が価値ある不動資産で裏付けられており、借り手がデフォルトしたら、それを差し押さえて転売できるからだ。

これに対し、大量の無形資産を持つ企業は、事態が完全に行き詰まったときに、銀行にとっては大きな頭痛の種になる。まず、そういう資産を差し押さえできるか？　ときにはそれが、あっさり消えてしまうこともある——たとえば従業員の頭の中にある知識やノウハウなどだ（これは財産権がない結果だ。これが引き起こすスピルオーバーについては次に論じる）。

第二に、それを売却できるか？　サンク性の結果の一つとして、たぶん売れない。そうした資産は当該の企業や事業に固有のものであり、中古住宅のようにそれを取引する市場が生まれにくい。市場がなければ、資産を価値評価するための別の方法を見つけねばならないが、これはなかなか難しい。特許の価値は、その開発費用なのか（その場合は正しく費用を積み上げねばならない）、専門の鑑定士の鑑定価格なのか（鑑定士には支払いが必要だし、その場合でもその見立てはまちがっているかもしれない）、その将来の収益ポテンシャルに基づく数字なのか（これは元の借り手に聞くくらいしかできないが、その主張は信用できるだろうか？）。

だからこそ多くの中小企業融資においては、特に英米では、貸し手が社長の自宅に抵当権を設定したがる——その結果、ややこしく、複雑な無形融資は、単なる住宅融資に近いものになる。

サンク性はまた、無形資産を取り巻く不確実性も増大させる。サンク性の理由の一つは、無形資産はしばしば文脈固有だということだ。ある特定産業やサプライヤに固有のサプライチェーン関係だったりするかもしれない。ある特定分野における製品品質の評判かもしれない。だからこうした資産の価値を評価するのはますます難しくなる。サンク性のおかげでこうした資産の市場創造ができないからだ。市場がないと、価値評価もとても難しくなる。

無形投資のサンク性はまた、企業の行動にも影響する。心理学者たちは昔から、人々がサンクコストにこだわりすぎて、それを損切りしたがらないことを知っている（Kahneman, Lovallo, and Sibony 2011）。たとえば、マッキンゼーが指摘するように、(4) 1986年バンクーバー万博のプロモーターたちは、費用が1978年時点における当初の7800万カナダドルから20倍にふくれあがっても、このプロジェクトを中止しようとしなかった。この「埋没費用の誤謬」が、確証バイアスなど他の認知バイアスと結びつくと、よい意志決定は致命的に不可能となる。この場合の確証バイアスは、来訪者数の予測がすさまじく過大になっていたことだった。

サンク性がもたらす創発的特性

研究開発や新規事業部設立で、大金を無形投資に埋没させてきた企業経営者なら、その価値を過大に評価して手放したがらないはずだ。実際、この行動が一般的な世界では、不穏な心理的シフトが生じる。埋没費用の誤謬のせいで、ますます多くの企業が、損切りすべきダメな投資にしがみつく。それ以上に、ほとんどの無形資産に市場がないことで、経営者は自分の資産が持つ本当の価値を示す外部の指標がなかなか得られない。短期だとこれは、あまりに楽観的な過剰投資を引き起こす――そしてバブルがもっと頻繁に生じるようになる。

無形投資のサンク性は、バブルを膨らませるのに貢献するだけでなく、それが最終的に破裂したときの痛みをも悪化させる。市場が暴落したら、企業は資産を叩き売りせざるを得ないというのが、私たちの通念だ。というのも他のみんなも我先に投げ売りしようとするからだ。土地や光ファイバーケーブルのような資産が多少なりとも実体を持つ場合にだって、こういう事態が起きると大変だ。だがそれでも、いくら価格が暴落しても、通常は多少の残存価値がある。だが埋没した企業固有の無形資産の場合はバブルが発生して破裂したら、その資産の価値が概ねゼロになるというリスクがある。

これを考えると、そもそも企業がこんな種類の投資を決断すること自体が信じられないようにも思える。投資に踏み切る第一の理由は、収益の一部がきわめて高くなる可能性があり、それだけのリスクを補えるだけの見返りがあるからかもしれない。第二に、中古有形投資の市場よりは費用回収が難しくても、他に市場以外の便益が得られることもある。知識への投資は、直接的に販売可能な資産を作り出せなくても、企業にとって不確実性を解消してくれる情報を作り出すなら、とても価値が高いかもしれない。

多くの企業は同時並行で研究プロジェクトを行う。プロジェクトAが失敗して、売れる資産

（たとえば特許）を直接作り出さなくても、やってはいけないことを明らかにすることでプロジェクトBの成功に貢献できるかもしれない。だから無形投資はその企業が直面する機会について、きわめて価値の高い情報を与えてくれることで高い利得をもたらすかもしれない。これは「オプション価値」と呼ばれるものだ（Dixit and Pindyck 1995）。私たちはこの価値を、資産の不可逆性／サンク性から出てくる創発的な性質として扱う。創発的特性については以下の節を参照してほしい。(5)

スピルオーバー

なぜ無形投資はスピルオーバーを生むか

一部の無形投資は、異様に大きなスピルオーバーを持っている。つまり、他の企業が他人の無形投資を活用するのが比較的簡単だということだ。

古典的な例が研究開発だ。他人のアイデアをコピーするのは、それが特許や著作権といった手段で法律により阻止されていない限り比較的容易だ。経済学者の用語では、研究開発が作り出すアイデアは非競合的だ——私が知識を使っても、あなたがそれを使う邪魔にはならない。トマス・ジェファーソンの表現では「私の発想を受け取るものは、私の持ち分を減らすことなくその恩恵を受け取ることができる。私のロウソクを誰か別の人が灯したとしても、それで私が受け取る光が減るわけではない[6]」

アイデアはまたある程度は「非排除的」だ。つまり私の思いついたアイデアを他の人が使わないようにするのは、それを秘密にしておいたり、特許のような法的手段で阻止できたりしない限りかなり難しい。非競合、非排除的投資の便益は、それを行った企業を超えてスピルオーバーする可能性が高く、研究開発などから生じるアイデアはその好例だ。さっきのORTが完璧な例と言える。

だがスピルオーバーは、研究開発だけから生じるものではない。アップル社がiPhoneを発表すると、ほとんどあらゆるスマートフォンはiPhoneそっくりとなった。アップル社のソフトウェア、設計、サプライチェーン（たとえばアプリストアと呼ぶソフトウェアのサプライチェーン）は、アップル社のものと似た電話を作り出そうとする競合他社により真似られた。マーケティング専門家がスマートフォン「カテゴリー」と呼ぶものを作り出したことで（あるいは厳密にはそれを大きく成長させたことで）、アップル社は自社だけでなく、他のスマートフォンメーカーにも利益をもたらした。

みんながマッキンゼーを真似た

iPhoneはまたマーケティングのスピルオーバーの好例でもある。iPhoneの成功の一部は、アップル社が新製品を自社ブランドで積極的に後押ししたことから生じた。初期のスマートフォンはいささかできが悪かったが、アップル社はスタイリッシュで使いやすいデバイス作りで評判を確立していた。マーケター流に言えばカテゴリーを作り出したことで、アップル社は自社に利益をもたらしただけでなく、サムスン、ＨＴＣ、グーグルなどの競合他社が、高利潤のスマートフォン事業を作り出すのを手助けした。

そこまで明白ではないが、組織設計、研修、ブランディング、マーケティングでもスピルオーバーの事例は見られる。１９５０年代と１９６０年代に、コンサルティング企業のマッキンゼー社は、事業上のアドバイスを提供する新しい手法に先鞭をつけた。これは要するに組織的イノベーションだ。

企業に対して改善策を教えるためにその業界のベテランを雇う代わりに（初期の経営コンサルとはそういうものだった）、マッキンゼーはエリートビジネススクールの卒業生を雇い、それを集めて小規模で集中したコンサルティングチームを作った。こうしたチームは、複製可能な手法群を使って問題を部分に分解し、おかげで頭はよくて熱心だが、経験は浅いコンサルタントたちが、力をあわせてかなり複雑な事業上の問題を解決できるようになった。業績管理と昇進のアグレッシブな文化は、それに応じた野心的な若者たちを集め、ハングリーでみじめな状況に追い込むことで潜在能力をついに発揮させた。

この一群の組織イノベーションは、いまや経営コンサル産業では通例だ。そうなったのは、みんなが真似たからだ。実際、マッキンゼー社自身もその一部を法曹界からコピーした（マッキンゼー社の当時の経営パートナーは元弁護士だった）。

最後に、研修スピルオーバーは、研修を受けた従業員が退社して、その研修成果を使える別の企業に転職するたびに生じる。

財産権でもスピルオーバーは止められない

さて、有形資産にもスピルオーバーが起こり得ることは述べておこう。もしあなたが港湾を持っていて、私がそこに接続する貨物鉄道を建設したら、私の投資はあなたにも利益をもたらすはずだ。接続性のよい港湾は、悪い港湾よりも有益で儲かるはずだからだ。もし有名デパートがショッピングセンターに支店を開いたら、それは来訪者を増やすことで他の店舗にも利益をもたらすだろう。

だが有形資産は物理的な性質を持つため、排除問題の解決がずっと容易だ。もし私がバスの車両群を所有するバス会社を経営しているとしよう。競合他社は私の会社車庫に忍び込んでバスを使うわけにはいかない――バスにはキーもあるし錠もかけられ、車庫には警報器が備わっている。何百年にもわたる財産法のおかげで、こちらの権利を守ることもできる。

財産権をきちんと設定できればスピルオーバーは消えるという立場をあっさり採る人もいるだろう。だが実際には、何世紀にもわたり試みられてはきたが、その施行はとても難しい。

無形資産のややこしい議論を説明するために、バス会社の例に戻ろう。バス会社は、有形資産の便益を企業が確保するのはかなり簡単だという例として挙げたものだ。だが小ずるいことに、私たちはこのバス会社がどの国にあるかを伏せておいた。先進国のバス会社は、バスが他の人にあっさり拝借されないとおおむね確信できるが、他の国では必ずしもそうではない。

2014年にメキシコのゲレロ州で、何十人もの学生が誘拐され、どうやら警察と犯罪組織の両方に殺されたらしいという恐ろしい事件のニュースが流れた。この事件を詳細に見てみると、その学生たちは誘拐時点で、メキシコシティでの抗議デモに向かうために勝手に拝借したバスに乗っていたという。どうやらバスを勝手に拝借するというのは「あたりまえ」で一般に許容されており、おかげでバス会社と運転手は、それが起きたときにどうするかという手順まで確立していたのだという。

先進国では、バスのような価値の高いものを人々が勝手に持っていって、所有者の意図にそぐわない形で使うなどというのは馴染みがない。社会規範と法執行があわさって、そうした活動はよい顔をされないし、めったに起きない。ゲレロ州の誘拐事件を見ていて思うのは、これがそれぞれの国の社会的文脈にどれほど多く依存しているかということだ。

財産所有をめぐる4000年の歴史

だが無形資産となると、所有権とコントロールを取り巻くルールは、先進国においてすらずっとはっきりしないものとなる。特許と著作権は全体として、農地の登記所有権やコンテナやコンピュータの所有権に比べて、ずっと不明確だ。

そうなった重要な理由の一つは歴史だ。4000年ほど前、現在のイラクの南部の地域に住んでいた書記が、粘土板に一覧を書いた。古代メソポタミア人は何世紀にもわたり、一覧表から伝説に至るまで何でも粘土板に書いてきたのだ。

だがこの粘土板はちょっと違っていた。それは法律の一覧で、ウル、シュメール、アッカドの王（ウル＝ナンムと呼ばれた）の法律を並べたものだった。これは現存する最古の成文法だ。本書の目的にとって興味深いのは、標準的な古代の法文――殺人、傷害、不倫などを扱うもの――に加え、財産について大量の言及があるということだ。この法典は人々の土地、銀、穀物、その他の財、奴隷の所有を記述していた。

要するに、人々はそもそもルールを作るようになった発端からずっと、有形物の所有権についてはルールを作ってきたのだ。ウル＝ナンム以来の4000年で、人々は物理的なものの所有がどういうことであって、難しい問題をどう解決すべきかについて考える時間がたくさんあった。

このプロセスが難しいのは単に知的な観点からだけではない。それは政治的だし、考えるだけでは解決できず、社会内や社会同士の紛争により解決するしかない。しかし、それには時間がかかる。アメリカが、他の人間を所有するのは正しいかどうかという問題をめぐり内戦を行ったときには、100万人近くが死亡した。財産所有が実は窃盗ではないかという問題について国々の意見がわかれたために生じた冷戦で、世界は核による絶滅寸前に達した。だがやがて、所有とはどういうことかについての人々の理解は発達し、明確になった。特に安定した法体系を持つ先進国ではそうだ。

無形財産法の発達の歴史

さて無形資産を考えよう。無形資産の所有権をめぐる初の法律ができたかというのは、議論の余地がある。それは中世末期ヴェネチアのガラス製法に関する法律だったり、フランスやイギリスが原工業的製造法に関する独占権を付与した16世紀の法律だったりする。だがいずれにしても、ウル＝ナンム法典から何千年も後のことだ。

それから無形財産法はゆっくりと発達をとげた。これは歴史家ゾリーナ・カーンが指摘したことだ（Khan 2008）。近代のイギリス独占企業は、新技術を運用する権利をついに享受したが、他の企業も取引の権利（塩などの販売）を独占した。次第に独占は新しいアイデアだけに制約され、立法者たちは優れた特許法や著作権法がどうあるべきかについて、もっと系統だって考えるようになった。

18世紀頃には、イギリスの特許はますます詳細になった。蒸気機関を走らせる特許のかわりに、政府は特定のプロセスに特許を与えた。しかもそれは文章等で記述され一般に公開されねばならなかった。同時に、１７０９年アン法はイギリスの著作権法の発端となった。

新しく建国されたアメリカでは、知的財産をとても重視した。実際、アメリカ憲法は特許と著作権についての条文を持っている。[7] アメリカの仕組みは当初から、同時代の英仏の規定よりも単純で、合理的で、圧倒的に安上がりだった。

この発展プロセスは続いた。各国は自国の特許や著作権制度を修正し、もっと発明を奨励するようになった。商標もまた19世紀に各国で法的認知を受け、ブランディングとマーケティング資産という発想に法的基盤を創り出した。

1920年代にエドガー・ライス・バローズが、著作権だけでなく自分の架空の創造物であるターザンの商標も取得した。この創造的および商業的無形財産の融合は、今日のメディアフランチャイズ、たとえばスター・ウォーズの弁当箱やアナ雪コスチュームなどの基盤となった。そしてもちろん、今日でも無形財産の問題は絶えず課題を突きつけられている。世界貿易交渉では、アメリカと中国の間では海賊版とフェアユースをめぐる紛争が続いている。パテントトロール(訳注：あいまいな特許を買いあさり、それをたてに様々な企業を強請する企業)は、自分たちの怪しげな主張をテキサス東部地区やモスクワの法廷で展開している。企業が知的財産の適用範囲を新しい方法で拡大しようとするときにも論争は生じる。たとえば2015年にトラクターのメーカーであるジョンディア社が、アメリカデジタルミレニアム著作権法に基づいて、自社のトラクターを買った顧客はそれを自分で修理する権利を持たないと主張したときなどがその例だ。規範やルールについて合意する長期プロセスの中で、有形財産は無形財産より3500年ほど先立っている。同じことが無形財産について言えるなら、所有権の細部や倫理が考え抜かれ、論争され、争われるのにあと3500年必要だが、それでもさらに不確実性が出てくるということだ。

無形投資が他の企業にスピルオーバーする要因には次の二つがある。一つは、知識で構成されるという無形資産の内在的な特徴だ。というのも知識は非競合的な存在だからだ。もう一つは制度上の、有形投資と無形投資のスピルオーバーは歴史によってその違いが顕著になってきた。先進国が有形財産の所有者を確定できるのは、歴史と制度発展のおかげが大きい。

なぜスピルオーバーが重要なのか

スピルオーバーが重要な理由は三つある。まず企業が投資からの便益を獲得できるかわからない世界では、投資は減ると予想される。第二に、スピルオーバーを管理する能力にはプレミアムがある。自分自身の無形投資から最大限の利益を引き出せる企業や、他人の投資からのスピルオーバーを活用するのが特にうまい企業は、非常に成功する。第三に、スピルオーバーは現代経済の地理に影響する。

スピルオーバー問題に対する古典的な答えは政府出資だ。企業が無形投資、特に研究開発から最大限に利益を引き出せないなら、政府が乗り込んで研究に直接出資するか（たとえば大学や政府研究所）、企業に支援してやらせるべきだ、ということだ。そして実際、これはたくさん行われている。アメリカ政府は全国の研究開発の3割を出資している（Appelt et al. 2016）。公的な研究開発は特に、基礎研究や新分野の研究（たとえば米軍による1950年代の半導体部門の開発）でことさら重要となる。

スピルオーバーはまた、個別企業の行動にも影響する。企業は自分が行う無形投資の価値を最大化しようと努力するからだ。実際、無形投資集約型企業の戦略の大きな部分は、自分の無形資産を組み合わせて管理し、スピルオーバーを最小化しつつ、自分が得る便益を最大化しようとすることだ。

自分が手塩にかけて創った無形資産で他人が便益を得るのを止めるために、企業がどれほどの手間をかけるかについて異様に正直なのが、ベンチャー資本家で起業家のピーター・ティールだ。彼はシリコンバレーのペイパルマフィアのドンと呼ばれている。ティールは起業家精神に関する爽快なほど率直な本『ゼロ・トゥ・ワン』の中で、非常に企業価値の高い新興企業を作る方法は、できる限り大規模な市場での独占ポジションを持つ企業を作ることだと明確に述べている。

ティールの経営哲学では、こうした防衛可能な機会をつくるには、正しい種類のソフトウェア、マーケティング、顧客とサプライヤのネットワークへ投資して（三つの古典的な無形資産だ）、それを競合他社には真似しづらい形で組み合わせることだ。

さらに、他の企業の無形投資からのスピルオーバーを引きつける能力は、自分自身の無形投資からの利得を最大化する能力と同じくらい重要だろう。うまくネットワークを持ち、自分の分野における重要な発展について知り、協力をまとめたり、お願いをしたり、パートナーシップを調整したりできる立場を確立するのは、投資に大きなスピルオーバーがある事業でのほうが重要となる。結局のところ、他の企業の投資からのスピルオーバーを活用するのは、ある意味で棚ぼたの大儲けだからだ。

ミッキーマウス曲線

企業が知識を自分で抱え込む最も粗雑な方法は、法律によるものだ。ジェイムズ・ワットとライト兄弟は、特許を使って他の人々の蒸気や飛行に関する研究を邪魔ばかりしたため、同時代人を怒らせた。パテントトロールは、この戦略の純粋版とみることもできる。パテントトロールは破綻した企業などから特許を買い漁り、元の投資のスピルオーバーから便益を得そうなあらゆる人々に対し、法的な対応を取ろうとする。パテントトロールを軽蔑すべき理由はいろいろある――だがこれは無形資産のスピルオーバー特性の結果としてきわめてストレートなものだ。

もし法が十分に強くないなら、企業はもっとロビイングして法を変えさせることもできる。著作権弁護士はときに、ミッキーマウス曲線という話をする――アメリカ法において著作権の適用期間が着実にのびて、いつもギリギリでディズニーのアイコン的なネズミがパブリックドメインに入らないようにしている、というものだ。ディズニーが最初にミッキーを創り出したとき、その著作権は１９８４年に失効するはずだった。１９７６年と１９９８年の延長でそれが２０２３年まで先送りになった。そしてそれまでの間に、どんな新法ができるかは神のみぞ知る。

パテントトロールと著作権訴訟が注目されるのはニュースになりやすいからだが、無形投資のスピルオーバーを捕捉する他の方法のほうが一般的だ――実はそれは、日常の実業生活における目に見えない襞の一部となっている。それはしばしば、強制や法的な脅しではなく互恵性によって行われる。ソフトウェア開発者はGitHubのようなソフトウェアレポジトリを使ってコードを共有する。GitHubの活発な貢献者となりそれを効果的に活用するのは、一部の開発者にとって名誉なことだ。

企業はときに自分たちの特許をプールする。すると彼らは、各企業の技術からのスピルオーバーが価値あるものだと気がつき、みんなの個別の法的権利を主張してもあまり価値はないことに気がつく（実際、アメリカ政府は１９１０年代に、アメリカの航空機産業の足を引っ張っていたライト兄弟とカーティス飛行機とモーター社との特許戦争を終わらせるため、みんなに製造者航空機協会という特許プールを設立させた）。

都市に住む便益

最後に、スピルオーバーの便益を手に入れるため、人々は自分自身の立ち位置を各種の形で変えられる。これをやる最も明白な形の一つは、都市を形成することだ。都市について研究する経済学者の最先端の一人エドワード・グレイザーが述べたように、都市化の謎の一つは、人々がきわめて高い賃料を払っている人の隣に住むために、きわめて高い賃料を払いたがるということだ(Glaezer 2011)。

これはこの接続された世界においてはことに不思議に思える。この通信の発達した世界では近接性の重要性はまちがいなく下がったのではないか? 答えの一つは、都市に住むスピルオーバー便益が増えたというものだ。実際、不便さ——混雑、物価、大気汚染——がまちがいなく増加していることを考えると、それを相殺するだけの便益があるはずだ。それはまさにもっと相互作用や協力を増やす機会をめぐるものかもしれない。

これらすべては、無形財産集約経済では、スピルオーバー問題を活用する能力がとても重要になるということだ。それには特殊な技能の幅を必要とする。無形資産そのものを理解するだけの技術能力、たとえば科学や工学の知識。場合によっては取引をまとめるための法的技能や才能。またときには、リーダーシップやネットワーキングといったもっとソフトな技能。そしてこれは、都市で一緒に暮らすのを増やすことを必要とする。こうした技能が格差にとって持つ意味合いについて第6章で検討する。

シナジー

なぜ無形投資はシナジーを示すか

アイデアは他のアイデアと組み合わさることで威力を発揮する。これは特に技術分野で言えることだ。

たとえば電子レンジを考えよう。第二次世界大戦末期、アメリカの軍事企業のレイセオン社は、マグネトロンの量産で忙しかった。これは一種の真空管だ。戦争の早い時期にイギリスが先鞭をつけたレーダー防衛の重要な一部だった。レイセオンにつとめるエンジニアのパーシー・スペンサーは、マグネトロンからのマイクロ波が、金属の箱の中に電磁場を創り出すことで食品を温める効果があるのに気がついた。

ものの数年で、この技術はかなり進歩して、ニューヨークのグランドセントラル駅の新奇品スタンドでは電子レンジで温めたホットドッグ「スピーディー・ウィーニー」を食べられるようになった。数社が国内電子レンジを販売しようとしたが、どこもあまり成功しなかった。ところが1960年代にレイセオン社は白物家電メーカーのアマナ社を買収し、マイクロ波の技能とアマナ社の台所用品の知識とを組み合わせ、もっと消費者ニーズに合致した製品を作り出した。同時に、別の軍事企業リットンが現代風の電子レンジを発明し、マグネトロンを改良してもっと安全に使える形にした。

1970年には4万台の電子レンジが売れた。1975年には売上台数が100万台へ急拡大した。これを可能にしたのは、アイデアとイノベーションの段階的な蓄積だ。マグネトロンそれ自体は顧客にとってあまり有用ではないが、他の追加的な細かい研究開発と、リットン社やアマナ社の設計とマーケティングのアイデアが組み合わさることで、20世紀後半を代表するイノベーションができあがった。

電子レンジは、新技術のきわめて典型的な発展物語だ。サンタフェ研究所のブライアン・アーサーは、『テクノロジーとイノベーション』(2009)という画期的な本を書いている。そこでは、技術イノベーションは組み合わせ型(combinatorial)だと述べられている。これは、あらゆる技術は既存アイデアをまとめられるかどうかにかかっているということだ。アーサーに言わせると、あらゆる新技術は既存技術から生み出される。したがって(中略)あらゆる技術は他の技術のピラミッド(積み重ね)の上に成り立っている。つまり、それは人間が初めて捕らえた事象から始まり、その上に次から次に積み上げられてきたものだ。

シナジーは予測できない

科学ライターのマット・リドレーはこのアイデアをさらに一歩進めて、アイデアの進化的性質を強調している。「文化的進化にとっての交換は、生物学的進化におけるセックスのようなものだ」。リドレーはイノベーションを「アイデアがセックスするとき」に起こることだと表現している（Ridley 2010, 453）。

別の見方をすれば、無形資産――研究開発の産物のようなアイデア、新デザイン、新しいビジネスのまとめ方や商品マーケティング方法――は、お互いにシナジーを持つということだ。組み合わせによって価値が高まる。もちろん有形資産もシナジーはある。バスとバス停。電力供給とマーシャルのギターアンプのスタック。パソコンとプリンタ。だが、異なるアイデアが相互作用する範囲が実に広いことと、アイデアは組み合わさっても消えてなくなるわけではないという事実は、無形資産の潜在的なシナジーをずっと大きくする。

電子レンジの物語はまた、異なるアイデアのシナジーについて別の側面を示している――シナジーがしばしば、予測不能で、各種分野にまたがるということだ。この場合、軍事情報技術が台所用品を生み出した。この種の外適応はアイデアの世界では幾度となく繰り返されているようで、無形資産同士のシナジーがどこで起こるかを予測するのはかなり難しくなっている。

無形投資は有形資産ともシナジーを示す。特に情報技術とのシナジー、ネットワーク化されたコンピュータやスマートフォンとのシナジーは大きい。

この衝撃的な例として、１９９０年代にウォルマートがアメリカ経済を救うために果たした役割がある。１９８０年代のアメリカ経済は、実質生産性の成長が停滞していた。人々はこれが「新常態」となりつつあって、成長が決して回復しないのではと心配した。だが１９９０年代が進むにつれ、生産性は回復した。

2000年にマッキンゼーグローバル研究所がこの生産性成長の源を分析した。直感に反することだが、彼らによればその大半は、大型小売りチェーン、特にウォルマートがコンピュータやソフトを使ってサプライチェーンを再編し、効率性を改善して価格を引き下げることで実現されたものだった。

ある意味でそれは技術革命だった。だがその利得はローテク部門の組織慣行とビジネス慣行の変化を通じて実現されていた。あるいは別の言い方をすると、ウォルマートによるコンピュータ投資と、同社がコンピュータを最大限に使うために行ったプロセスとサプライチェーン開発投資との間に大きなシナジーがあったのだ。

この関係は、MITの経済学者でデジタル経済のグルであるエリック・ブリニョルフソンによって詳しく分析されている。ブリニョルフソンの研究は、組織投資と技術投資が極めて高い相補性を持つことを示した。つまり、すごいソフトウェアから最大限のものを引き出した企業は、同時に組織変化に対しても投資を行った企業だったということだ（Brynjolfsson, Hitt, and Yang 2002）。ニコラス・ブルーム、ラファエラ・サドゥン、ジョン・ヴァン・リーネン（Bloom et al. 2012）はITに投資したアメリカ企業とヨーロッパ企業とを比べて、ヨーロッパ企業はコンピュータからアメリカほどの便益を得ていないことを発見した。それは、彼らが組織慣行や経営慣行をアメリカほど変えようとしなかったからだという。

天啓と偶然の成せる技

ＩＴと無形資産とのシナジーは複数のレベルで作用する。まずコンピュータハードウェアは、ある種の無形資産と直接的で、ある意味でつまらないシナジーを持つ。その無形資産とはソフトウェアだ。ソフトウェアとはそういうものなのだ。別の言い方をすると、コンピュータというのは物理装置だが、有益で無形の情報で満たすことによって便利で価値あるものになる。

次にコンピュータとコンピュータネットワークは情報を扱うので、それはまた他の無形投資を刺激したり効果的にする。ウーバーやAirbnbのような巨大シェアリングエコノミー企業のネットワークを考えてみよう。

彼らのビジネスモデルには、コンピュータやインターネットを絶対的に必要とする部分はまったくない。だれもがスマートフォンを持っていなかった頃にも、ネットワーク化されたタクシー会社はあったし、ロンドンのコムキャブやラジオタクシーのように独立運転手を雇っているところもあった。Airbnb以前にもハウスシェアクラブがあり、パンフレットや電話による予約システムを持っていた。ハウスシェアクラブもタクシーネットワークも、時間とお金をかけて、自分たちのサプライヤネットワークを開発した。

だがどちらの場合も、インターネットとスマートフォンの発明のおかげで、とても大きなネットワークを構築できるようになった。しかもそれをもっと安価にやってのけ、ネットワークの一員であることの価値を強化した（たとえばレーティングや検索能力により）。ここでもまた、

ＩＴ――情報とネットワーキングを扱う技術――と無形投資との間に強いシナジーがある。その無形投資は相当部分が情報と接続への投資だ。

だからどうやら無形投資は、それがアイデアに関係するものだろうと（これは引き合わせると新しいアイデアを作りがちだ）、新しい構造に関係するものだろうと（これは新技術の相補物になるようだ）、お互いにシナジーを作り出すようだ。それ以上に、こうした組み合わせがどのように起こるかを予想したり、あるいはそれを計画したりするのは、困難であることが多い。天啓と偶然が重要な役割を果たすらしい。

なぜ無形資産のシナジーが重要なのか

無形資産のスピルオーバーのため、企業が投資の成果を隠したがったり、よくても利己的な形でしか共有しなくなるのに対し、無形資産のシナジーは正反対の影響をもたらす。

もし自分のアイデアを他のアイデアと組み合わせたほうが価値が高まるなら、できるだけ多くのアイデアに触れさせようという強いインセンティブが生じる。これが顕著に現れているのがオープンイノベーションの普及だ。

最も簡単な形では、企業が意図的に自社以外で生まれる新しいアイデアとつながり、便益を得るときにオープンイノベーションは起こる。大企業の研究開発ラボでアイデアを考えるのはオープンイノベーションではない。新興企業を買ったり、学術研究者と提携したり、他の企業とのジョイントベンチャーを行ったりするのがオープンイノベーションだ。

オープンイノベーションは2000年代に、ヘンリー・チェスブロウによる同じタイトルの経営本がベストセラーになったことで普及し、経営のバズワードになった。だが他の研究者たちは遅くとも1970年代からこれに気がついており、企業はずっと前から実践してきた。

オックスフォードのロバート・アレンが当時の詳細な記録を使って行った、19世紀の高炉に関する有名な分析を考えよう（Allen 1983）。高炉の効率性の重要な決定要因は高さと温度だ。だが当時の物理学ではエンジニアは高炉の最適設計を導き出せなかった。ではどうやって設計したのか？　地元企業家たちにより、様々な高さと温度で各種の実験が行われたのだった。クリーブランドエンジニア協会、サウスウェールズエンジニア協会、機械エンジニア研究所、1869鉄鋼研究所といった、地域や全国的な協会が情報交換を行った。結果は？　アレンが述べたように、この「オープン」イノベーションは業界を一変させた。

1850年から1875年にかけて、高炉についていくつか重要な変化がイングランドのクリーブランド地区で開発された。最もドラマチックな変化は、高炉が高さ50フィート——それまでの通例——から80フィート以上となり、高炉内の温度が華氏600度から1400度に上がったことだった。この二つの改善を合わせると、鋳鉄づくりに必要な燃料が大幅に節減できたので、もとの背の低い定温高炉を潰して、新設計のものと置きかえるのが正当化できたのだった（Allen 1983, 3）。

シナジーとスピルオーバーの緊張関係

今日のオープンイノベーションをめぐるレトリックの多くは、ほとんど道徳的な論調にすらなっている。知識の共有だの、共に働くことだの、謙遜について、だの。このオープンイノベーションの道徳的な側面は、無形投資のシナジーから生じる――このおかげで、アイデアの共有が相互に利益あるものとなる（またオープンイノベーションがもっと利己的で、他の企業の投資によるスピルオーバーを活用する話である部分が大きい面もあるが、それについてはあまり言及されていない）。

特に興味深いのは、アイデア同士のシナジーが前に論じたスピルオーバーとの緊張関係を創り出すということだ――無形資産リッチな企業にとってこれはジレンマとなる。世界に門戸を閉ざし、強い知的財産法に頼るのは、企業の無形資産がスピルオーバーするのを防ぐ役には立つが、これは他の人々のアイデアとのシナジー機会を減らすため、致命的な孤立となる――そしてほとんどのアイデアは他の人々のアイデアなのだ。ビル・ジョイに言わせると「あなたが誰だろうと、最も賢い人々の大半は別の人の下で働いている」（Lakhani and Panetta 2007）。

無形資産のシナジー効果はまた、国の経済や地方経済の水準でも問題になる。もし私の企業の研究やプロセスイノベーションが、他の何十もの企業とともにすばらしいシナジー的アイデアを考案することでもっと価値が生み出せるなら、経済は好循環になるか、あるいは悪循環で終わるかのいずれかだ。もしみんなが研究をしたり新プロセスを開発したりして、それが私の投資の価値を高めるなら、私としても研究開発に投資するほうが利益になる。他にだれも投資しないなら、私も研究開発なんかする価値はない。

この相補的ノウハウという発想は、経済学者ゲイリー・ピサノとウィリー・シー（Pisano and Shih 2009）が開発した「産業コモンズ」というアイデアの核心だ。この二人は、アメリカの製造業部門が停滞しているのは、もはや共有知識ベースを構築するのに必要な、基礎的工業プロセスの技能や研究が十分に存在していないからだと論じた。

「学際性／分野横断性」の奨励

アイデアの間のシナジーはまた、天啓のようなひらめきと、調整との間に緊張関係を創り出す。一方では、アイデアが組み合わされる無数の方法のおかげで、中央集権的な計画は困難になる。技術の新しい性質の偶発的な発見——たとえばマグネトロンが電子レンジになったように——は、よくありがちな現象のようだ。

この論理に基づくと、もしアイデアの生産的投資を増やしたいなら「学際性／分野横断性」を奨励し、違う分野や多様な場所で働く人々の気軽なやりとりを促進すべきだということになる。こうしたやりとりがたくさん起こるのは、巨大で気軽に散策できる都市であり、大量の公共スペースや社会的やりとりの機会がある場所だ。

その一方で、ある特定分野の持続的な研究も重要だ。異なるアイデアのシナジーのうち少なくとも一部は、ある特定の分野で最もよく機能する。電子レンジが成功したのは、軍事通信から調理へのラディカルな跳躍のせいだけではなく、アマナ社、リットン社、日本の競合企業が設計とマグネトロン技術改善の作業をしたからだ。

時にはこの調整が自発的に生じる。だが一方で、それを後押しする物事も存在する。18世紀の経度懸賞や21世紀の民間宇宙飛行に対するアンサリX賞といった賞は、無視されてきた分野に投資を結集させる手助けとなる。もちろん、技術メディアがIoTや太陽光エネルギーといった新技術を持ち上げるのは、それが記事としておもしろくなるからというだけでなく、新興分野に注目を集め、協調投資を促す機能的な役割もメディアが担っているからだ。ひょっとすると、その持ち上げかたはピントはずれかもしれない。だがそれでも調整を促進する役割は重要だ。

最後に、無形資産同士のシナジーは個別企業にとって価値ある競争戦術になれる。エピペンを考えよう——あるいはエピペン®とすべきか。エピペンはペン状の装置で、エピネフェドリン注射ができて、アナフィラキシーショックに苦しむ人々の命を救える。エピペンは、市場を主導するエピネフェドリン装置として圧倒的だ。だがそれは、エピネフェドリンの特許を取ったからではない。それはパブリックドメインにある。またコピー不能のデザインを持つわけでもない。いくつかの競合企業は、注入器の別のデザインを考案し、中にはエピペンより優れていそうなものもある。だが無形資産の組み合わせのおかげで、エピペンが市場首位を保っている。名前とブランド、その設計、装置の使い方についてファーストエイド供給者の間で理解が広まっていることが、競合他社の成功を難しくしている（第5章でエピペンについてはもっと議論する）。

抱え込みよりオープン性の共有

こうしたシナジーは、企業に競合他社に対する優位性を与えるだけではない。企業とその有能な従業員との間の力学にも影響する。アップル社の優れたデザイナーを考えてみよう。アップル社はその優れたデザインで有名だし、ある程度はそれに依存している。経済的な観点からすると、そのデザイナーは競合他社に移ったり、新しい独自のデザイン新興企業を立ち上げたりしない代償として、ますます多くのお金を要求するようになってしまうのではないか？

答えの一つはシナジーだ。アップル社のデザインは、アップルが所有する各種の無形資産の総体の中でことさら価値の高いものとなる。たとえばその技術、顧客サービス、ブランドの力、マーケティングチャネルなどだ。こうしたものはすべて、アップル社のデザイナーを、他の雇用者よりはアップルにとって価値の高い存在にしており、このためこのデザイナーが退社するインセンティブも減る。

だからシナジーが重要なのは、それが企業や政府にとって、違う無形資産（特に新しいアイデア）を引き合わせる強いインセンティブを生むからだ。この点でこれはスピルオーバーとは逆方向に作用し、抱え込みよりはオープン性の共有を奨励する。またこれが重要なのは、企業が競合他社に対して自社の無形投資を保護する別の方法を創り出すからだ。個別資産を保護するのではなく、無形投資のシナジー的クラスターを作りだせばよいのだ。

4Sがもたらす無形投資の創発的性質

これで無形投資が様々な形で有形投資とは違うことを見た。スケーラブルで、サンクコストを持ち、スピルオーバーを生み出し、相互にシナジーを示す。

本章を終えるにあたり、こうした性質が組み合わさると、無形投資の別の、もっと一般的な性質が二つ生み出されることを指摘しよう。不確実性と紛争性だ。

無形有形を問わず、あらゆる投資は未知の世界に踏み込むことだ。どんな企業であれ、収益がどんなものになるかは確実にはわからない。だがこれまで議論してきた4Sのおかげで、無形投資では不確実性がさらに増すようだ。まず、サンク性のおかげで、無形投資はヘタをした場合の価値の低下が大きくなる傾向にある。あっさり売り払って価値を回収するのは難しい。第二に、無形投資の価値が上振れする可能性はずっと大きい。というのもそれは規模の恩恵を受ける（だから小さな投資で大きな収益が得られる）こともあるし、シナジーの恩恵を受けることもある

（その価値が直接増える）。だからヘタをした場合には無形資産の価値は低く、うまくいけばずっと価値が高くなる。

だがこれは、考えられる結果の狭い分布を広い分布で置きかえたというだけの話ではない。無形投資がスピルオーバーを生み出す傾向があるため、投資を行う企業にとっての将来収益を推計するのは劇的に難しくなる。そして多くの無形資産の市場がない（おかげでサンク性が生じる）ために、その価値を現実的に推計するのが難しくなる。

他の点がすべて同じなら、無形リッチな経済における企業はもっと不確実性が増すと予想される。そしてこの不確実性の一部は、無形企業に投資のオプション価値を与えるという形で表面化する。サンク性があり、そのうえに段階的にしか進まない無形投資を考えてみよう。その段階ごとに、企業はその投資の実現性について何かを学ぶだろう。その情報は企業にとって価値あるもので、特にその支出が埋没（サンク）しているならなおさらだ。だから無形投資はオプション価値を伴う傾向がある（前述の議論を参照）。

無形資産はまた紛争性を持つ傾向がある。人々や企業はしばしば、だれがそれを支配し、所有し、利益を得られるかをめぐって争う。これは部分的にはスピルオーバーのせいだ。これまで見たように、企業はしばしば他の企業が行った無形投資の便益を手に入れようとする。時にはこれは、お互いに合意のうえで行われる（たとえば企業がオープンイノベーションを行う時など）。時にはそうではない（たとえばグーグルのアンドロイドOSの開発は、アップル社のスティーブ・ジョブズを激怒させた）。

無形資産同士のシナジーもまたその紛争性を高める。ある無形資産の組み合わせがことさら価値の高いものだったら、そうした結びつきを仲介するだけのコネや知識を持つ人々の力は増す。この主題は第6章でまた見よう。

紛争性は、だれが無形投資を所有するかをめぐるルールの曖昧さにより拍車がかかる。企業は特許をめぐってしょっちゅう争うが、これは無形財産の所有権は、有形財産の所有権よりは確立しておらず、不明確だからだ。

結論：無形資産の4S

無形資産は四つの変わった経済的性質を持つ。こうした性質は有形投資にもあるが、全体として無形資産のほうがそれぞれの度合いが高い。その特徴とは以下の通り：

・スケーラビリティ
・サンク性（埋没性）
・スピルオーバー

・シナジー

この四つからは、さらに三つの特徴が派生する。それが不確実性、オプション価値、紛争性だ。本書の残りでは、こうした性質から生み出される、ますます無形リッチとなる経済の影響について論じよう。

第Ⅱ部 無形経済台頭の影響

第5章

無形資産、投資、生産性、長期停滞

この章は、無形資産が長期停滞に果たす役割を見る。長期停滞とは、近年の主要経済に見られる、投資と生産性成長の不思議な低下だ。無形投資の重要性の増加がこの困った現象で重要な役割を果たしているのではないかと私たちは論じる。

現在、経済学の分野で最も困った問題として、広く議論されているトレンドの一つが長期停滞だ。これはあらゆる面から見て投資が回復してしかるべきなのに、事業投資が頑固に低いままだという事実だ。事業投資のどこがおかしいかについては、各種の説明が提起されてきた。たとえば金融政策の失敗や技術進歩の低下などだ。

本章は、無形投資の影響について論じる数章の最初のものだ。私たちは、長期停滞の謎の原因のうち少なくとも一部は、事業投資が無形投資にシフトしたからだと論じる。さらに、その議論は第4章で指摘した、無形投資の四つの特徴を根拠に展開されている。無形投資は、(a)スケーラブルなので、先進企業は追随企業を引き離してしまえる。そして(b)計測されていないので、実測指標に基づく生産性と利潤率は高く見える。そしてスピルオーバーがあるため、無形投資の成長が低下すると(大不況後には低下した)、スピルオーバーの派生が減るため生産性も低下する。

長期停滞：その症状

長期停滞と無形投資とのつながりを見る前に、長期停滞が実際どういうものかを振り返っておく価値はある。長期投資はいくつもの症状を特徴とする。

最初のものは低投資だ。図5-1が示すように、アメリカとイギリスの場合、1970年代に投資は下がり、1980年代半ばに少し復活して、それから金融危機で激減した。それ以降、投資は回復していない。

これは驚くべきことに思えないかもしれないが、そこに第二の症状が出てくる。低金利だ。図5-2が示すように、長期実質金利は1980年代半ばから低下を続け、金融危機以降は特に低水準に止まったままだ。これで投資を行う費用はきわめて低くなったのに、その後も投資は回復していない。

図5-1　実質投資の対GDP比

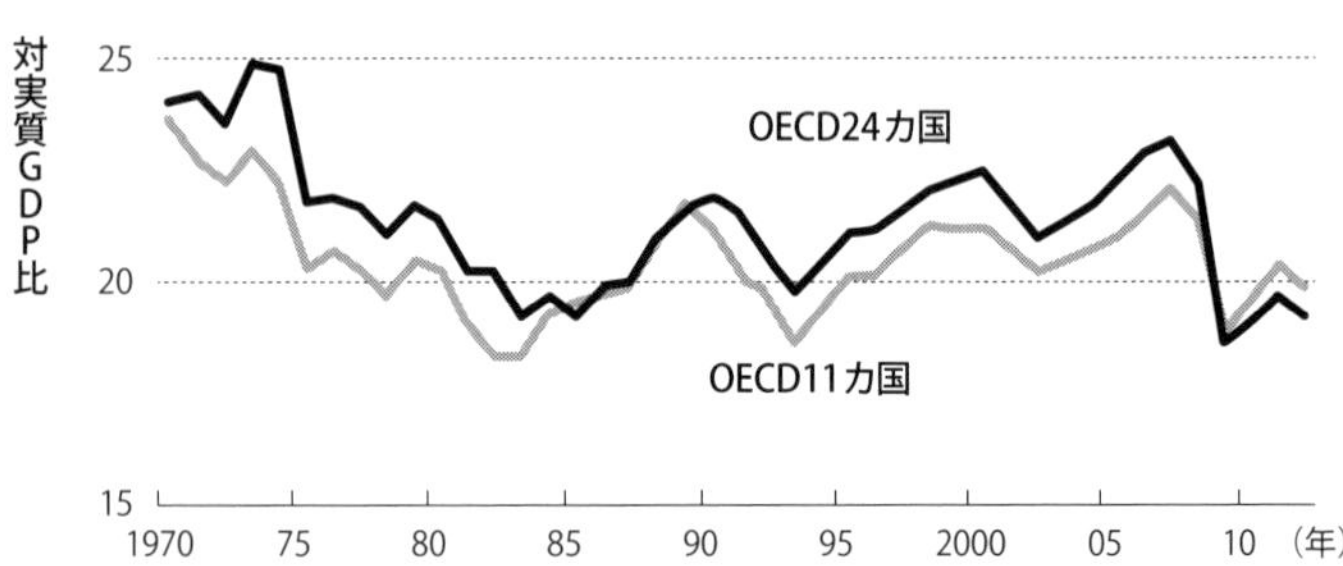

OECD24カ国およびその中の限られた11カ国（オーストラリア、オーストリア、デンマーク、フィンランド、ドイツ、イタリア、日本、オランダ、スウェーデン、イギリス、アメリカ）について、実質投資を実質GDPとの比率で示したもの。
出所：Thwaites 2015

低投資と低金利が同時に起きているのは、経済学者にとっては謎だ。昔々、中央銀行家たちは低投資にどう対処すべきかわかっているつもりだった。企業が将来について不安になったら投資を控えるので（ときどきそうなる）、中央銀行はベース金利を引き下げて、お金のコストを安くする。安いお金は企業の資金調達を安上がりにして、消費者もお金を借りやすくなる。だから事業者や消費者は借り入れを行い、投資と消費はまた増える、というわけだ。

だがこの戦術は機能しなくなったらしい。中央銀行家にとって、これは岩礁に向かって進んでいる船長が、舵輪がもはや利かなくなったことに気がつくようなものだ。このきわめて安い借り入れと、

図5-2　アメリカとイギリスの長期実質金利

出所：Thwaites 2015

一見すると事業に投資したがらないというのが同時発生している状況こそ、ラリー・サマーズがＩＭＦでの２０１３年講演で「長期停滞」という用語を広めたときに語っていた話なのだった[1]。

この安いお金と低投資という異様なミックスについてすぐに出てくる説明の一つは、単に投資需要が下がったから、というものだ。２０１１年のベストセラー『大停滞』で、経済学者タイラー・コーエンは先進国が有望な投資の簡単な源、たとえば新しい土地の開拓や子供にもっと長い時間教育を受けさせるといった投資機会を使い果たしてしまったのではないかと示唆した。最も印象的なこととして、彼は技術進歩が低下した、あるいはもっと具体的に、新発見の経済的便益が過去よりも小さくなってきているのかもしれないと指摘している。経済学者で経済史家ロバート・ゴードンは、この主題を2016年の有名な著書『アメリカ経済 成長の終焉』で展開した。そこで彼は、20世紀の各種発明、たとえば電力、屋内上下水道などは、「一つの巨大なイノベーションの大きな波」であって、今後は繰り返されることはないだろうと論じた。

生産性の持続的低下の理由

長期停滞に関するこの説明は、かなり議論を呼んだ。その理由として、技術進歩が本当に低下したのか計測するのがとても難しいから、というのもある。いきなり技術停滞が降ってきたという主張は、データで裏付けるのも容易でない。これはいささかお手盛りで都合がよすぎるので、長期停滞に関心ある多くの人々は他の原因を探した。

そして現代の長期停滞と関連した症状がさらに三つあり、どれも説明を必要としている。最初のものは、アメリカその他の企業利潤が、平均では過去数十年で最高の水準になっていて、しかも着実に増えているということだ。企業は首が回らないどころか、ずいぶん儲かっている。こうした指標の一部を図5-3に示す。(2) 最も直接的に比較できる指標は、平均資本収益率だ(図5-3B)。これは1990年代から急激に上昇している。どう見ても、鉛の時代(訳注:1960年代後半から1980年代後半にかけて続いたイタリアの社会的・政治的混乱期)のように、投資する価値のあるものがないから投資が下がったということではないらしい。

一見すると、これは投資機会がほとんどないという発想とは相容れないように思える。それど

図5-3　利潤と利潤の分布状況

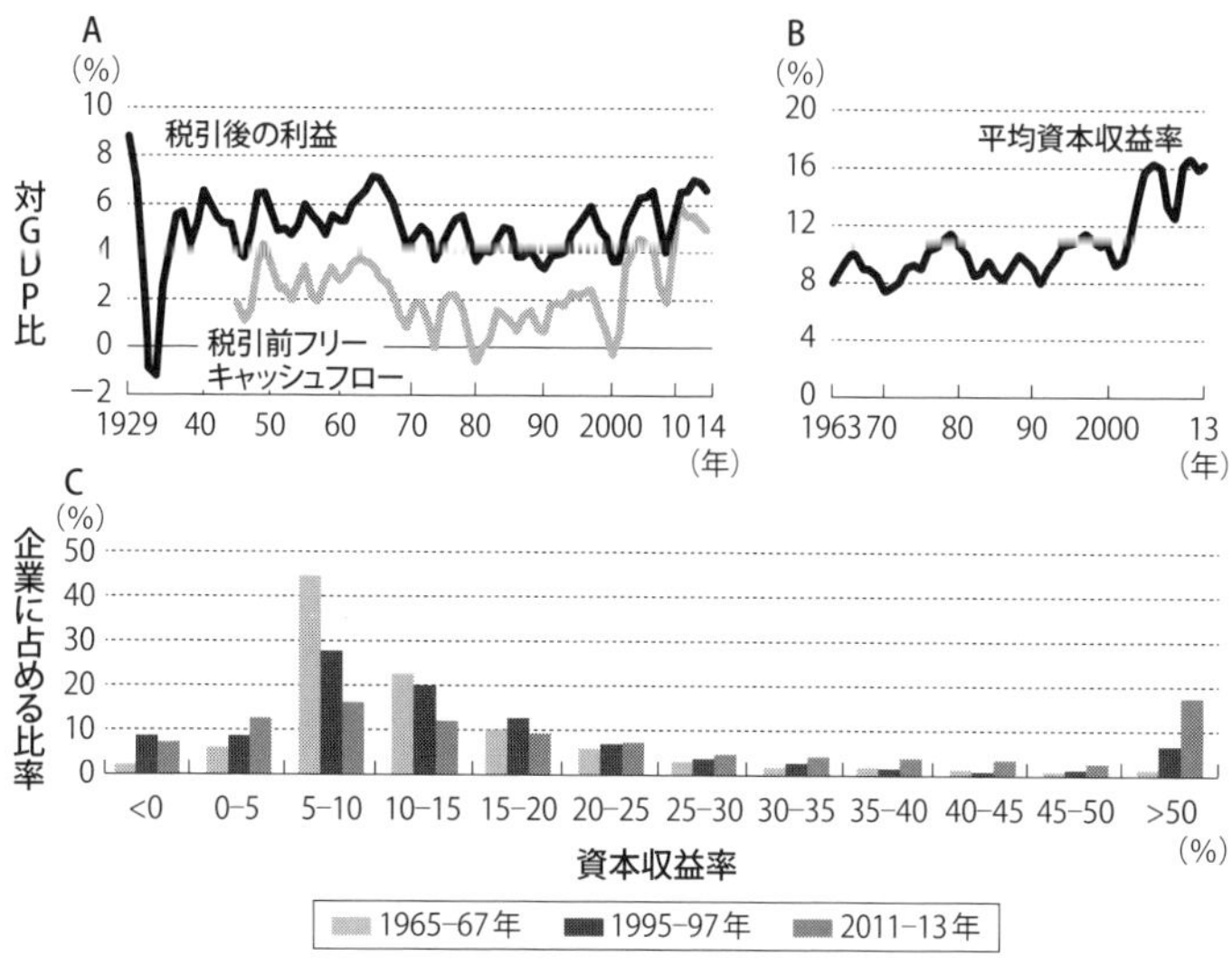

A：アメリカ国内企業利潤。B：アメリカ企業の世界的な資本収益率（のれん代除く）。C：アメリカ企業の利潤分布。
出所：Economist 2016年3月、https://www.economist.com/briefing/2016/03/26/too-much-of-a-good-thing

ころか、利潤が高いなら、企業はもっと投資して、高い収益をもたらしてくれる魅力的な事業機会すべてに投資したくなるはずだろう。

第二の奇妙な事実は、収益性の面で企業ごとにかなり差があるということだ——そしてもっと重要な点として、その差はどんどん開いている。図5-3Cが示すように、トップ企業の利潤は激増している。トップ企業にとって、投資機会は消えたようには見えない。これは競争がなくなっているのではないかという活発な論争を引き起こした。通常は競争により、先進企

図5-4　労働生産性の乖離

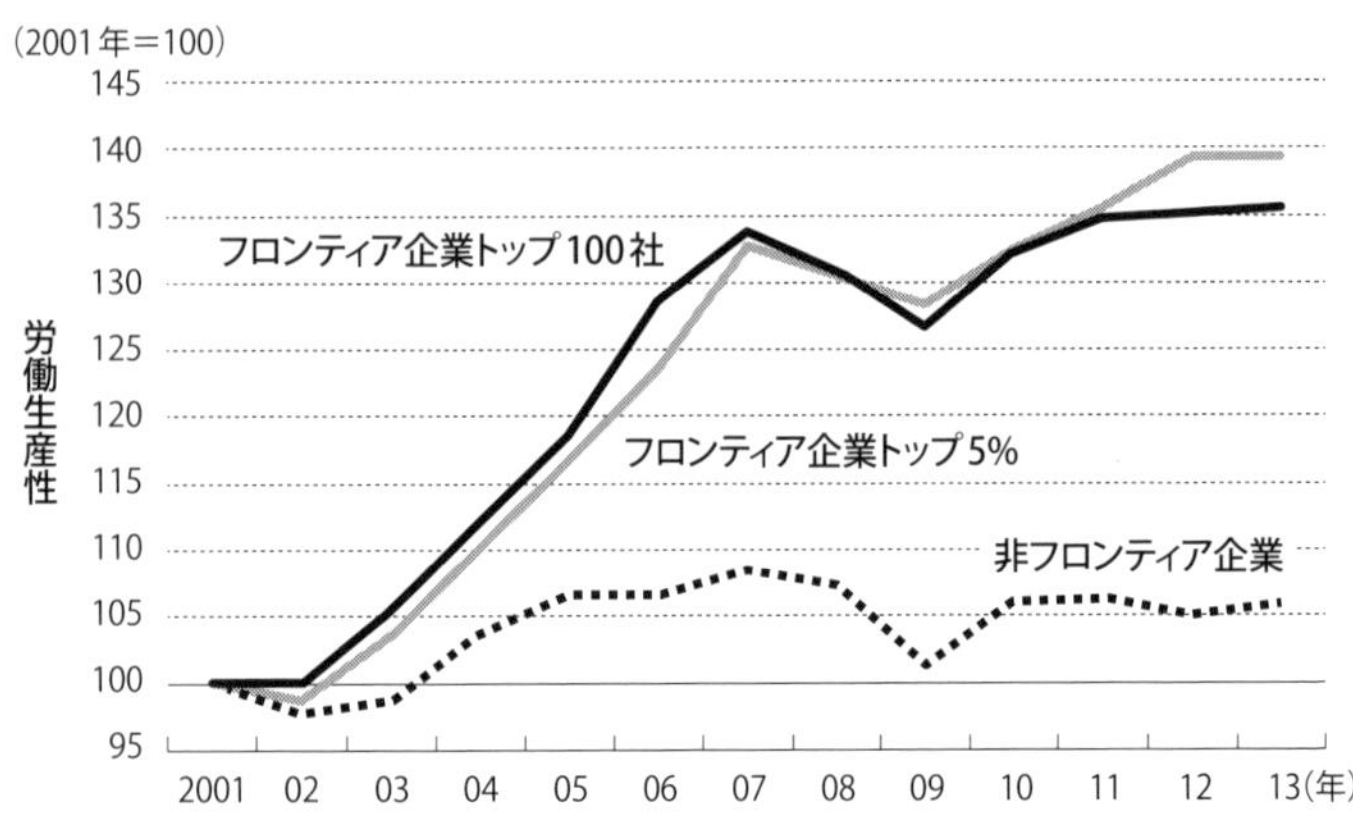

データは労働者1人当たり付加価値。「フロンティア」は産業分類2桁製造業および企業サービス産業のそれぞれについて、世界的に最も生産性の高い100社または5%を、ORBISデータベースの標本24カ国から取ったもの。

出所：Andrews, Criscuolo and Gal (2016), OECD Economic Outlook, 2016, https://www.oecd.org/eco/outlook/OECD-Economic-Outlook-June-2016-promoting-productivity-and-equality.pdf

業の利潤は平均回帰して、停滞企業は倒産するので、先進企業と停滞企業との戦いの場も均されるはずだと一般に期待される。

利潤を見ても生産性と類似している。図5-4はOECDのダン・アンドリュース、チアラ・クリスクオロ、ピーター・ガルによる、有力な研究の結果を示したものだ。OECD-ORBISデータベースからとった会計データを使い、各種産業でのトップ企業とその競合他社との生産性ギャップがどう変化しているかを見たものだ。もちろんギャップは常にある――いつだって、他の企業よりよい成績を示す企業はある――が、そのギャップは金融危機前から激増しているようだ。

図5-5　労働生産性と多要素生産性の成長（OECD、1995-2016年、4年移動平均）

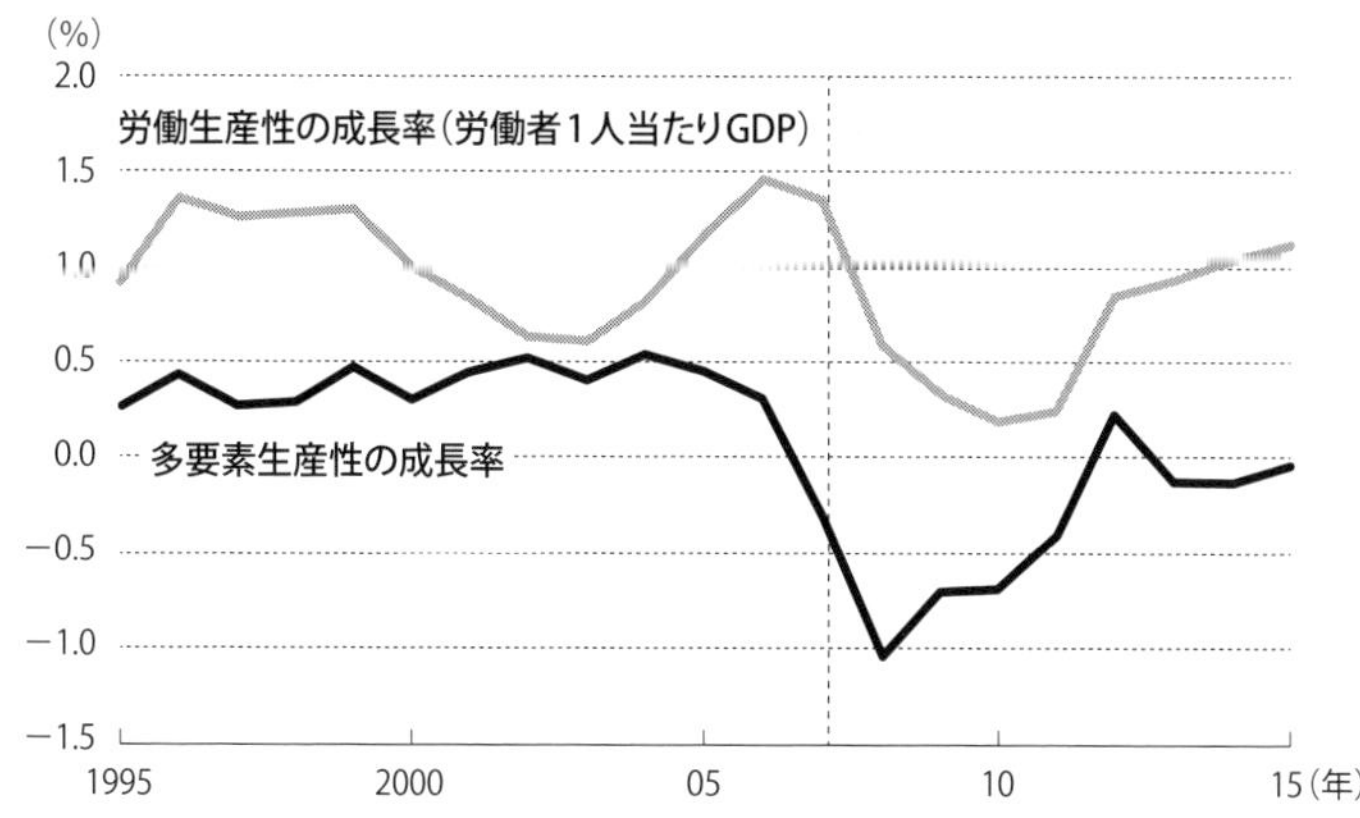

出所：The Conference Board Total Economy Database™、2017年5月

長期停滞を取り巻く最後の事実は、先進国で見られる生産性の持続的低下が、低投資だけによるものではなさそうだということだ。労働生産性（労働生産性、収益性、全要素生産性についてのもっと詳しい説明についてはＢＯＸ５・１を参照）が低下する理由は大きく二つある。投資が下がり、労働者が使える資本が減ることで下がる場合がある。あるいは手持ちの資本で労働者があまり効率的に働かないせいで起こることもある。これは「多要素」または「全要素」生産性（ＴＦＰ）と呼ばれる。実際のところ金融危機以来、投資は下がっているが、労働生産性低下を説明できるほどの下がり方ではない。実は生産性成長の低下の大半は、全要素生産性の低下なのだ。図５－５を見ると、２０００年代半ば以来、ＯＥＣＤ多要素生産性成長の低下が見ら

れる。

5.1 生産性と収益性の説明

生産性とは、投入1単位当たりの「実質」産出だ。この一見するとつまらない定義の背後には、無数の生産性指標や難しい概念的な課題がある。ここでその一部を振り返っておく価値があるだろう。

まず「実質」産出とはどういう意味かを説明するところから始めよう。イギリスの鉄道を考えよう。2010年には13・5億人の旅客数があり、平均移動距離は40キロメートルだった。イギリスの鉄道会社は541億旅客キロを提供したことになる（これは、旅客数に各旅客が移動した平均距離をかけたものだ）。2015年の数字は641億旅客キロだった（どうしてイギリスの鉄道があんなに混んでいるのか不思議に思っている人のために言っておくと、1986年の数字はその半分以下の300億旅客キロだった）。

旅客はいくら払っただろうか？ 2010年には平均でキロ当たり12・2ペンス払っており、これが2015年には14・4ペンスに上がった。だから旅客収入（旅客キロ数に旅客キロ当たりの支払い金額をかける）は年率6・8％上がった（2010年の売上66・2億ポンドから2015年には92億ポンドへ）。

売上が増えた理由は明らかに二つ考えられる。（a）鉄道会社がより多くの旅客をもっと長いキロ数だけ運んだ。（b）旅客への課金を増やした。上のデータを使えば、売上の6・8％増加のうち3・5％が旅客キロ数の増加によるもので、3・3％は料金引き上げによるものだというのがわかるだろう。

では生産性の産出指標として正しいのはどれだろうか。旅客キロ数か、それとも売上か？　生産性アナリストは、料金引き上げの分は見ない。つまり、価格変化ではなく産出量の変化に注目する。なぜそうするかといえば、彼らは企業の「生産効率性」、つまりそれがどれだけ投入を産出に変えられるかについて興味があるからだ。企業がどこまで高い料金／低い料金を課金できるかというのは、おもしろい問題だが、これは収益性アナリストの縄張りであって、生産性アナリストの出る幕ではない。さらに議論を進めよう。

二つの生産性指標

ここで「実質」産出という考えが出てくる。統計学者たちは、産出からの売上を「名目」産出（つまり価格に量をかけたもの）と呼ぶが、価格変化を取り除いたもの（つまり量だけ）が「実質」産出と呼ばれる。つまりこの場合、「名目」産出の増加は6・8％だ。つまり「実質」産出増3・5%と価格上昇3・3%で、「名目」産出の増加が生じた。

これは、生産性と収益性との違いを浮き彫りにする。生産性は投入と産出の比較なので、実質産出を使う。収益性は産出と費用を比べる（これはどちらも名目指標だ）。だからある企業が価格を引き上げただけで他に何もしなければ、その収益性は上がるが、生産性は同じだ。だからこそ、生産性は効率性と結びつくことが多い。この例だと、企業の効率性はまったく変わっていない。

実際、企業の生産性がとても低くても（あるいは効率性がとても低くても）、十分な価格決定力を持っていればとても収益性が高いこともある。そして消費者はこれを知っている。これは結局のところ、ほとんどの独占企業に対する消費者の苦情なのだから。

収益性は確かに興味深い主題だが、これは生産性と価格決定力との組み合わせだ。ほとんどの生産性アナリストは、生産性だけに話を限定する。特にこれは、生産性と収益性に負の相関がある場合も十分にあり得るのでなおさらだ。

話を本筋に戻して、投入の指標を見ることにしよう。鉄道ネットワークは、産出を生み出すのに各種の投入を必要とする。列車、線路、職員、燃料等々。だから二つの生産性指標を定義する必要がある。一つは単要素生産性で、ある単一の投入要素の単位当たりの実質産出だ。もう一つは多要素生産性（MFP）（混乱するかもしれないが、ときには全要素生産性（TFP）とも呼ばれる）であり、複数の投入当たりの実質産出だ。例を挙げるとわかりやすいかもしれない。

農業を考えよう（Pardey, Alston, and Chan-Kang 2013）。1961年から2009年までに、世界人口は30億から68億に増えた。127％の増加だ。どうやってみんな食べているのだろうか？ 1961年の世界の農業産出7460億ドルで、インフレ調整すると、それが2009年には2・26兆ドルに増えた。実質産出203％の増加で、人口増加をはるかに上回っている。

さて食品生産を増やすのは簡単だ。耕作地を増やせばいい。実際にそうなっているだろうか？ いいや。1961年に世界の耕作地は44・6億ヘクタールで、2009年にはそれがわずか10％ほど増えて48・9億ヘクタールになっただけだ。だから世界の農業単要素生産性――つまりヘクタール当たり実質産出――は、驚異の176％増となった。単一要素生産性の他の指標も上がった。土地で働く人が増えたので、農業労働は70％増えた（15億人が26億人になった）。だが実質産出はそれを上回る増大を見せたので、農業労働者1人当たりの実質産出は78％増となった。

成長はどこから来ているのか

多要素生産性増大はどうだろう？ ここでアナリストは、産業の状況や比較したい産出に応じて、投入の数を選ぶ（だから「多」要素となる）。農業では、「実質」産出は生産物のトン数だ。典型的な投入は（a）土地、（b）労働、つまり農場で働く人数、（c）資本、つまり農場で使う機械、（d）中間投入、つまり生産に使われる投入、たとえば種子、肥料、飼料などだ。

さて、農業産出が増えたのは、土地が増えたり、労働が増えたり、農夫の使うトラクターが増えたり、肥料が改良されたりしたせいだということは十分にあり得る。だからこの場合の多要素生産性は、土地、労働、資本、中間投入の1単位当たりの実質産出となる（こうした投入を組み合わせる方法はこれから説明する）。

もし産出増加が、こうした投入すべての変化で説明できる以上のものなら、投入そのものがもっとうまく使われるようになったということだ。この多要素生産性上昇は、農場がどのくらい投入を増やしたかを測るのではなく、農場がどのくらい上手にそうした投入を組み合わせているかを計測するものだ。

多要素生産性上昇は、つまり（少なくとも）二つの理由からとても役に立つ指標だ。まず、これは単要素生産性成長をもっとよく理解できるようにしてくれる。もし労働者1人当たりまたはヘクタール当たりの産出が上がったら、当然ながらこれは、その労働者の使うトラクター（資本）が増えたせいか、肥料（中間投入）が増えたせいなのか知りたいと思うはずだ。

第二に、多要素生産性上昇は、成長がどこからきているのかを理解する手助けとなる。

仮に経済が、農場とトラクターメーカーだけでできているとしよう。そして農夫が、農場の生産性（労働者1人当たり産出）が倍増したと主張したとする。もし農民がトラクターの数を増やしただけなら（他の投入を変えていなければ）、多要素生産性は変わらずに、経済全体としての生産性上昇は、トラクター産業での改善のおかげということになる。もし農夫が業務効率性を改善したなら（たとえば作物の輪作を改善したり農場での労働慣行を改善したりすれば）、農場での多要素生産性は上昇したはずだ。

研究者たちによれば、世界の農業多要素生産性成長は、この長期の生産性成長のうち45％を占める。つまり、機械や肥料の改良は生産性成長の55％程度を占め、農業手法の改善が45％を占めるということだ。こうした農業手法の改善は特に、旧ソ連や中国の集団農場の再編に集中している。

さらにいくつか補足すると、まずほとんどの工業やサービスにおいては、土地の投入は普通はそんなに変化しないので、単要素生産性の分析は労働者1人当たりのものになりがちだ。第二に、労働者の投入は人によって違うし労働時間によっても違うから、単要素生産性のアナリストが労働生産性を分析する場合、労働者1人当たりか、労働時間1時間当たりの産出を見る。

第三に、多要素生産性成長を見るにあたり、投入は総費用に占める支払い額のシェアに応じて組み合わされるので、きわめて労働集約的なプロセスでは、労働に高いウェイトを与え、資本に低いウェイトを与えることになる（これについての経済学的な根拠はSolow 1957で説明されている）。こうした支払い額のシェアに基づいて組み合わさった投入は投入サービスと呼ばれる。だから資本サービスはICT、建物、車両といった資本資産の投入を、支払い額に応じて加重した投入となる。

最後に、多くの統計機関は実質産出を二種類の方法で計算する。中間投入物を含めた実質総産出（たとえば小麦のトン数など）と、中間投入物を除外した実質付加価値と呼ばれるもの（小麦産出から中間投入を除いたもの）だ。だから総産出MFPは通常は、労働、資本、中間投入物の投入当たり実質総産出で、付加価値MFPは労働と資本投入当たりの実質付加価値となる（前者は実は後者の（ややこしい）加重平均にすぎない。そのウェイト付けは、ドーマー＝ハルテン加重と呼ばれる。それを考案した、エヴシー・ドーマーとチャールズ・ハルテンによる見事な論文2本にちなんだ名前だ（Domar 1961; Hulten 1978）。

無形資産による説明

理想的には、長期停滞については次の四つの事実を説明すべきだ。

1. 計測された投資の減少と同時に金利低下が起こる
2. 高い利潤
3. 生産性と利潤の格差拡大
4. 全要素生産性の伸び率の低迷

無形投資はこのどれかを説明できるだろうか？　本書はこれから、それがある程度は関係しているかもしれないことを示す。理由は以下の通りだ。

まず本書のこれまでの章で、企業が行っている投資の性質が、有形から無形へと変わってきたという証拠を提示した。そして一部の先進国では無形投資のほうが多く、こうした無形投資は国民会計で十分に計測されていないことも述べた。すると投資が低く見えるのは、実際に行われている投資を正確に計測できていないせいかもしれない。

第二に第4章では無形投資が独特な経済的性質を持つことも見た。その一つは企業が自分の事業において無形資産をスケーリングできることだった。企業は無形資産に投資して売上をスケールアップしているかもしれない。ウーバー、グーグル、マイクロソフトを考えてほしい。彼らは比較的小さな雇用で巨大な売上規模を実現できている。彼らの生産性（従業員1人当たりの売上）は、すさまじく増えるのかもしれない。そして有形資本が比較的少ないので（計測されるのはこちらだ）、使用される資本1単位当たりの売上も劇的に高くなる。したがって巨大な規模の実現に成功した企業が先進企業となり、それほどスケールアップできない（少なくとも今のところは）後続企業を抜き離すことになる。

第三に、無形資産のもう一つの性質はスピルオーバーだ。企業は競合他社の工場を使えないが、競合他社の設計や組織構造やアイデアなら使える可能性がある。これは二つの意味合いを持つ。一つは、企業が無形投資を減らせば、生まれるスピルオーバーも減る。スピルオーバーはTFP成長に反映されるので、TFPは下がるはずだ。第二は、ある企業が投資の便益を獲得できると確信できない世界では、企業は投資を減らそうとするかもしれない。

この可能性を一つずつ見ていくことにしよう。

計測ミス：無形投資と見かけ上少ない投資

第2章で見た通り、アメリカやイギリスのような国ではいまや無形投資が有形投資を上回る。そのほとんどは国民会計に含まれていない――したがって、長期停滞を実証する数字にも含まれ

図5-6　投資／GDP比の推移

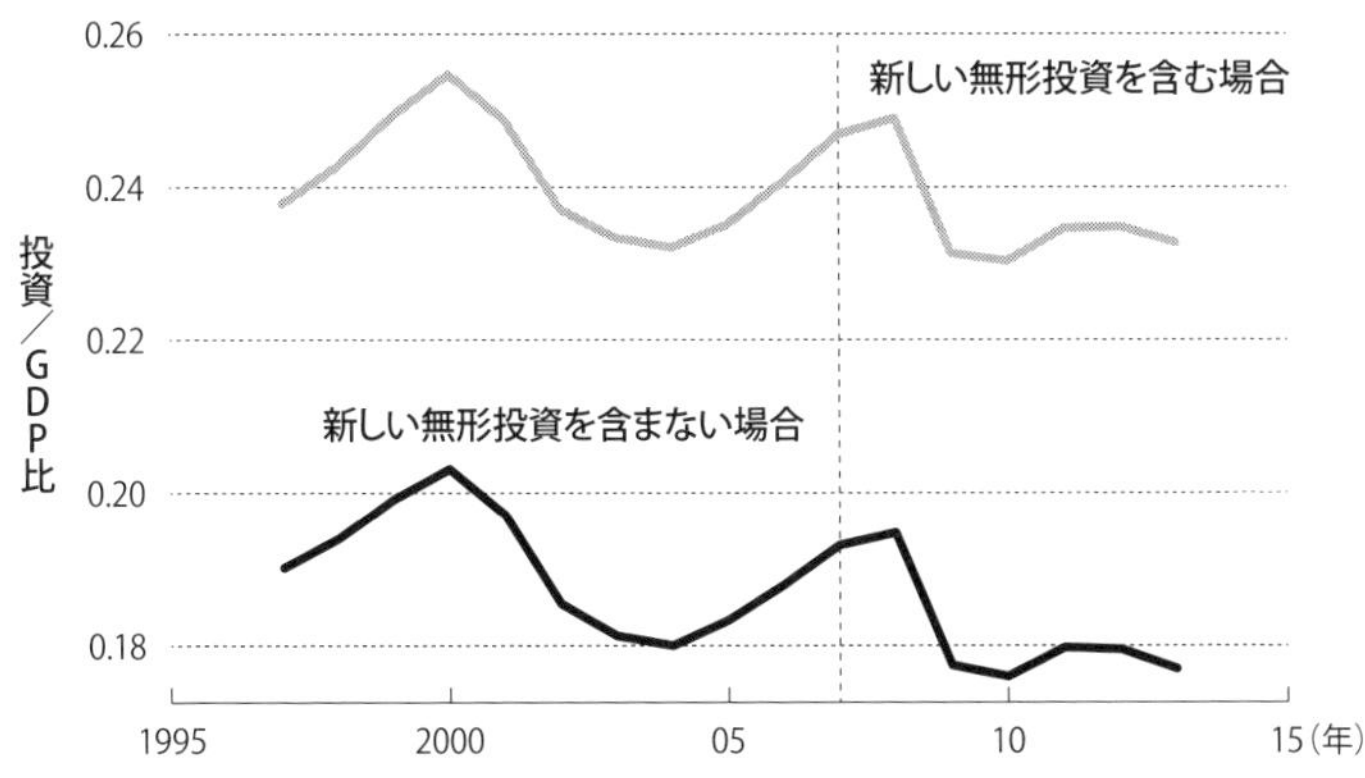

投資／GDP比を、新しい無形投資を含む／含まない場合にEU諸国11カ国とアメリカについて示したもの。データはすべての対象国。GDPは新資産投資を含む／含まないよう調整されている。
出所：INTAN-Investデータベース（www.intan-invest.net）に基づく著者の計算

ていない。では投資が低く見えるのは、私たちが正しく計測していないからなのだろうか？　あるいは言い換えると、私たちが無形投資の価値を含められていないせいで、世界経済は、私たちが思っている以上にずっと高速に成長しているのだろうか？

こうした投資を正しく計測すれば投資／ＧＤＰ比はどう変わるか。その影響はいろいろなものに依存する。まず、国民統計の担当省庁がどれだけ無形投資を数えているかによる。第３章で見たように、統計局はますます表３‐１に示した無形資産を計上するようになっている。第二に、新しい投資を国民会計に含めればＧＤＰも増えるから、投資／ＧＤＰ比への影響は曖昧になりかねない。

図５‐６が示すように、これまで計測さ

れない無形投資を含めると、投資／GDP比は上昇するが、そのトレンドに大きく影響するものではない。これは部分的にはいま述べた効果のせいであり、さらに見ているのが比較的短期だからだ。だから過小計上はトレンドに大きく影響はしないらしい。少なくとも大不況以降はそうだ（投資の過小計上はまたGDP成長にも影響するので、GDP成長が見かけ上低くなる可能性もある。補遺ではこれが実はあまり大きな影響ではないことを示す）。

利潤と生産性の違い：規模、スピルオーバー、投資インセンティブ

無形資産が投資に与える影響は計測にとどまらない。第4章で見た通り、無形投資はいろいろな点で変わっている。そうした変わった性質が、企業の投資インセンティブに影響することは考えられそうだ。特に関係あるのが、無形投資はスケーラブルでスピルオーバーを示すという事実だ（スケーラブルな資産はウーバーのソフトやスターバックスのブランドのように、きわめて多くの場所にスケーリングできる。スピルオーバーを活用するのがうまい企業――たとえばオープンイノベーションがうまいから――は自分自身の無形投資からだけでなく、他企業の無形投資も活用できる。アップルがiPhone開発を、ノキアやエリクソンのような初期のスマートフォンメーカーの失敗から学んだ様子や、何十年にもわたる政府研究の恩恵を受けた様子を考えよう）。

スケーラビリティは無形投資の魅力を高める。企業が多くの事業にまたがって投資をスケーリングできると確信できたら、投資インセンティブは高まる。もし企業が、最新プロジェクトが次のグーグルページランクになり得るとか次のブロックバスター新薬になると本気で信じていたら、それに社運をすべて賭けても正当化される。そうしたスケーラブルな無形投資の収益性はきわめて高いからだ。

スピルオーバーがあると、平均的な企業の投資意欲は減ると期待される。第4章で述べたEMIとCTスキャナの事例研究を思い出してみよう。ほとんどの企業は、EMIのようにはなりたくないだろう。何百万もラディカルな新製品に投資したあげく、競合他社がその利得をかっさらっていくのだから（そして実際、当のEMIも大量の政府研究開発補助がなければCTスキャナ投資を決断しなかったかもしれない）。

スピルオーバーによって平均的な企業は無形投資に尻込みするかもしれないが、もちろんすべての企業が平均的ではない。第4章で述べたように、無形投資の便益はまったくランダムにスピルオーバーするわけではない。実際、経営グルたちは他の企業のスピルオーバーを獲得する技を研究し、それに名前をつけたほどだ。それがオープンイノベーションだ。あらゆる技と同じく、オープンイノベーションが得意な企業もあれば不得意な企業もある。ビジネスニュースを見れば、一部の企業は他のよいアイデアを吸収し活用するのがことさらうまいという評判を得ている（その極端な例がロケット・インターネット社だ。これはドイツのeコマース事業のインキュベーターで、系統的によいオンラインのアイデアを見つけ、その考案者たちよりすばやく上手に実行するのだ）。

こうした特性は企業の業績に影響する。無形資産を創り出し操作できる企業は、不釣り合いなほどの便益を獲得できる。無形投資がきわめて重要な世界では、「最高」の企業――つまり（a）価値あるスケーラブルな無形資産を持ち、（b）他の企業からのスピルオーバーを獲得するのが上手い企業――はとても生産性が高く利潤をあげ、競合他社は負けるはずだ。

さて図5-4で見たように、生産性が最も高い企業と低い企業のギャップは開いている。これについて一般的な説明は、競争政策が弱まったせいで、強力な既得権益を持つ企業が市場ポジションを守れるようになっているからだという。だが世界的に競争政策が弱まっているかどうかははっきりしない。むしろ多くの政府は競争政策をかなり真剣に運用しているようにみえる。すると先進企業が競合他社を引き離し、優位性を固められるようにしたのは、スケーラビリティとスピルオーバーということになるのではないのか？

無形投資が増えると生産性格差が高まる

無形リッチな企業が劇的にスケールアップしているという発想は、エピソードのレベルでは十分に説得力がありそうだ。ウーバー、グーグル、マイクロソフトなどがその例だ。それを本当に確認するには、それぞれの企業の無形投資データを集め、そのデータが収益性の格差とどう関連しているかを見る必要がある。だが会計制度はまだこれを可能にしてくれない（第10章参照）。それまでは、実際にデータのある産業レベルのデータを見るしかない。

図5-7　無形集約度と生産性格差の変化

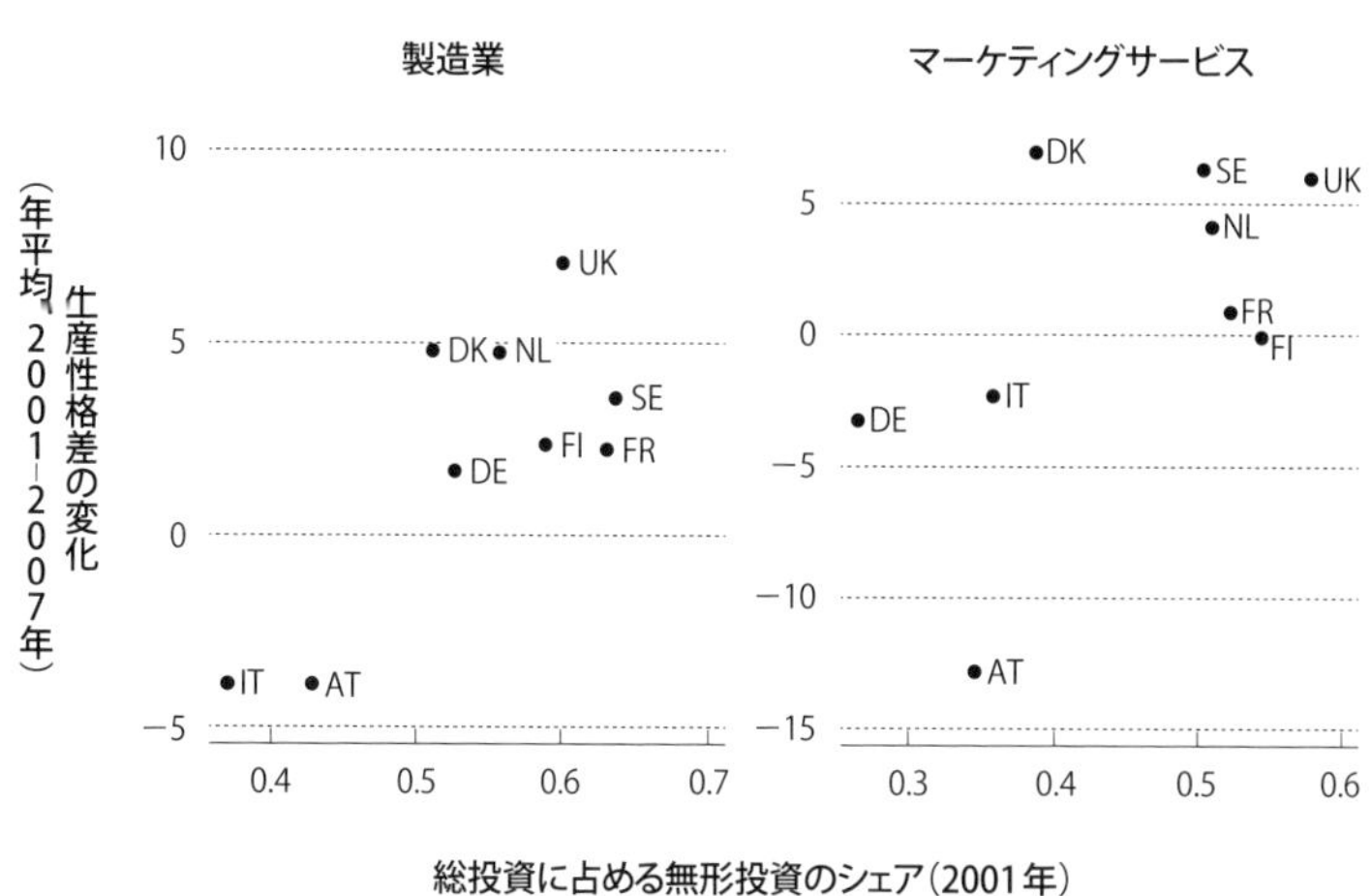

生産性格差の変化は、その産業部門の労働生産性の2001-2007年の変化を、トップから最低四分位を引いたもので示したもの。国はオーストリア（AT）、デンマーク（DK）、フィンランド（FI）、フランス（FR）、ドイツ（DE）、イタリア（IT）、オランダ（NL）、スウェーデン（SE）、イギリス（UK）。

出所：ESSLaitの生産性格差データ（https://ec.europa.eu/eurostat/cros/content/impact-analysis_en）とINTAN-Investデータベース（www.intan-invest.net）に基づく著者の計算

させてもし企業が無形資産を活用しているなら、無形資産が重要となる産業の企業が、それをいちばんやれる立場にあるはずだ。たとえば上水道や下水道などの公共企業は無形投資を使ってスケールアップできる可能性を持つが、おそらく医薬業界や金融サービスのような無形集約産業はさらにその上を行っているはずだ。無形集約度の強い産業や国のように、高い生産性の格差が大きく生じているはずだ。図5-7でそれを検証してみた。

図5-7は、製造業とマーケティングサービスについて、2001～2007年平均（金融危

機前で止めた）で見た生産性格差（最高と最低の企業の生産性の差）と、無形資産集約度との関係を示したものだ。たとえば製造業では、イタリアとオーストリアは無形投資をあまりせず、製造業生産性の格差はあまり広がっていない。これに対し、イギリス、スウェーデン、フランスは大量に無形投資をしており、生産性の格差もずっと開いている。サービスでも同じだ。

利潤はどうだろう？　利潤について直接的なデータはないが、もし研究開発と特許を無形投資の代理指標として使ってよいなら、生産性格差についてのこの見方を支持する証拠はもっと多い。

経済学者ブロンウィン・ホール、アダム・ジャフェ、マニュエル・トラヒテンベルクはアメリカ企業のパネルについて集めた財務と研究開発データを、特許とつなげてその特許がどれだけ引用されているか検討した（Hall et al. 2005）。それによると各種の他の要因について補正した後でも、企業の株式市場での時価評価と、その研究開発支出および引用の多い特許との間には強い相関が見られた。株式市場での時価評価は企業の将来性について最高の指標ではないが、企業の業績と無形資産（の一側面）との間のつながりを示唆する。これは、無形資産の多い企業はライバルを出し抜けるという発想と整合している。(3)

このように生産性の格差は、産業が無形投資をたくさん行う国で高まっている。明らかにこの問題についてはさらなる研究が必要だが、もしこの話が研究を重ねても成立するようなら、無形投資は業績や生産性の格差増大の一要因かもしれない。するとこれは、投資行動の格差の説明にもなる。

先進企業は、スケーラブルな資産を生み出し、その便益の大半を自分で獲得する能力に自信があるので投資を続ける（そしてその投資から高い収益を享受し続ける）が、後塵企業は投資をしない。先進企業が少なく、後塵企業がたくさんある世界では、全体としての影響は総投資率が低くなるか、実際に行われた投資への収益は高いという可能性がある。

スピルオーバー：無形資産とTFP成長の鈍化——無形成長のペースは低い？

無形投資の計測ミスで投資問題の大半は説明できないとしても、長期停滞の謎のある側面については説明の役に立つかもしれない。それは、近年のTFPパフォーマンスの低さだ。

図2－4が示した通り、無形投資は過去数十年にわたり、ほとんどの国で着実に増えた。さらに、無形投資と有形投資はどちらも2007年以降に鈍化した。今は少し回復したが、成長率は昔ほどではない。図5－8は、その結果として無形投資と研究開発の資本サービス成長率が2007年以来鈍化してきていることを示している（資本サービスは、投資と減価償却の両方を考えるので、単なる投資よりは無形サービスのフロー指標として優れている。第3章補遺とBOX5・1を参照）。

無形資産の二つの経済的特徴を考えてほしい。スピルオーバーとスケーラビリティだ。仮にある企業が何か無形資産と有形資産に投資したとしよう。この企業は両方の便益を手に入れるが、

図5-8　無形と研究開発資本サービス成長、すべての国（PPPベースのGDPで加重）

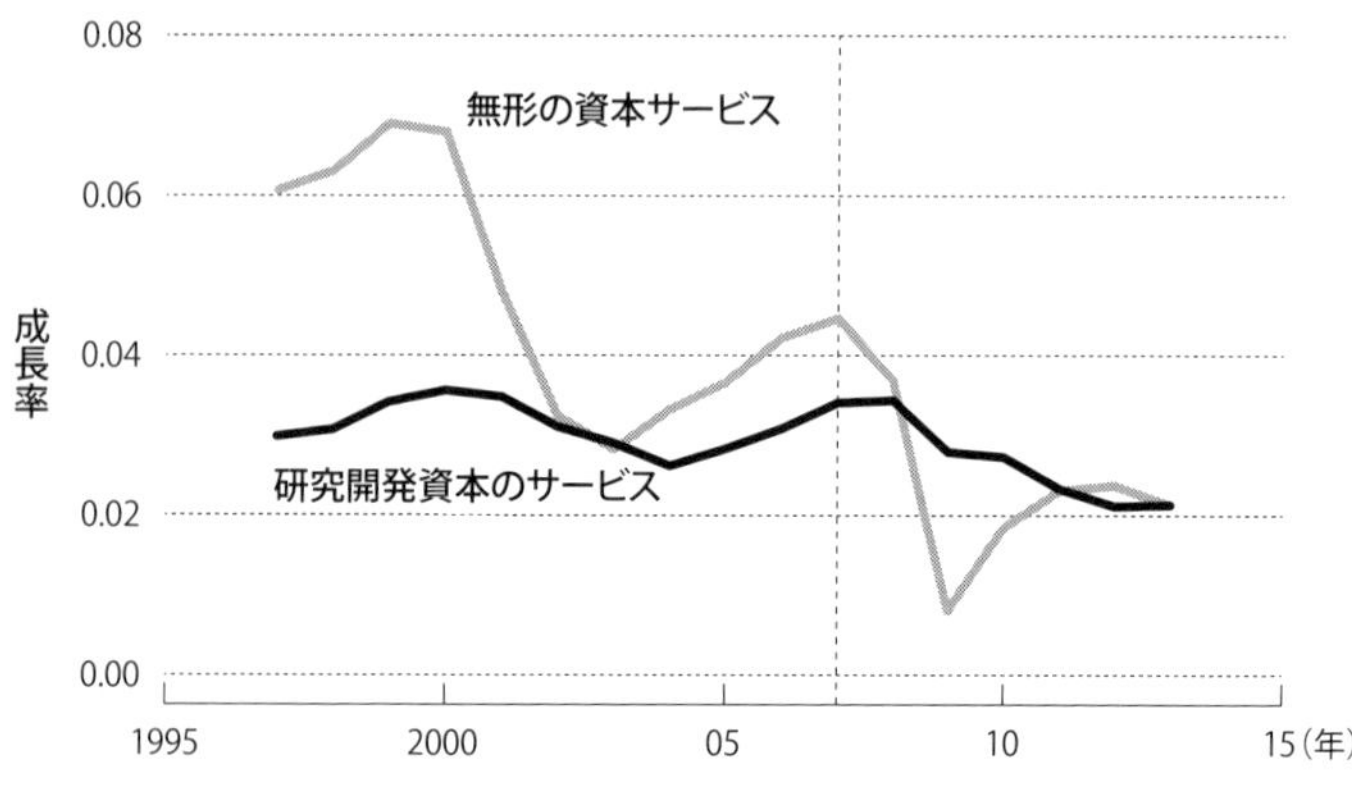

出所：INTAN-Investデータベース（www.intan-invest.net）とSPINTAN（www.spintan.net）に基づく著者の計算

無形資産のほうが高い生産性を得られるはずだ。というのもその無形資産をスケールアップできるかもしれないからだ。

それにくわえ、無形資産の便益はスピルオーバーするので、他の企業も生産性を高められるかもしれない。こうした追加の影響がＴＦＰにあらわれると予想される[4]。この裏面として、もし図５-８で見たように無形資本成長が低下したら、ＴＦＰ成長もまた低下するはずだ。

図５-９はこれを検討したものだ。大停滞前後について、10カ国のＴＦＰ成長と無形資本成長をプロットしている。大不況以前には、ほとんどの国はグラフの右上にいて、無形投資は増大し、ＴＦＰもプラスだった。２００８年以後、スペイン以外のすべての国は左下に動き、無形資産の成長とＴＦＰはど

図5-9　多要素生産性と無形資本サービスの成長

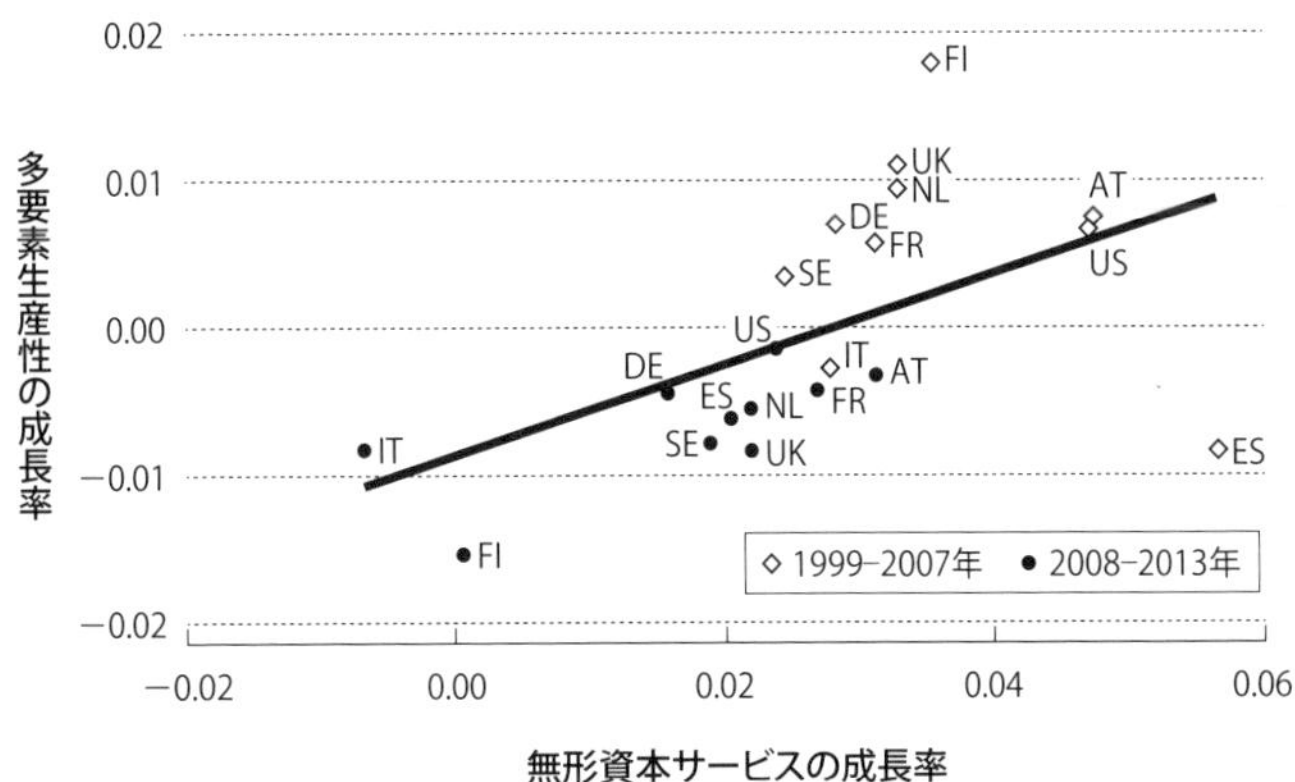

グラフは1999-2007年（白抜き菱形）と2008-2013年（黒丸）の年平均成長率を示す。データは全経済。国はオーストリア（AT）、フィンランド（FI）、フランス（FR）、ドイツ（DE）、イタリア（IT）、オランダ（NL）、スペイン（ES）、スウェーデン（SE）、イギリス（UK）、アメリカ（US）。
出所：INTAN-Investデータベース（www.intan-invest.net）とSPINTAN（www.spintan.net）に基づく著者の計算

ちらも下がった。右肩上がりの最良適合直線はそれをまとめている。確かに無形資本成長とＴＦＰ成長の間には関連性があるようだ。もっと多くの年を使ったさらに高度な研究もこれを裏付けており、図５－10は研究開発資本サービス成長と多要素生産性成長をプロットしたものだが、似たパターンを裏付けている。

確かに、どちらのグラフもノイズが多く、他の要因も影響しているのかもしれない。これは今後の研究で検討すべきことだ。だがグラフは、ＴＦＰ鈍化は無形投資の鈍化で一部は説明できるかもしれないと示唆している。

図5-10　多要素生産性と研究開発資本サービスの成長

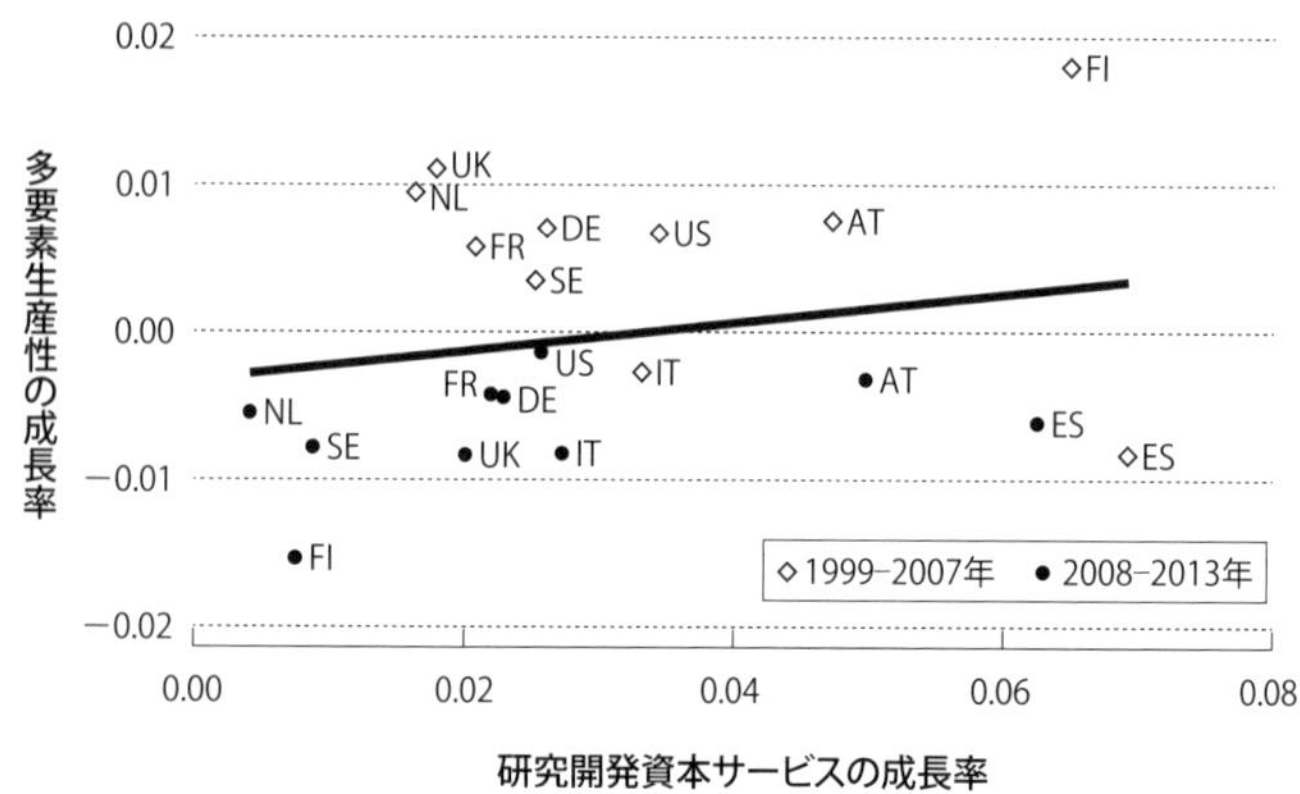

グラフは1999–2007年（白抜き菱形）と2008–2013年（黒丸）の年平均成長率を示す。データは全経済。国はオーストリア（AT）、フィンランド（FI）、フランス（FR）、ドイツ（DE）、イタリア（IT）、オランダ（NL）、スペイン（ES）、スウェーデン（SE）、イギリス（UK）、アメリカ（US）。
出所：INTAN-Investデータベース（www.intan-invest.net）とSPINTAN（www.spintan.net）に基づく著者の計算

無形資産の生み出すスピルオーバーが減っているのか？

ＴＦＰ成長鈍化の別の理由としては、無形資産の生み出すスピルオーバーが減っていることが考えられるかもしれない。これはどうしてもかなり憶測になってしまうが、そうなりそうな理由を考えてみよう。

一つの可能性は、後塵企業はスピルオーバーの吸収が下手になったというものだ。もし無形資産のスピルオーバーの便益がランダムに各企業に帰着するなら、これは企業の収益性に目に見える影響は及ぼさないだろう。どんな企業でも、別の企業の無形投資から天啓のひらめきのような利得を実現する可能性があるし、同時に自分の投資の収益性を競合他社に奪われる可能性もある。だがビジネス誌や経営研究にちょっとでも馴染みがあれば、世界はそんなふうには動かないことが分かるだろう。

一部の企業は、他の企業のアイデアから便益を得るのが異様に上手いとされる。グーグルがアンドロイドOS（スティーブ・ジョブズはこれがアップル社のiOSのパクリだと考えた）を買収し、成長させ、プロモートした能力は、この有名な一例だ。だがこれは経済全体で見られるトレンドでもある。

経営グルたちは「オープンイノベーション」や「ファストフェローシップ」について助言をする。最初の企業が先行者利益を得ても、本当の大きな利益を得るのは二番手企業だというのをよく見かける（経済学者でブロガーのクリス・ディローは、急激な技術進歩が見られる分野では「高速フォロワー」になるインセンティブが高いかもしれないと指摘した。後行の企業は最初に投資した企業のスピルオーバーから利益を得られるだけでなく、ソフトウェアのような投資価格の低下の恩恵も受けられる）。[5]

無形投資のスケーラビリティとシナジーもまた、先行企業の投資意欲に貢献する。先行企業は成長率が速まり、無形投資のスケーラビリティを活用できる可能性も高い（スターバックスは追加の無形投資をしなくても、そのブランドと運営手順を新規開店に適用できる）。そうした企業は、新規投資とシナジーを持つ他の価値ある無形資産を持っている可能性も高い（アップル社の、魅力的で直感的な製品に関する既存の評判のおかげで、消費者たちは過去のスマートフォンの使いにくさにもかかわらず、iPhoneを使ってみようと思った)。

後塵企業があまり投資をしなくても、産業全体の投資が減るかどうかは産業の構成にかかっている。少数の先進企業しか無形投資の便益を内部化できないなら、そうした企業は理論的には投資水準をすさまじく増やし、後塵企業すべてが尻込みした部分を埋め合わせることすらできるはずだ——投資するのはほんの少数だが、その少数企業の投資はすさまじい規模となる。全体としての投資や成長が下がるのは、喜んで無形投資をする先進企業の投資水準が、後塵企業の推定される投資の減少分を補いきれない場合となる。

無形投資が盛り上がらないワケ

こうした投資不足が起きかねない理由はいくつか考えられる。最初のものは、投資としての無形資産が一般に持っている根本的な特徴についての私たちの先の議論に関係してくる。大量の相補的資産を持つ大企業で、オープンイノベーションが上手なところですら、一部の無形投資の便益を実現するには苦労するだろう。大規模な長期研究開発やデザイン投資(そして巨大な有形投資)をするテスラモーターズ社のような企業は、メディアや証券アナリストの双方から異様だと思われる。

第二の可能性は、先進企業が理論的には巨大無形投資をしたがっているときでも、経営陣の関心と実際の成果実現における困難さがボトルネックになりかねないということだ。たとえばアマゾンを考えてみよう。圧倒的規模と、大量の価値ある無形資産を持つ市場リーダーだ。経営力に優れ、挑戦してくる企業のアイデアを採用しては相手の土俵で相手を負かすことで知られ、さらに長期のための投資を優先して利益実現を遅らせることで有名だ。

アマゾンは確かに新規事業開発に大量投資を行った。当初の書籍販売業から一般小売り、コンピュータハード、クラウドコンピューティングに移り、いまや雑貨にも進出しようとしている。だがこうした投資には時間がかかった。経営陣の関心をこんなに多くの優先事項に振り向けなければならないと、市場リーダーと言われる個別企業ですら巨額の戦略投資を行うスピードには限界が生じるのかもしれない。経営の集中化という考え方や、自分の守備範囲以外には手を出すなという考え方は、ビジネス書やビジネス誌では人気がある。これが事実なら、投資の見返りを獲得する自信を持った企業が数社しかない産業部門では、集中化の必要性に気づいただけで総投資が制約されかねない。

最後に、無形投資の性質が抜本的に変わってしまった可能性も考えるべきだ。それはレントシーキング活動の隠れ蓑でしかなく、うわべは生産性を高めているように見えつつ、実は全然生産性に貢献していないのかもしれない。

常識で考えると、有形だろうと無形だろうと、企業の投資にはよいものもあればダメなものもある。事業とはそういうものだ。やがて、経済全体の水準では、よい投資と悪い投資のバランスが取れて、平均的な企業の限界投資は市場収益率を実現することになる。

もちろん、投資を行っている企業にとって自社の収益率は、経済全体の広範な収益率とは必ずしも等しくならない。無形投資に有益なスピルオーバーがあれば、述べたように、社会収益率は私的収益率を上回り、他の企業も便益を被る。ちょうどアップルが多額の投資をしてガラケー利用者をスマートフォンに切り替えさせたら、サムスンやＨＴＣも恩恵を受けたのと同じだ。

だが有形無形を問わず、社会的収益をほとんどまったく生まない投資も考えられる。投資を行った企業にそれがもたらす私的収益は、すでにどこかで作られた価値をシフトした結果なのかもしれない。

社会的便益は私的便益の〝隠れ蓑〟か

最近ニュースに上がった二つの企業を考えてみよう。エピペンを販売する製薬会社マイランと、世界的なライドシェア企業ウーバーだ。

第４章で述べたように、エピペンの成功は、相互にかみ合う無形投資群に依存している。その設計は医薬品規制当局の承認を受けた。その名前（商標保護されている）はすぐにわかる。救急救命士たちはその使い方を教わっている。学校など重要な顧客への販売営業チャネルも持っている（その一部は、２０１３年アメリカ学校緊急エピネフリンアクセス法で支援されている）。

エピペンの成功にはもっと暗い側面もある。エピペンのメーカーは、競合製品のメーカーを訴え、そうした商品の市場アクセスを遅らせたり阻止したりしているのだ。エピペンの収益性を高めているものの一部は、社会的便益だけでなく私的便益も生み出している。救急救命士がエピペンの使い方を知っていることや、多くのアナフィラキシーに苦しむ人々がエピペンのブランドを知っているのは、消費者にとってもマイラン社にとってもよいことだ。だが競合製品に対する訴訟や、新しい自己注射装置の承認プロセスが面倒なことで得をする人が、マイラン社以外にいるかどうかははっきりしない。

ウーバーも同様の問題を引き起こす。ウーバーが利益を受けている価値ある無形資産の一つは、そのソフトウェアやブランドと並んで、その運転手＝パートナーの巨大ネットワークだ（こうしたネットワークがウーバーにとって持つ価値を示すものとして、ウーバーが新都市で営業を開始するとき、ときには新規運転手がサービスに登録してくれるように、非常に太っ腹なキャンペーンやプレミアムを提供することもある）。

さてある面では、この無形資産はウーバーの私的便益だけでなく公共的な便益を提供する。品質が保証された運転手のネットワークを構築するのは、ウーバー顧客にとって価値あるサービスだ。だが批判者たちは、少なくともある面で、ウーバーの運転手ネットワークへの「投資」はゼロサムゲームだと論じている。

その説だと、ウーバーが運転手のネットワークを維持する目的は、大量の職員を雇う便益を確保しつつ、雇用関連法や最低賃金を遵守せずにすませることなのだという。この点において、ウーバーによる運転手ネットワークへの投資がウーバーにとって価値を持つのは、それが新しい価値を創り出すからではなく、それが運転手から価値を奪う（本来ならその人々は最低賃金などによる便益を受けるから）せいなのだということになる。

マイラン社とウーバーに対する非難は、その無形投資の一部が経済全体にとってよい影響をもたらさず、むしろ既存の経済パイを切り分けて、無形投資家の便益だけに供しているということだ。

隠れたレントシーキング活動

こうした例は他にも思いつく。二種類の企業、グッド社とバッド社を考えよう。どちらも新しい子会社設立に、弁護士費用や事業再編費用を支払う――これは組織開発投資の例だ。グッド社の子会社の狙いは、新しい儲かるサービスを消費者に提供することだ。これは企業にとってプラスの私的収益をもたらし、またプラスの社会的収益ももたらす（つまりＧＤＰは増える）。だがバッド社の子会社の唯一の狙いは、同社の税金逃れだとしよう。この場合、減税という形でバッド社には私的収益がもたらされるが、社会的収益はなくＧＤＰも増えない。企業の私的収益は、本来なら政府に入ったはずのお金を懐に入れることで生じただけだ。

この種のレントシーキング支出が行われ、そしてそれが投資として計上されれば、投資は増える。ひょっとすると先進企業の地位も高まるかもしれないが、総産出はまったく増えない。これはＴＦＰの低下として現れる。ＴＦＰは、労働や投資の成長への貢献と、実際に観察された成長との差の余剰だからだ。スピルオーバーはあったとしてもマイナスだ。

この種の支出は他にも考えられる。競合他社を研究から締め出すためだけに設定される特許だ。通称ブロック特許と呼ばれる。あるいは他の企業から市場シェアを奪うためだけの広告キャンペーン（ただし、実際にはほとんどの広告はこういうことはしない）。無形投資は、計測しづらい他の負の外部性も持つかもしれない。資本主義の昔からの批判として、官僚的ルールに従うのは労働者にとって非人間的でつらい、というものがある——ある種の組織開発投資は、労働者の自立性をなくすので労働者を不幸にするかもしれない。ただし逆の主張もできるだろう。リーンプロセスなど一部の組織開発投資は、労働者の主体性を減らすのではなく、増やすのが前提だ。

一部の有形投資だって限られた社会収益しか生み出さないかもしれない。高速回転トレーディングをやる証券会社が、取引時間を1マイクロ秒のさらに数分の1を削るためだけに敷設した光ファイバーケーブルを考えよう（John Kay 2016で赤裸々に描かれている）。またレントシーキングに使われるお金のすべてが無形投資になるわけではない。少なくとも無形投資計測に使われる主要な指標に反映されることはない。

だが確かに、レントシーキングやゼロサム投資は、有形投資よりは無形投資にありがちだというのは事実のようだ。

これは投資と生産性の数字にも影響しかねない。無形投資の増加は、ＧＤＰを増やさないレントシーキング活動の増大を隠している可能性はある。これは経済で見られる投資減少の説明にはならないが、生産性とTFPの低下の理由にはなる。規律の緩い経済だと、レントを集めるだけが目的の無形投資の量が増えるのかもしれない。だから無形投資がどんなに増えても産出は下がり、TFPも下がる。このリスクがあるから、ますます無形化する経済においては、政策立案者はレントシーキング活動を抑えようとしなければならない。

また無形投資の台頭はレントシーキングを促進している可能性があり、このために前に論じた先進企業と後塵企業との差が増えているのかもしれない。

ジェームズ・ベッセンの論文は、アメリカの非金融企業における先進企業と後塵企業との間のギャップは、無形投資の増加で生じたのか、先進企業によるレントシーキング増大で生じたのかを綿密に検討している。ベッセンは、業界での規制（規制指数と政治ロビイング支出で計測）と、公開企業の価値評価の相関を調べてみた。その結論は、1980年以来の株価上昇の相当部分は無形投資（研究開発で計測）によるものだが、規制とロビイングに対する支出は企業価値評価にもっと大きな影響を与えた、というものだった（Bessen 2016）。

紛争性とロビイング

さて第4章で述べた無形資産の紛争性は、無形資産への権利を確立または保護するためにお金を使うよう企業を促すのかもしれない。近年では、アメリカでのロビイングの中で、ハイテク企業によるものがますます増えている。通常、こうした企業のロビイングは自分の保有する価値ある無形資産に関するものが大半だ。

たとえばグーグル社が自社の価値あるデータやソフトを特定のやり方で使ってよいかとか、運転手やホストの価値あるネットワークに対するウーバーやAirbnbの優先的な権利などだ。

こうしたロビイングが成功すればその報いはきわめて大きい。こうした無形資産はすべてきわめてスケーラブルで、その所有者のビジネスモデルにとって本質的なものだ。また、それがあるからこそ、その所有者たちは後塵企業ではなく先進企業になりえる――これはそれ自体が、後塵競合他社に今後の投資を控えさせることにもなる。

だから無形投資が計測ミスされていて、実際にはロビイングの費用として支出されているのだというだけの話ではすまない。それはひょっとすると私たちが、無形経済への移行が無形資産に本質的な紛争性を解決するための、新しい制度を必要としている段階に突入したということを意味しているのかもしれない。

これに関する楽観的な解釈は次のようなものだ。無形集約経済への変身の背後にある法的・制度的構造が現在模索されている中で、それが解決するまで企業には、無形投資に関するレントシーキングにもっと支出するインセンティブがやたらに大きくなる。たとえばスピルオーバーとスケール効果がますます重要になると、既存の税や競争や知的財産ルールはボロボロになるほどケチをつけられ、それがロビイング、法的議論、制度の仕切り直しを必要とするようになる。

この新種の経済への適応は、企業や政府に対してあまり生産的でない大量の支出を迫る。だから企業の無形支出は、生産性を上げる効果が少ないのだ。もっと不穏な解釈として、こうした種類のレントシーキングは無形資産の本質的特徴、特にその紛争性に結びついているというものがある。これは、政府がレントシーキングを防止し、無形経済の必要とする制度設計をもっと上手にやるようになるまでは、TFP成長は高まらないということだ。

結論：長期停滞における無形投資の役割

長期停滞は明らかに複雑な現象で、その原因として考えられるものも様々だ。私たちは、有形投資から無形投資への長期的なシフトが、それを引き起こしたり悪化させたりする四つの可能性を指摘してきた。

まず、計測ミスでこの謎のごく一部は説明できる。無形投資は上昇しているので、それを含めれば投資の枯渇は一見したほどひどくはないことが示される。またそれはGDP成長を少し改善させる。だが長期停滞問題の大半は説明のまま残る。

第二に、無形投資のスケーラビリティにより、きわめて大規模できわめて収益性の高い企業が台頭しつつあるらしい。こうした企業は他の企業の無形投資からのスピルオーバーを獲得するのに好都合な立場にある。これは先進企業と後塵企業との生産性ギャップや利潤ギャップを拡大し、後塵企業にとっての投資インセンティブを下げる。これで低い投資水準と、実際に行われる投資の収益率の高さとの共存が説明できるかもしれない。

第三に、大不況の後で、無形資本形成の成長速度は低下した。これでスピルオーバーも減り、企業のスケールアップも以前より遅くなり全要素生産性も遅くなった。これを支持する証拠も少しはある。TFP成長が鈍化した国は、だいたい研究開発と無形資本成長の低下が最も大きかった国でもある。

最後に、もっと憶測になるが、後塵企業は先進企業からのスピルオーバーを吸収する能力が低いのかもしれない。これは先進企業のほうが後塵企業よりも、異なる種類の無形資産同士のシナジーを活用する能力がずっと高いからかもしれない。あるいは、経済は無形経済への移行フェーズにあり、無形資産の本質的な紛争性を解決するために新しい制度が必要なので、投資がロビイング、法的紛争、制度再構築などに偏ってしまったのかもしれない。これらはどれもどう判断しても生産的とは言えない。

補遺：計測されない無形投資がGDP成長に与える影響

計測されない無形投資がGDP成長に与える影響はいささかややこしい。計測されたGDP水準は、計測された投資を含むので、GDP成長も計測された投資成長を含む（GDPに占める投

図5-11　無形投資ありとなしでの産出成長（すべての国、2005年＝1とした指数）

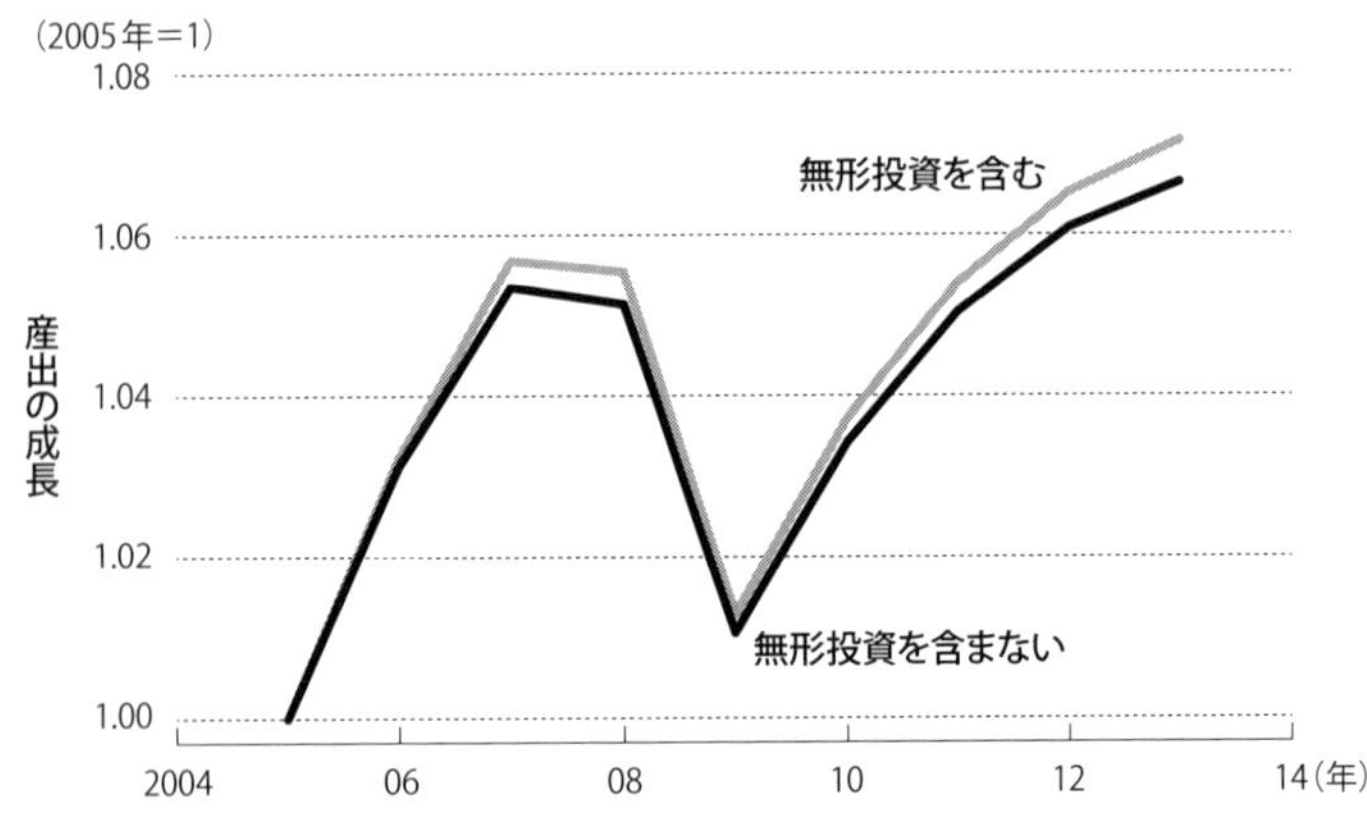

出所：SPINTANデータベース（www.spintan.net）に基づく著者の計算

資シェアをかけたものになる）。だから計測ミスは、漏れた投資がGDP成長よりも速くあるいは遅く成長している場合にだけ起きる。もしまったく同じ速度で伸びているなら、GDP水準はまちがっていても、成長率は正しいことになる。

漏れた無形投資が計測されたGDP成長よりも急速に伸びているなら、計測されたGDP成長は低すぎることになり、まさに長期停滞のように見える（低成長という意味で）。図5-11は、EU11カ国とアメリカについて成長に与える純影響を示したものだが、その押し上げ効果はかなり小さい。２００８年以降のGDP成長はほんのわずか高くなるが、年率換算すると1ポイントよりはるかに低い上昇にしかならない。

第6章

無形資産と格差の増大

この章は、無形資産の重要性の高まりと、多くの先進国でここ数十年に広く記録された、各種の格差増大との関係を分析する。私たちは、無形投資の増大は富と所得双方の格差を増大させることが期待されそうだと論じる。ますます無形集約型となる企業は、他の無形資産とのシナジー構築のために、もっとすぐれた社員を必要とする。もっと有能な管理職、もっと見ばえのする映画スター、もっと観客を熱狂させるスポーツヒーローだ。企業は彼らを徹底してスクリーニングして、報酬もずっと上乗せする。富の格差となると、無形投資からのスピルオーバーは都市生活をさらに魅力的なものとして、住宅や富を所有できる幸運な人々に対しては、それらの価格を押し上げてしまう。もっと憶測になるが、私たちは無形経済で成功するのに必要な文化特性によって、多くの先進国におけるポピュリスト的政治の根底にある社会経済的緊張を説明できるのではないかと考えている。

2010年代で最も議論となっている経済問題は格差だ。トマ・ピケティ、アンソニー・アトキンソンらの労作によると、金持ち（所得面でも財産面でも）は過去数十年でますます豊かになり、貧困者はますます貧しくなってきた。そして格差の他の側面ももっと熾烈になった。世代間格差、地域間格差、エリートと現代社会により阻害され軽視されていると感じる人々との格差だ。格差のこうした多面性こそ、それが巨大な社会的反響を呼ぶ原因かもしれない。

ニュースでは、億万長者がロンドンやマンハッタンで、1・5億ポンドのマンションを買ったという話を絶えず報じ続け、それと並んで「取り残された」コミュニティの人々が麻薬中毒の犠牲となり、政治的な極論に走り、早死にするという報道が流れ続けている。

格差増大の原因は、新技術からネオリベラル政治からグローバル化まで、いろいろ提起されてきた。だがこれまでの何章かで見たように、無形投資台頭のために、先進経済の性質には深く長期的なシフトが起こっている。これが今日の社会で見受けられる、格差の水準や様々な側面にも影響した可能性はないだろうか？

本章では、新しい無形経済の成長が、確かに今日私たちが目にしている格差を説明するのに役立つと論じる。

BOX 6.1

格差の指標

格差の種類を明確にするには、二種類の経済概念を区別するのが有益だ。所得と富だ。所得は労働と資本（資産）により稼がれるもので、「フロー」だ。労働所得は主に稼ぎだ。資本所得は賃料や配当だ。どちらもある時間の間に受け取る支払いのフローとなる。富は所有する資産／資本の価値で、これは「ストック」だ。家計の場合、富は通常は家だ。企業なら、所有して生産に使う有形・無形資産だ。

フローは収益率によりストックから計算される。資本所得は、富に富から得ている収益率をかければいい。労働所得フローも、収益率で考えられる。それはその人の「人的資本」ストックの収益率だ。富の資本は通常、貯蓄と相続の結果であり、人的資本は教育と才能の結果だ。データを見ると、先進国では通常、労働所得は国民所得（またの名をGDP）の65-75%だ。残りが資本所得になる。富の年間収益率は6-8%だから、富の総量はGDP／総所得の400%ほどになる。

どうして富のほうがGDPよりそんなに多いのか？　富はストックなので、潜在的には長年の資産構築を通じて積み上がる。GDP／所得は年間フローだ。

最後に、財政調査研究所が指摘するように、富の格差は所得格差よりずっと大きい。最も豊かな10%の世帯が、富の50%を所有している。最も貧しい世帯25%は、ほとんどまったく富を持っていない。どれだけ不均等かを示すジニ係数は0から1までの数字で示され、0なら完全に均等、1はすべての富をたった一人が持っている状態だ。ジニ係数は富については0・64で、純所得については0・34になっている（Crawford, Innes, and O'Dea 2016）。

格差：その現場ガイド

経済格差は、ヒドラのように多数の頭を持つ存在だ。世間の論争に顔を出す各種の格差について、きちんと区別しておくと役に立つ。これをＢＯＸ６・１で示した。

まっ先に思いつくのは、稼ぎの格差だ。イギリスとアメリカでは、稼ぎの格差が１９８０年代と１９９０年代に急増した。それ以来格差は高止まりしている。先進国もまた、教育水準の高い労働者と低い労働者との間の所得ギャップが１９８０年代以来増えている。図６‐１はアメリカについてのデータだが、すべてではなくとも、多くの国の典型だ。１９７９年に大卒者の男性

図6 1　高卒者と大卒者のメジアン年収の格差の推移、アメリカ（2011年ドル換算）

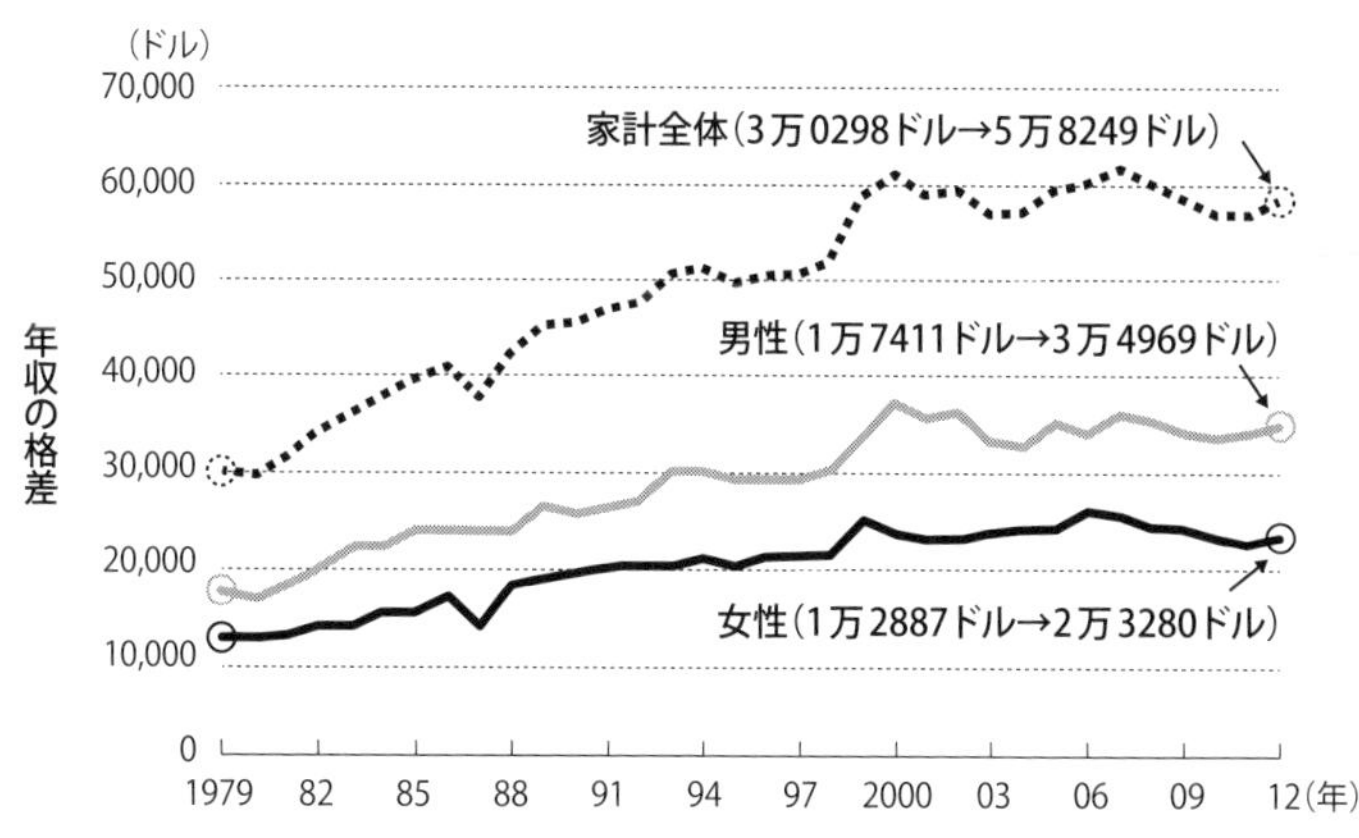

出所：Autor（2014）

は、高卒どまりの人よりも1万7000ドル以上多く稼いでいた。2012年にはそのギャップは3万5000ドル近くになっている（インフレ調整済み）。

だがこれは単に大卒者がいい目をみているという事例にとどまらない。ウォール街占拠運動のスローガン「1％」の威力は、所得格差がいまやフラクタルになっているようだということを、人々の頭の中にしっかり植えつけたことにある。最も金持ちの1％、最も金持ちの0・1％、最も金持ちの0・01％の所得は、さらにめまいがするほどの水準で上昇した（以下参照）。

そして開発経済学者ブランコ・ミラノヴィッチが指摘したように、これは世界的な現象の一部だ。過去20年にわたり、世界のほとんどの人々の所得は激増した。これは特に中国のような、巨大でかつては貧困だった国で顕著だった（Milanović 2005）。世界最富裕の人々も、豊かになった。だが一つ大きな集団は、あまりいい目を見ていない。世界所得の第75百分位から95百分位の間にいる人々だ――これには先進国の伝統的な労働者階級の相当部分が含まれている。

トマ・ピケティの超弩級の本は、ここに別の風味の格差をくわえた。富の格差だ。ピケティ『21世紀の資本』（2014）とその根底にある研究の数多くの、めくるめく特徴の一つは、それが大金持ちの富に光を当てたことだ。これは通常は計測しにくいものだ。それによれば、アメリカ、イギリス、フランスなどの最富裕層の富が、過去数十年で劇的に増えていたのは、あまり驚くことでもないのだろう。

格差に関する主流経済学者たちの論争であまり注目されてはいないが、人々が気にする格差は他に三種類あるようだ。

まず、世代間格差が上昇している。イギリスでは、この構図はかなり熾烈で、デヴィッド・ウィレッツの大きな波紋をよんだ本『ピンチ（*The Pinch*）』（未邦訳、2010）にはっきり記録されている。たとえば図6-2が示す通り、1990年代に貧困者は圧倒的に年金生活者だった（それ以外は比較的少数の失業者と低賃金労働者）。現在はその状況が完全に変わった。年金生活者は、特に富の面では、イギリスで最も豊かな人々に含まれ、貧困者は低賃金労働者ばかりとなっている。

もう一つの格差は場所の格差であり、これは先進国の中にすらある。工業の衰退でかつて豊か

図6-2　イギリスの世代間格差

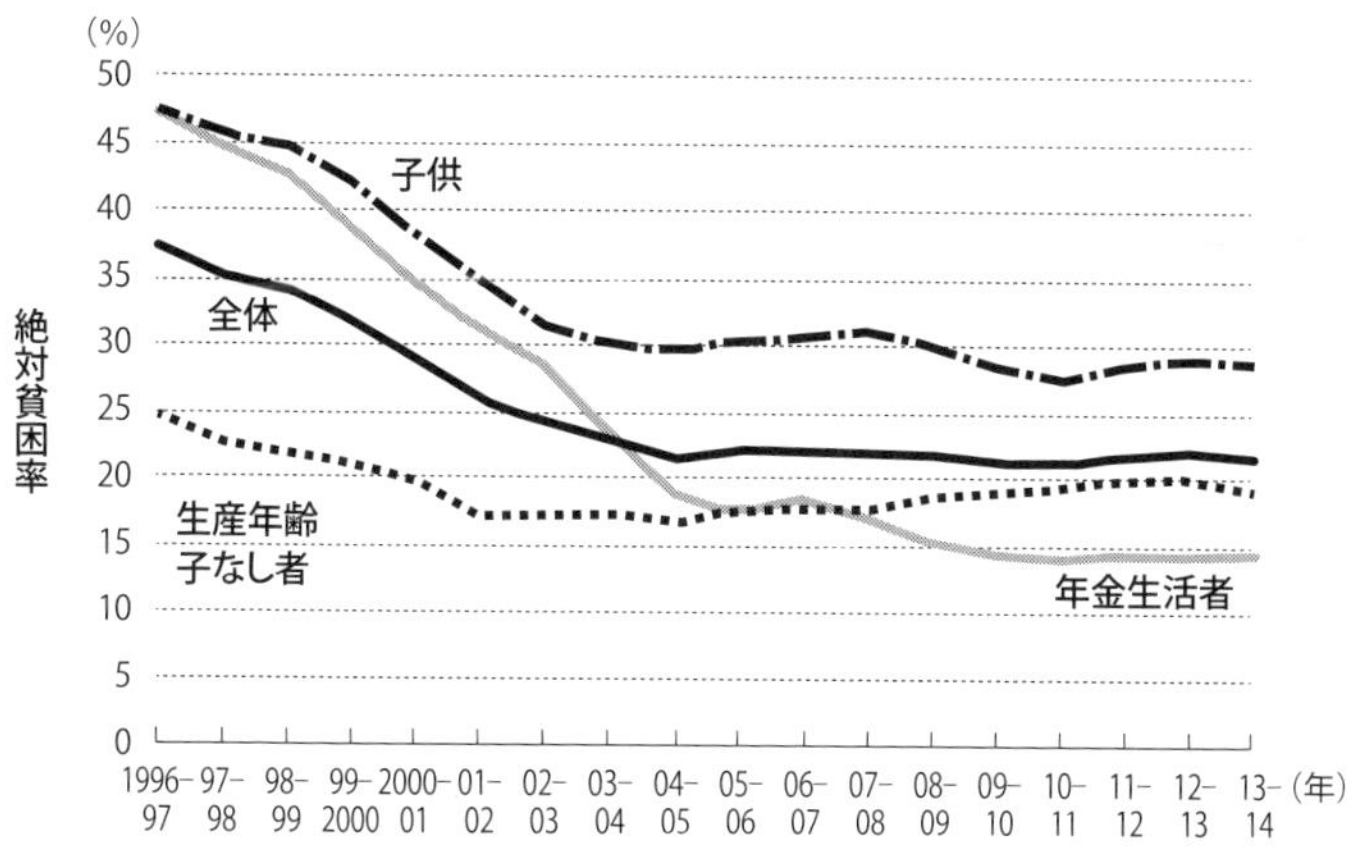

データは住宅費用支払い後の絶対貧困率（2010-11年における実質メジアン所得60%以下集団の割合）。
出所：Institute for Fiscal Studiesのデータ、Belfield et al. 2014, https://ifs.org.uk/uploads/publications/comms/R107.pdf

だったところが貧しくなるのは目新しい話ではない。イギリスでは20世紀の大半にわたり大きな問題だった。また、どこかの場所が経済活動のホットスポットになるのも目新しい話ではない。だがイギリスの２０１６年のEU離脱（ブレグジット）に関する国民投票のような出来事では、栄える都市部とそれ以外の地域では別の選択が行われている。またドナルド・トランプの選出は、いわゆる〝取り残された地域〟からの大量得票に後押しされたもので、アメリカの繁栄した沿岸都市のとは全く違う選択だったが、これも地域間の分断の重要性を際立たせた。

イギリスの２０１６年ブレグジット国民投票と、ドナルド・トランプの選出はまた、別の形の格差をも示すものとなっている。それは経済学者がほとんどまったく注目しない格差だ。それは自尊心の格差だ。

アメリカのドナルド・トランプ支持者から、イギリスの独立党、イタリアの五星運動まで、ポピュリスト的政治運動が世界中で台頭している理由は、多種多様だ。だがその支持者たちの多くが繰り返し持ち出すものの一つは、彼らから見て世の中の実情から遊離した、テクノクラート的で頽廃的ですらあるエスタブリッシュメントから恩着せがましくふるまわれたり、バカにされたりすることに対する怒りだ。こうした運動支持者たちの一部は、まちがいなく、所得や富の面で貧しい人々だが、全員がそうとはかぎらない。彼らの怒りに油を注ぐ格差は、お金と同じくらい自尊心に関するものなのだ。

標準的な説明

経済学者たちは、格差増大についていろいろ説明を考案してきた。最も有力なものは、現代技術の台頭、グローバル化の台頭、富はそもそも蓄積する傾向があるという三つだ。

最初の説明は、格差が技術の改善の結果だと主張する。新技術は労働者を置きかえる。つまり賃金は下がり、企業の利潤は上がる。この物語の現代版は、現代の大きな技術トレンドに注目する。コンピュータとＩＴだ。

この話によると、職場でのコンピュータは定型作業の置きかえにことさら適している。電話交換所での交換作業、生産ラインでの反復作業、銀行での現金払い出しなどだ。そして過去数年でコンピュータはさらに賢くなった。飛行機の搭乗券を発券し、スーパーでレジ打ちをして、電話でありがちな質問に答えてくれる。

こうしたコンピュータがますます安くなると、企業は低技能労働者をコンピュータで置きかえるほうがずっと得になる。その結果、労働者の需要は下がり、従ってその賃金も下がる。

もっと最近では、エリック・ブリニョルフソンとアンドリュー・マカフィー（Brynjolfsson and McAfee 2014）は情報技術の改善が急ピッチで進んでいるので、コンピュータはこれまでよりもずっと速いスピードで人間にとって代わるかもしれないと警告する。この「機械との競争」または「ロボットの台頭」は貧しい労働者を不要にしてしまい、金持ち資本家に便益をもたらすはずだ。

これは産業革命の時代と同じくらい古い昔からある話で、当時はこれは、ネッド・ラッドやキャプテン・スウィングといった神話的な人物を生み出した。現代の経済学者たちは、エキサイティングなものに退屈な名前を与えるという素晴らしい才能を発揮し、このトレンドに「技能偏向型技術変化」という名前をつけた。労働市場経済学者たち、特にマーティン・グース、アラン・マニング、デビッド・オーターは、コンピュータが定型作業を置きかえるのがことさら上手いという物語に対するひねりを示唆している。そのひねりとは、コンピュータは高給取りの知識労働者を失業させることはないが、低賃金労働者についても同じだというものだ。その理由は、現在の低賃金の作業の多くは、明らかに定型作業などではないからだ。むしろコンピュータが上手な定型作業は、中所得職のものであり、したがってコンピュータは中所得労働者を置きかえることで労働市場を「空洞化」させるのだという（Goos and Manning 2007; Autor 2013）。

倍増した労働供給

現代の格差に関する第二の説明は貿易に注目する。それは経済学者リチャード・フリーマンによって「大いなる倍増」（Freeman 2007）として赤裸々に描かれた。彼が指摘したように、1980年代のソ連共産主義崩壊と、中国やインドで市場改革が始まる以前は、世界貿易経済は先進国と南米、アジア、アフリカの一部の労働者14・6億人で構成されていた。

ところが1990年代になるとそれが一気に倍増する時代がやってきた。中国、インド、旧ソ連ブロックが世界経済に加わったのだ。この変化は世界労働プールの規模を29・3億人に増やし、ほぼ2倍にした。何かの供給が増えると、他の条件が変わらなければ、経済学者は価格が下がると予想する。

そしてまさにそうなった。こうした世界労働市場への新規参入は、比較的技能を必要としない財（航空機エンジンや半導体ではなく、たとえば繊維やバルクスチールなど）の生産に雇用された。これは先進国で同じ種類の財を作る低技能労働者に圧力をかけ、その多くは失職したか、賃金が停滞した。これはミラノヴィッチの研究（Milanović 2005）が示すように、貧困国の人々にとってはすさまじくよい結果だ。過去20年間に、発展途上国ではとっくに起こってしかるべき巨大な繁栄が見られた。その一方で先進国の労働者階級がその費用の大半を背負わされた。移民も同様の役割を果たす。低技能職の競争を増やすからだ（特に新規移民と最近の移民との間で）。

今日の格差に関する第三の説明は、富の格差に注目したもっと基本的なものだ。それは、何か逆行する力に止められない限り、資本は蓄積する傾向がある、という。いまや有名になったピケティの$r>g$不等式（BOX 6・2で説明）によれば、もし資本収益率（r）が経済全体の成長率（g）を上回れば、金持ちが所有する経済のパイは一般に大きくなる。ピケティは、戦後期には政治的判断がrを引き下げたとする。特に金持ちへの高い税金や、完全雇用と労働組合の権利を奨励する政策の効果が大きかった。こうした政策の巻き戻しと、経済成長低下のため、いまやrがgを上回るところに戻ってきて、それが今後も続くという。

BOX 6.2 ピケティの$r>g$条件の概略

ピケティの議論の素描を、経済学者ロバート・ソローの見事な書評（Solow 2014）から拝借すると次の通りだ。知りたいのは、資本に帰属する経済的パイの大きさ、つまり資本／所得比率が上がっているのか下がっているのか、ということだ。国民所得が100で、毎年たとえば2％成長している経済を考えよう。すると所得は100から102に増える。それにつれて貯蓄、したがって投資が増えるので資本も増える。

仮に貯蓄は所得の10％とすると、資本も10増える（100の10％）。資本／所得比率を一定にする資本の水準は、資本が500である場合だけだ（これだと資本／所得比率は初年度は500／100＝5で、次年度は510／102＝5だ）。すると貯蓄率「s」は経済成長率「g」と等しくなり、$s=g$なら資本／所得比率は一定のままだ。さらにgが下がり（科学者たちがネタ切れになるせいかもしれない）、sがそのままなら、$s>g$となって、資本／所得比率は上がる。ピケティは、これが次の世紀で起こるという。

「$r>g$」とのつながりは、Box 6.1で論じたように、資本所有者の稼ぎは収益率（ピケティの「r」）に彼らの所有する資本をかけたものになる。だから資本／所得比率が上がり、収益率が下がらなければ、資本所有者はますます大きな経済的パイの取り分を手にすることになる。この側面からみた格差も、したがって増えることになる。しかしピケティの批判者たちはおおむね、資本収益率は資本が増えれば下がるはずだと反論してきた。

四つの困った物語

技術、貿易、富の蓄積傾向。現代の格差に関するこうした三つの説明は、すべてもっともらしいが、今日の富の分布状況を見るとこうした単純な話では説明できない側面がある。標準的な格差の説明となかなか折り合いのつかない四つの現象を考えよう。技術と賃金の予測不能な関係、1％の上昇継続、富の格差における住宅価格の異様なほどの大きさ、そして企業間賃金格差の重要性だ。

まず技術から考えよう。これまで技術が職を奪い労働者を貧しくするという発想は、まったく目新しいものではないことを見てきた。もう一つ歴史が教えてくれるのは、この発想が必ずしも正しくないということだ。

19世紀半ばのイギリスでは、経済学者たちが心配したのはロボットやコンピュータのことではなく、ミュール紡績機だった。ミュールは綿の繊維を綿糸に紡績する装置で、繊維産業では重要な仕事であり産業革命の中心にあった。[1] 当初、ミュール紡績機を動かすにはいろいろ複雑な仕事が必要だった。スピンドルの速度を調整し、綿糸が正しい形に巻かれているか確認し、定期的に綿糸を適切にほどく必要もあった。このためミュール紡績は比較的高技能職だった――少なくとも当初は。

1824年にリチャード・ロバーツというウェールズ人が、通称自動ミュールを発明した。既存のミュール紡績機よりはるかに使いやすいこの機械のおかげで、ロバーツは19世紀で最も賞賛を集めたエンジニアの一人となった。工場所有者もこれを気に入った。19世紀の経営理論家ともいうべきアンドリュー・ウレに言わせると「通常のミュールの代わりに自動ミュールを入れる効果は、男性紡績人の相当部分を解雇し、若者や子供だけ残しておくというものだ」(Lazonick 1979)。

この見立てはウレからカール・マルクス『資本論』に入り込んだ。マルクスはこう宣言した。「労働の道具は労働者を打倒する」。ミュールは技術進歩の危険性を意味するシンボルとなった。新技術は雇用を減らし、労働者を酷使する一方で、金持ちだけに得をさせるのだ。

だがこのお話は、どうもマルクスの予想したような結果にならなかった。

大人の労働者が低技能の子供に取って代わられるどころか、大人のミュール紡績人たちは繁栄した。経済史家ウィリアム・ラゾニックは1979年に、ミュール紡績人たちは「管理人(マインダー)」へと進化し、研修、管理、監督業務を工場で請け負うようになったと指摘した。そしてイギリスの繊維産業は発展を遂げたので、こうした技能職は減るどころか増えた。ランカシャー綿工場のマインダーたちは、20世紀になってからもかなりの期間にわたり、比較的高賃金を享受できた。

なぜ大金持ちだけが得をするのか

ミュール紡績人たちの教訓とは、技術が進歩しても仕事は必ずしも減ったり低賃金になったりしないということだ。同じ教訓は、銀行へのATM導入でも示唆される。ジェームズ・ベッセン（Bessen 2015）が指摘するように、現金払い出し機の導入は、アメリカではむしろ銀行窓口係を増やす結果となった。支店設置費用の低下と、従業員が顧客と話をして金融商品を販売できるだけの暇ができたことで（現金を受け渡しする作業から解放されて余裕ができたからだ）、銀行はかえって支店を増やした。

実際、技術が雇用の終わりを告げ、社会的危機をもたらすという物語は、1世紀以上にわたり通俗経済評論の主流だった。目端の利くジャーナリストのルイス・アンスロウは、こうした主張の新聞記事の切り抜きを集めたが、事例は1920年代にまでさかのぼり、1931年にはアルベルト・アインシュタインも、大恐慌が機械のせいだと述べたし、イギリス首相ジェームズ・キャラハンは官庁街の公僕たちに、オートメーションが職に与える脅威を見直せと命じたところで、間もなくマーガレット・サッチャーに追い落とされた(2)。

こうしたことはすべて、技術は技術を置きかえ格差を創り出す可能性はあるものの、絶対にそうなるとは限らないことを示唆している。

主流の格差説明に対する第二の挑戦は、賃金格差の拡大は超富裕層にきわめて集中している、というピケティの洞察からきている。アメリカでは高技能労働と未熟練労働との所得ギャップ

図6-3　英語圏諸国におけるトップ1%の所得シェア

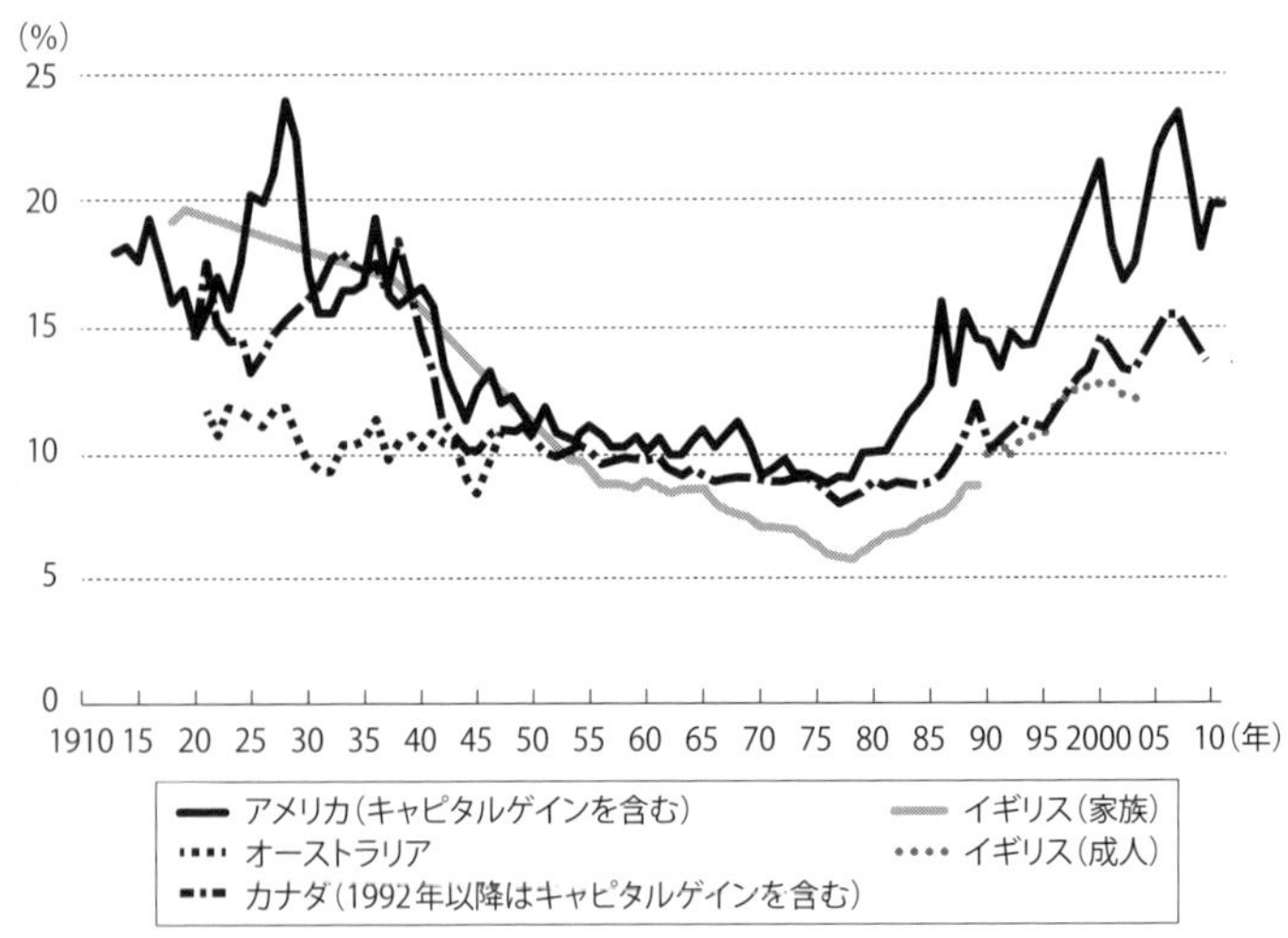

出所：Alvaredo et al. 2013

は、技能偏向型技術変化に基づくものだと当初は説明されたが、2000年頃にその拡大は止まった。その後は、大きな格差上昇はトップ1%に集中している。これについては図6-3を参照してほしい。

先進国の低技能労働者たちが、コンピュータを使って仕事をする技能がなかったり、仕事が他国の低賃金労働者に脅かされたりしたときに割を食うというのは想像しやすい。だがこうした変化が大金持ちだけにどうやって便益をもたらすのかは、あまりはっきりしない。

大金持ちの一部は、技術のおかげか、安い外国労働者を雇用するからお金持ちになった。だが全員ではないのは確実だ。新しいエリート層には、シリコンバレーの大立て者や、クオンツヘッジファンドの所有者だけでなく、一般企業の上級管理職もそれ以上にたくさんいる。たとえばピケティは、トップ0・1％の6－7割はCEOなどの企業上級経営陣だと推計している。

企業間の格差拡大

話をややこしくする第三の事実は、富の格差における住宅の役割だ。ピケティ『21世紀の資本』刊行からほどなくして、フランスの経済学者オドラン・ボネ、ピエール＝アンリ・ボノ、ギヨーム・チャペル、エティエンヌ・ワスメールは、アメリカでもフランスでも富の格差増大の相当部分は、住宅不動産の価値上昇により引き起こされていると指摘した。ピケティ批判で知られるMITの大学院生マシュー・ロンリーも、同じ発見をしている（Bonnet et al. 2014; Rognlie 2015）。

そうすると、富の格差が増大している理由を理解するには、なぜ住宅という富がこれほど劇的に値上がりしているのかを理解しなくてはならない。このトレンドは技術やグローバル化の台頭によるものではなさそうだし、純粋な蓄積によるものでもない。

四つの現象のうち最後の、企業ごとの賃金格差は、所得格差の源としては意外なものだ。経済学者たちは、雇用者と従業員データを組み合わせた新しい豊かなデータセットをごく最近になって検討しはじめた。

そして最近のジェイ・ソング、ニコラス・ブルーム、デヴィッド・プライス、ファティー・グヴェネン、ティル・フォン・ワクター論文（Song et al. 2015）はアメリカ企業の労働者の稼ぎが、1981年から2013年にかけてどう変わったかを検討した。もし管理職と清掃人との賃金ギャップが拡大しているというなら、すべての企業でそうしたギャップ拡大が見られるだろう。国際法律事務所でのギャップが拡大するなら、地元の法律事務所でのギャップも開くはずだ。

だが実は、必ずしもそうではなかった。むしろ先進的な企業は、管理職にも清掃人にも他の企業と比べて高い賃金を払っていた。職業間の格差はそれでも開いてはいるが、それにくわえて、こうした企業と他の企業とのギャップも開いている。

実際、著者たちは「1981年から2013年までの稼ぎの格差増大のうち3分の2は、企業間の稼ぎの分散で説明できて、企業内部の分散上昇で説明されるのは3分の1でしかない」と指摘している（彼らはこの現象に一つだけ例外を指摘している。最大級の企業の間では、CEOなど上級経営陣はずっとたくさん支払いを受けており、その報酬は企業の株価と相関しているようだった——ありがちな結果だ）。

すると新技術もグローバル化も、単純な蓄積も、先進国で見られる現在の格差の水準やその特徴を十分には説明してくれないようだ。無形投資の増大が答えの一部になるだろうか？　無形経済が、人々の観察してきたような格差を増やすとしたら、どんな方法があるかを考えよう。

無形財産が所得、富、誇りの格差にどう影響するか

無形財産、企業、所得格差

まず、無形投資の増加が企業間格差から生じた所得格差の増大を生み出す方法を考えてみよう。第4章で見た通り、無形資産の主要な特徴の一部はスケーラビリティとスピルオーバーだ。だから無形投資がとても重要な場所では、最高の企業、つまり価値あるスケーラブルな無形財産を持ち、他の企業からのスピルオーバーを活用するのに長けた企業はきわめて生産的で儲かるようになり、その競合他社は敗北を喫することになる。

第5章で見た通り、まさにこれが起きている。トップ企業と最低企業との開きが拡大したのは、どうも無形投資の多い産業が顕著だ。額面通りに見れば、これは格差上昇の一大候補となるように見える。だがちょっと注意が必要だ。企業が儲かっているからといって、清掃人の給料を上げてくれるとは限らない。結局のところ、清掃人に賃上げを要求されたら、他のだれかを雇う

ことは十分可能なのだから。だから企業の業績ギャップが増えているのと、賃金格差の増大が関連するためには、それにくわえて何か別のことが起きている必要がある。

無形ベースの企業格差で便益を得ているのはだれ？

この点に迫るには、次の問題を考える必要がある。企業業績のギャップ拡大で便益を得ているのはどういう人々だろうか？

一つのグループは、「スーパースター」と呼ぶべき人々だ。つまりすさまじくスケーリングする、とても価値ある無形資産と個人的に関連している人々だ。この種の分析を考案したのは経済学者シャーウィン・ローゼンだ（Rosen 1981）。

多くの場合、ある人物の業務は他の人（単数複数を問わず）によりこなせる（つまりハンバーガーを給仕するという仕事は、手際のよい人物一人の仕事を手際の悪い人物二人でまかなえる）。だが通称スーパースター市場では、これが成り立たない。

最高のオペラ歌手やフットボール選手は、そこそこの歌手や選手二人で置きかえは利かない。たとえば放送などの技術が、そうした労働者の到達範囲を拡大すると、彼らの稼ぎも激増する可能性がある。この物語の無形バージョンは、多くのスーパースターはきわめて価値あるスケーラブルな無形資産に特権的なアクセスを持っていて、それが巨大な見返りを獲得してくれるというものだ。

これは、文句なしの所有を通じて実現する場合もある——たとえば、創業企業の株式を大量に保有している技術系億万長者などだ。また場合によると、そのスーパースターはある種の無形財産をもっと創り出すにあたり、特別な特権を持っているのかもしれない——たとえば、新しいハリポタ本を書けるのはJ・K・ローリングだけだ。

だがもちろん、ほとんどの金持ちはスターでもないし技術系起業家でもない。大金持ちの相当部分は、ただの企業重役だ。格差上昇のこの側面はどうすれば説明がつくだろうか？

高賃金企業に転職できる人物とは……

実は企業間格差に関する研究文献にヒントがあった。さきほど挙げたソングらの論文は、なぜ世界があまり報酬を支払えない企業と高給を支払える企業とに分裂してきたのかを理解するにあたり、巧妙な技法を使っている。彼らは、従業員が高賃金企業や低賃金企業に転職したとき、その給与水準がどうなるかを見たのだ。

低賃金労働者は、高賃金企業に転職したら報酬が大幅に増えるはずだ、という証拠をソングらは探していた。もしこれが成り立つなら、本当に重要なのは企業そのものだということになる。彼らは金のなる木を持っていて、そこに就職できた幸運な人にはだれでも儲けを配ってまわったというわけだ（発展途上国で石油や天然ガスの国有企業とつきあったことがある人なら、お馴染みの現象だ）。

だが、そんなものは見つからなかった。むしろわかったのは、高賃金企業に転職する人はすでにきわめて高い賃金を得ていて（この現象を彼らは「序列化」と呼んだ）、その逆も成り立つということだ。そしてこの傾向は１９８０年から２００８年にかけて強くなった。

ソングの研究は、高賃金企業が雇用するのがどんな種類の労働者かについては何も教えてくれない。だがクリスティーナ・ヘカンソン、エリック・リンドクィスト、ジョナス・ヴラチョスによる類似研究（Håkanson et al. 2015）で、スウェーデンの労働者を見たものがある。

研究者としてツイていることに、スウェーデンの青年男子は徴兵の一部として標準試験を受ける。この試験結果は徴兵された新兵たちの認知と非認知能力を記録する。それらにスカンジナビア諸国の政府が作り出す、従業員と雇用者に関する質の高いデータを組み合わせると、労働経済学者にとっては金の鉱山のようなものだ。ヘカンソンの研究は、高賃金企業に転職する労働者は、認知と非認知技能の両方の試験で高い成績をおさめた人物であることを示していた。

これが格差にとってどんな意味合いを持つのだろうか？　どうもこうした高賃金企業は自分の労働者を序列化と選別をもっと慎重に行うらしい。私たちから見ると、このような労働力の序列化は、二つの点で無形投資と関連している。まず、これは無形投資の重要性に対する対応だ。二番目は無形資産――少なくともある種類の無形資産――の台頭により可能となったことだ。それを順番に見ていこう。

労働者の序列化：シンボル分析者の復権

第4章で、無形資産の特徴の一つが紛争性だと述べた。無形資産を使う権利と、それがもたらすシナジーを最大限に活用する権利は、しばしば物理資産では不可能な形で、だれにでも提供されている。この特徴は、価値ある無形資産を最大限に活用したい企業にとって、ある種の従業員をことさら価値ある存在としている。

これを例示するため、少し時代をさかのぼって、20世紀初頭に戻ろう。１９００年頃、実はヴィクトリア朝末期のイギリス企業の4分の1ほどは、経営理事会に貴族院議員や下院議員をくわえていた。さてイギリス企業の文書保存は非常に徹底しているので、歴史学者はこうしたエリート理事がだれで、彼らを雇った企業にその人々がどんな利益をもたらしたかをかなり詳しく検討できた。

経済史家ファビオ・ブラギオンとリンドン・ムーア（Braggion and Moore 2013）は１９００年前後の10年の上場会社４６７社の記録を見て、政治的・社会的なコネの強い理事を持つとどんな利益があるのかを調べた。すると、ほとんどの企業にとって、エリート理事を持ったとしても計測可能な利益は何もなかった——そういう理事がいる企業は、株価の上昇、資金調達、財務などの業績評価で見ても、そうでない企業と同じくらいの業績しかあげていない。

だが国会議員を理事にくわえておくと、はっきりと利益が生じる企業群があった。当時のエマージング技術部門で活動する企業だ。たとえば合成化学、自動車やバイクメーカー、発電と送配電などだ。ブラギオンとムーアは、偉い理事を持つ新技術企業は、株価上昇が見られることを示した。しかも既存理事が議員に選出されると、はっきりと株価が跳ね上がる。また資金調達も容易になる。

どうやら多くの不確実性を持つ新技術や新市場、不明確な所有権を持つ産業だと、こうしたコネの強い理事は無形投資に影響する一部の問題を解消するのに役立つらしい。その問題とは、所有権の不確実性、価値評価の困難、潜在的パートナーとの良好な関係の必要性などだ。

非認知技能と認知技能をあわせ持つ

国会議員は、企業が投資の便益を確実に得られるようにする（たとえば特許が守られるようにする）のに役立ち、彼らの存在は投資家に対して、この企業がその権利を行使するのに強い立場にあることをシグナリングした。

新生技術企業で理事となった国会議員は、別に技術専門家だったから有益だったのではなく、新生技術企業がしばしば無形投資（研究開発や、新製品を市場に出すための組織やブランド投資など）に依存するから有益だったのだ。こうした無形投資は、紛争性を持つ不確実性を創り出す（特許を保護できるのか？　流通の権利は保護されるのか？）。そして偉い人を理事に持つと、こうした不確実性を抑えて、投資家にもそれが抑えられるという安心感を与える。

ブラギオンとムーアが調べたヴィクトリア朝のお偉いさんたちは、現代にも相当する人々がいる。1990年代初頭、無形投資が成長はしていたが、有形投資を上回るほどではなかった頃、経済学者たちは経済の変化に気がつき始めた。

後にアメリカの労働長官となるロバート・ライシュは、未来の労働力は彼の言う「シンボル分析者」に掌握されると予言した。製品マネージャー、弁護士、事業開発担当者、デザインエンジニア、マーケター、ヘッドハンターなどだ。ヘカンソンの研究で高給の便益を受けたスウェーデン労働者たちと同様に、シンボル分析者たちは教育の高い賢い人々で、非認知技能（スピルオーバーの管理はしばしば社会的なつきあいを必要とするので）と認知技能（無形資産は通常は知識資産なので）の組み合わせを持っている。

またそれは、個別産業部門の企業の調査でも見られるようだ。データと分析を集約的に使う企業を、イノベーション財団ネスタが研究したところ、こうした企業は優秀なデータ分析能力に、自社の内外での関係性を仲介できるソフト技能をあわせ持つ人物を特に雇いたいと考えていた(Bakhshi, Mateos-Garcia, and Whitby 2014)。

これは無形投資の台頭と、所得格差増大との衝撃的なつながりを示している。無形投資が増える。そのスケーラビリティと、無形スピルオーバーを活用できる企業への便益のため、先進企業は生産性の面で後塵企業を引き離す。これは特に無形集約型産業で顕著となる。こうしたきわめて生産的な企業の従業員たちは高賃金の恩恵を受ける。

無形投資は紛争性を持つので、企業は特にその紛争性を使うのが得意な人々を雇いたがる――

他の企業のスピルオーバーを獲得し、シナジーを最大化するような人々だ。これがライシュのシンボル分析者、ブラギオンとムーアの影響力あるエリート、あるいはヘカンソンの才能ある新兵たちだ。すでに成功していて、ますます重要かつスケーラブルな無形資産の世界ではさらに大儲けしそうな人々だ。

労働者の序列化：無形投資と労働者選別

無形投資が所得格差を後押しする二番目の方法は、企業同士と企業内部での階層を生み出すことだ。

経済学者ルイス・ガリカノとトマス・ハバード（Garicano and Hubbard 2007）は、1977–1992年のアメリカ弁護士の報酬を見た。最も稼ぐ弁護士の報酬はこの期間に激増したことがわかった（このトレンドはその後20年でも継続している）。特に興味深いのは、なぜその報酬が上がったかということだ。報酬が増えたのは、いっしょに働くアソシエート（下位の弁護士）の人数が増えていたからだ。あるいはその論文の表現を借りると、「階層生産の調整費用」が下がったからだ。最高の弁護士は仕事を切り分ける新しい手法に投資し、自分の「レバレッジ」と呼ばれるもの——最も複雑で報酬の高い作業に集中する能力——を改善できるようにしたのだ。

この種のトレンドは無形投資、特に組織開発、ソフトウェア、そしてある程度はサービスデザインへの投資の結果だ。それは新しい働き方の設計、企業内での階層開発、それを管理するためのソフトやシステムの導入を必要とする。

経営コンサルティングの分野で似たようなことが起きているのがわかる。第4章で1950年代と1960年代のコンサルティング企業が、組織イノベーションを考案して、プロジェクトに若手職員を配置し、それを少数の高給パートナーが管理できるようにしたのを見た。20世紀の末になって、さらなる組織イノベーションにより、経営コンサル稼業はさらにセグメント化できるようになった。

1980年代のマッキンゼーのプロジェクトは、まず数週間をデータ収集にかける――市場規模やシェアを理解し、顧客について学ぶ等々――それから戦略アドバイスが始まる。だから結果としてプロジェクトは長期化した。2000年代には、こうした市場把握作業のほとんどは専門の市場情報企業に外注されるようになった。

こうした企業は何十という産業や部門について、詳細な報告書や予測を作成する。これを定額で、コンサルタントや銀行家に売るのだ。コンサルティング企業は知識管理部門に投資し、注文した市場報告書を整理する。こうした市場情報報告の市場はかなり競争が激しく、コンサルタント自身が行うカスタム化された市場把握よりもはるかに安上がりとなった (Bower 1979)。

経営コンサル業界では、ガリカノとハバード論文が述べたような制度イノベーションが企業間格差につながり、産業は高費用サービスと低費用サービスを提供する企業に分裂して、雇われる職員の種類も違ってきた――まさにソングらがアメリカについて述べたような分裂だ。

無形投資の神話

無形投資の増大が所得格差に与えた影響をこれまで見てきたが、それはある意味で合理的なものだった。無形集約経済においては雇用主にとっての価値が本質的に高い労働者への報酬が増えたり、無形経済がもたらす分業のおかげで、雇用者にとって他よりも有用になった労働者への報酬が増えたりするという話だったからだ。

だが不合理な要素も作用しているかもしれない。ソングらが指摘したように、企業間格差の台頭と同時に、巨大企業において最高額の報酬をもらう人々、特にCEOと、他の従業員との間の報酬格差はすさまじく広がっている。高いCEO報酬と企業業績との相関は弱いようだ。では何が起こっているのだろうか？

一つの可能性は、無形投資の多い世界では不確実性が高まり、才能ある従業員を使うことで、企業はこの不確実性を最大限に活かせるようになることだ。才能あるカルト集団を創り出すことができれば、企業トップはそれを使って高給を要求できるようになる。

経済ジャーナリストのクリス・ディロー[3]が指摘しているように、人は心理学者が「根本的帰属性の誤謬」と呼ぶものにことさら弱い。つまり結果（たとえば企業の業績）が生じたのは目に見える投入（たとえばCEOの技能）のおかげであって、単なるツキや複雑な観察しにくい要因のせいではないと誤解してしまうということだ。無形投資が増えて、高技能経営者が少しばかり重要性を増した世界では、根本的な帰属性の誤謬に油が注がれてしまい、CEOのような押しの強い人々が、経済的ファンダメンタルズの変化により正当化される以上の報酬を要求する口実を与えてしまう、というわけだ。

最後の可能性は、株主がCEO報酬に十分に注意してこなかったので、その上昇を許してしまったというものだ。ブライアン・ベルとジョン・ヴァン・リーネン（Bell and Reenen 2013）はこれについて興味深い証拠を挙げている。それによるとCEO報酬は株式保有が集中していると（たとえば機関投資家などの形で）業績との連動が強くなると示している。ひょっとすると株式保有が分散すればCEO報酬を監視するインセンティブも減るのかもしれない。これについては第8章でまた見る。

住宅価格、年、無形投資、富の格差

ピケティ『21世紀の資本』の多くの功績の一つは、評論家や政策担当者に、格差は所得だけでなく富の問題でもあるということを思い出させた点にある。

私たちの見たところ、無形経済の台頭は所得格差だけでなく、富の格差の長期的な上昇についても説明の一助となる。これが起こる方法は二つある。まず無形投資は不動産価値上昇を促進してきた。これは世界最富裕層の富の増大の相当部分を説明できる。第二に、無形資本は地理的に移動しやすいので、1950年代から70年代までの政府がやったような、課税による富の再分配がやりにくい。

図6-4　アメリカ都市における住宅価格上昇率、1980年Q1-2015年Q2、実質価格

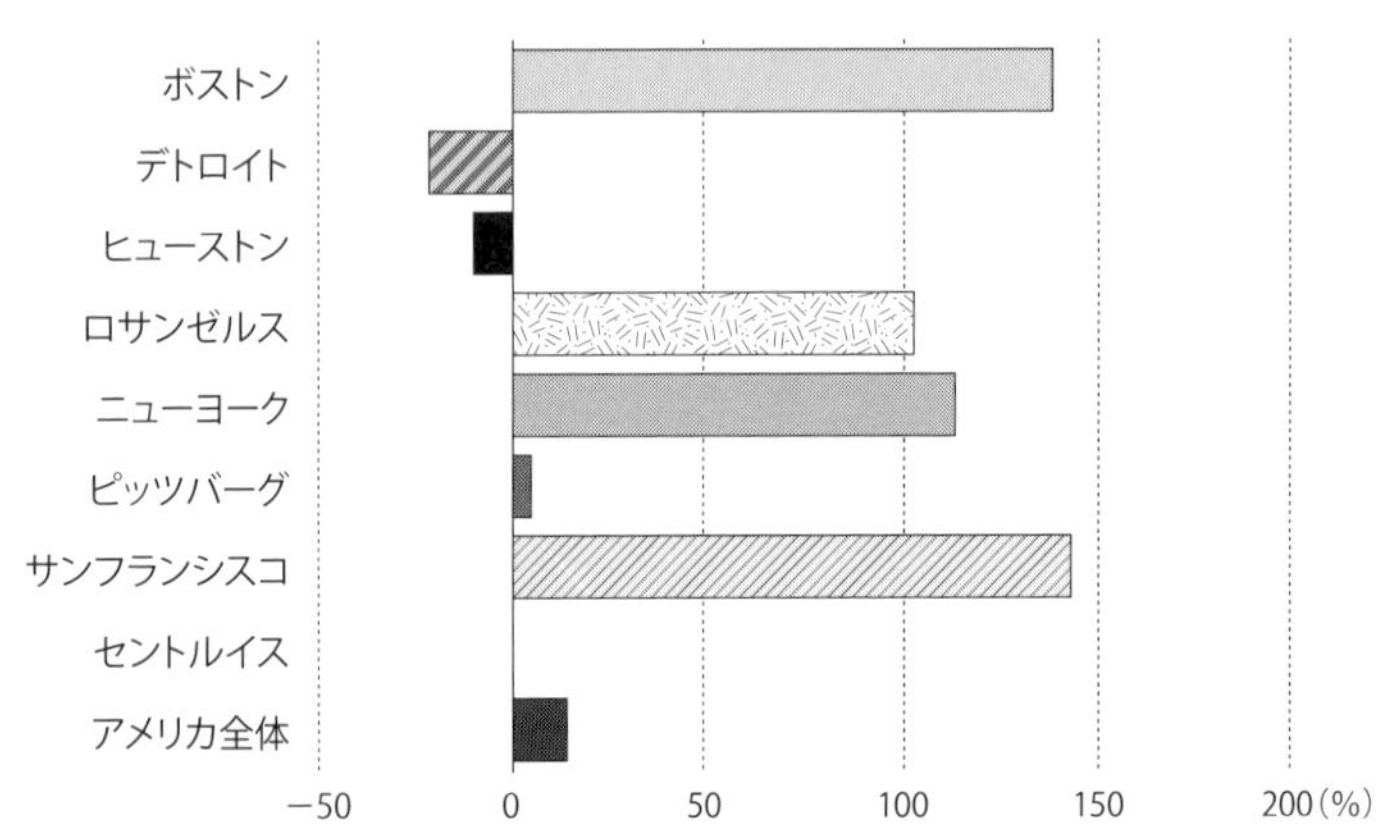

出所：Zillow、労働統計局、*Economist*

まず不動産価格を考えよう。もちろん、家やマンションは有形資産の権化のようなものだ。不動産はもともと動かないから不動産だ。だが実際には、不動産の価値、特に過去30年で激増を見せたような物件の価値は、かなりの部分を無形投資から得ている。

すでに述べたように、ピケティの著書に対する多くの批判者は、アメリカの最富裕層（そしてフランスの最富裕層の追加の富のほぼすべて）は所有物件価値上昇からきている。ロンリー（Rognlie 2015）が指摘したように、これは別に彼らが物件を買い漁っているからではないようで、むしろすでに保有している住宅やマンションの価値が、着実かつ大幅に過去30年で上がっているからなのだ。

さて、住宅価格の上昇は均等に分布しているわけではない。アメリカの都市については図6

図6-5　イギリスの地域別実質住宅価格上昇率、1973-2016年

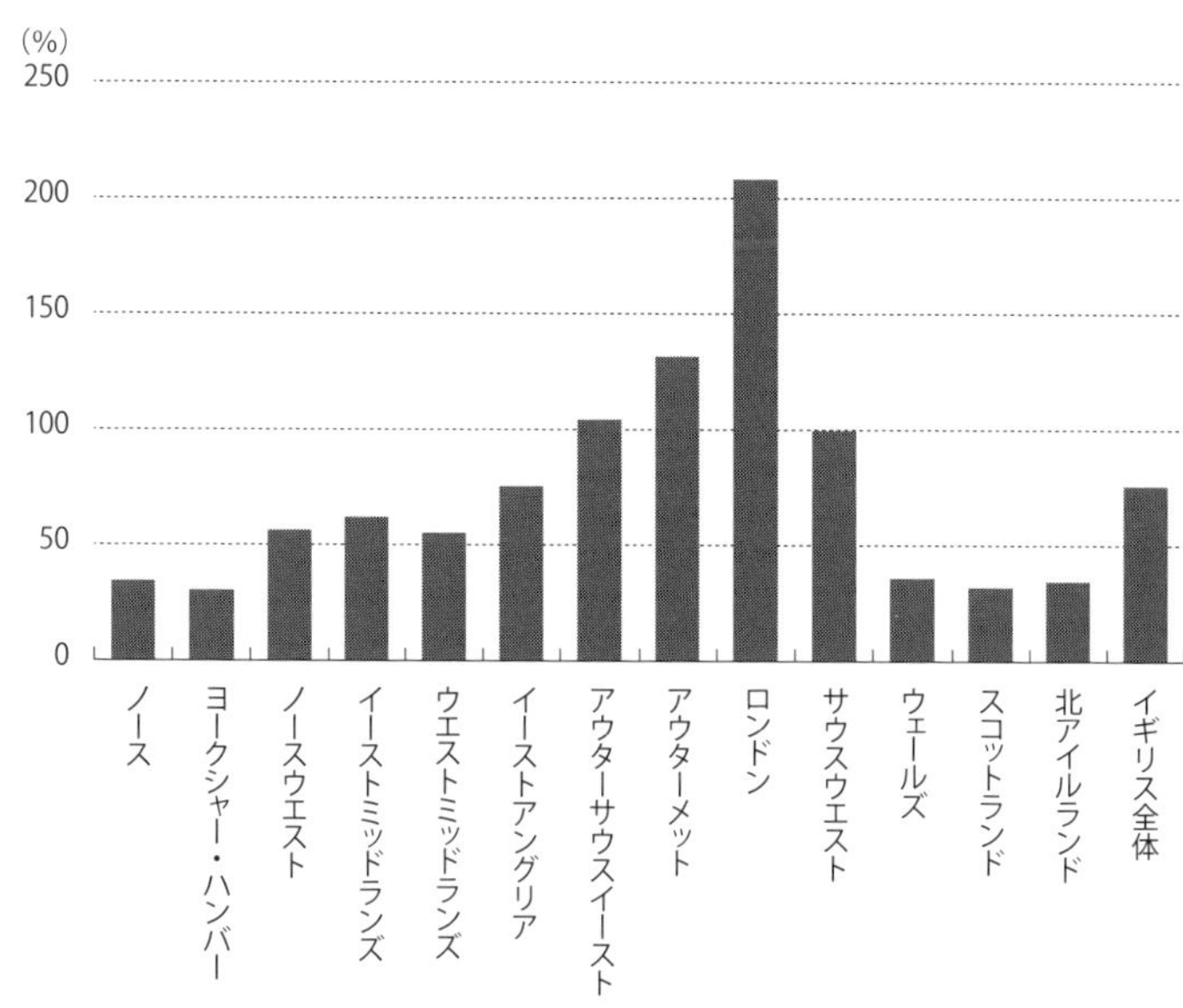

出所：ONS

－4、イギリス地域については図6－5が示すように、住宅価格は一部の地域では実質で2倍以上になり、他のところではほぼ横ばいだ。

住宅価格が急騰した都市は、活発な経済を持ち、新しい住戸建設が困難なところだ。だがこの説明はさらなる疑問を引き起こす。なぜこうした一部都市の経済だけが活発なのだろうか？

ジェイコブズ型スピルオーバー

ここで経済学者エドワード・グレイザーの研究に目を向けよう。彼の影響力ある研究は、経済成長がどのように都市で起こるかに注目している（たとえばGlaeser 2011を参照）。都市はスピルオーバーが豊かだというのは昔から知られていた。高い人口密度のおかげで人々はお互いにアイデアをやりとりし、観察し、コピーする。当初、経済学者たちは産業内のスピルオーバーに注目した。第4章で述べた、マーシャル＝アロー＝ローマー型スピルオーバーだ。

グレイザーの研究は違う効果の重要性に光を当てた。違う産業同士のプラスのスピルオーバーだ。実際、ニューヨークのような活発なアメリカ都市においては、ある産業部門のアイデアや機会が他の産業部門で活用され、こうした種類のスピルオーバーのほうが重要となる。グレイザーの例はブラジャーの発明だった。これは下着メーカーではなく、衣服メーカーが発明したのだった（Glaeser 2011; Glaeser et al. 1992）

実際、オハイオ州ヤングスタウン（製鉄）やアクロン（タイヤ）、あるいは最も有名な例としてはデトロイト（自動車）のように単一産業に依存した都市は、現代においては各種の産業を備えた都市に比べて見劣りした。グレイザーはこれを「ジェイコブズ型スピルオーバー」と呼んだ。都市研究者で、ゴチャゴチャした計画なしの都市を擁護したジェイン・ジェイコブズに敬意を表しての命名だ。

どうやらこの影響はまだ強力に続いているらしい。クリス・フォーマン、アヴィ・ゴールドファーブ、シェーン・グリーンスタイン（Forman et al. 2016）論文は、サンフランシスコのベイエリアが過去数十年でますます重要な発明の現場になったばかりか、それがソフトウェアや半導体にとどまらない、他の多くの多様な分野における発明の場にもなったことを示した。実際、それはＩＴとはまったく関係ない特許の出現場所としても重要なのだ。

グレイザーの都市スピルオーバーのモデルは、第４章で私たちが述べた無形投資の特徴ときれいに整合する。都市はスピルオーバー（つまり他の企業が行った無形投資から利益を得る）とシナジー（違う無形投資を組み合わせて予想外の大きな便益を得る）を活用する機会を与える。こうして見ると、通称クリエイティブクラスと都市とのつながりは、意外なものではない。

無形投資がますます豊富になり、企業価値創造のますます大きな部分となる世界では、スピルオーバーとシナジーを活用する便益は増える。そしてこうした便益が増えると、企業やその従業員はシナジーやスピルオーバーが大量かつ多様に存在し、成長を続ける都市にいたがるようになるはずだ。これがもたらす結果の一つとしては、大都市にもっと多くの住宅やオフィスを作れという圧力が生じる。

だがもちろん、ほとんどの都市には建設に対する大きな規制障壁がある。用途地域規制から、ＮＩＭＢＹ（訳注：社会的な必要性は認めるが、自らの居住地域で実施されることは反対する住民のこと）たちによる訴訟などだ。だからむしろ住宅価格は上がり、こうした一等地の不動産を保有する割合が高い金持ちは、ピケティが描いたようにますます金持ちになるのだ。

税、移動性の高い無形投資、富の格差

また無形投資の重要性の増大は、ピケティによる富の格差増大の物語の別の要素にも貢献しているように見える。具体的には、政府がかつてのような形で資本課税したがらないように見えるという点だ。ピケティは、再分配的な課税（および高いインフレ率）が戦後の数十年で金持ちの貯め込んだ富をなくすのに貢献したと論じる。だが１９８０年以来、政府はそうした課税を行う根性を失ったのだ、という。

確かに政府が課税を通じて再分配を行う意欲には、大きなイデオロギー的シフトがあった。だが無形投資の増大も一役買ったかもしれない。

アメリカやイギリスのような国では、キャピタルゲインは１９９０年代以来、所得より低い税率で課税されてきた。これは政治的には困った点だ。キャピタルゲインを持つのは、そもそも資本（キャピタル）を持っている可能性がずっと高い金持ちが中心だからだ。この低い税率の理由は、資本が移動しやすいから、それに課税したら、所有者は資本を低い税率の地域に移してしまう、というものだ。これは大量の経済学研究で裏付けられている。

ところが、これは雇用についてはあてはまらない。少なくとも資本ほどではない。というのもほとんどの人の雇用は、ある特定の場所で発生しているので、移動がずっと難しいからだ。だから再分配の観点からは、資本所得を雇用所得よりも高い税率にしたほうが公平に思えるが（１９５０年代と60年代の政府はこれをやり、「不労所得」については別の税率にしたりした）、

ほとんどの政府はこれが不可能だと結論づけている。資本は逃げ足が速すぎるのだ。(4)

さて無形投資増大の影響を考えてみよう。最近では、平均的な企業は1990年代の類似企業に比べて、はるかに多くを無形資産に投資する。そして無形資産は全体として、有形資産よりは地理的に移動しやすい。石油会社が、物理的な石油精製活動をイギリスからオランダに移すのは一大事業になり、10年はかかるし、ほとんどの企業なら絶対に不可欠でもない限りそんなことはやろうとしない。だがスターバックスがイギリスでの店舗運営の背後にあるブランドや知的財産をオランダやアイルランド、ルクセンブルクに持っていきたければ、ちょっとした法的作業だけですむ。

これは政策担当者が「課税競争」と呼んだものを激化させる。企業や資本所有者が最も有利な税制を求めてあちこち探し回るという考え方だ。このため政府は増税しにくくなり、そもそも資本課税を低くする原因となった。

まとめよう。無形投資の台頭は、二種類の形で富の格差の説明に役立つ。一つ目は、企業は無形投資に伴うスピルオーバーとシナジーを活用すべく都市に群がるので、都市の一等地の価値を押し上げる主要因となり、これが大金持ちの最近の富増加の大半をもたらすことになった。そして二つ目は、無形投資は国際的な移動性が異様に高いので、無形投資は課税競争を引き起こす。その結果、政府は資本課税を増やすことで格差を縮小するのがとても難しくなる。

開放性、取り残された者たち、無形投資、自尊心の格差

本章の冒頭で、私たちは格差の経済的、社会的、そして人生観的な側面について言及した。これはアメリカ、イギリス、その他ヨーロッパでますます社会的に顕著となりつつある、自尊心の格差だ。つまり、人口が二つに割れているという感覚の増大となる。片方はもっと国際的で、教育も高く、リベラルなのに対し、もう片方は伝統主義的で、エリートの意見や都会的価値観に懐疑的だ。

これは、政治の分野で劇的に感じられるようになった分裂だ。ドナルド・トランプやブレグジット（EU離脱）、そしてヨーロッパで勢力を増すポピュリスト政党の支持者たちは、自分たちの価値観を共有しない自国の支配的エリートたちから疎外され、見下されているという感覚を共有している。

こうした集団が疎外されているのは貧しいからだと思うかもしれない。だがイギリスのEU離脱に関する国民投票からの証拠を見ると、それ以上のものがあるらしい。

政治学者エリック・カウフマンは、だれかがEU離脱に賛成するかどうかを予測する材料になるのは、階級や財産ではなく、社会的な保守性と権威主義に対する態度なのだという。カウフマンの表現だと「離脱投票と残留投票とを分けるのは、文化と性格であり、物質的な状況ではな

い。これは階級紛争と言うよりはむしろ、年齢、収入、教育、そして政党すら横断する、価値観の分裂なのだ」。カウフマンによれば、離脱を支持した投票者は、離脱したいだけでなく、他にも社会的に見て保守的な価値観を持っている。たとえば体罰容認などだ。ロード・アシュクロフトの行った世論調査はこの結論を支持している(Kaufman 2016a; Kaufman 2016b)。

心理学者バスティアン・イェーガー[(5)]はこれを、EU残留に投票した地域と心理学的傾向との相関を見ることで探究した。心理学者は人間の性格の各種の次元を捕らえたと考える五つの心理的傾向をまとめている。イェーガーは、「経験への開放性」に注目した。これはコスモポリタン性と新しいものへの関心と関連づけられている。図6-6が示すように、経験への開放性が高い人々は残留に投票し、もっと伝統主義的な人々は離脱に投票したようだ。これは所得や階級とは関係なかった。

さて、無形投資がもっと豊富で重要な意味を持つ経済で便益を得るのがどんな人々かを考えよう。無形経済においては、スピルオーバーを活用してシナジーを最大化する能力が重視されるのはわかっている。心理学者による研究は、経験にオープンな人々のほうがこれが得意だと示唆している。そうした人々は、エドワード・グレイザーやジェイン・ジェイコブズが指摘したように、都市で起こる経済的な魔法にとって実に重要な種類の、アイデアや人の間の結びつきを作るのが得意だからだ。創造性とイノベーションはアイデアへの開放性を必要とするのかもしれない(経験への開放性が革新的でクリエイティブな仕事に役立つという証拠はある)。

図6-6　「経験への開放性」とEU離脱投票

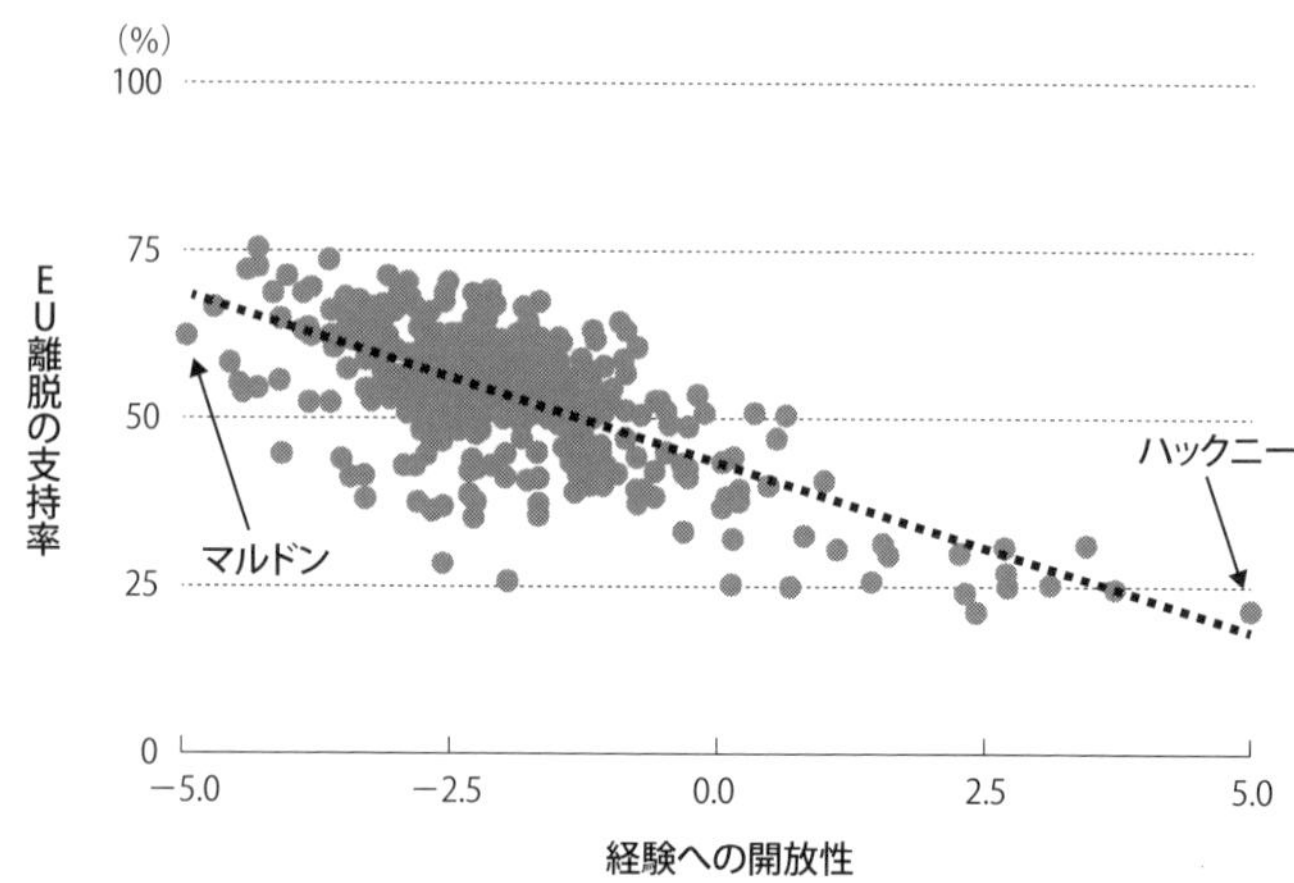

出所：Krueger 2016、Bastian Jaegerに基づく

　これは、トランプ、ブレグジットや各種の類似運動の支持者と、それぞれの不支持者との間の分裂が深まっていることについての新しい説明を示唆している。支持者たちは、伝統主義や経験への低い開放性といった基本的態度を共有する場合が多い。だが彼らは、無形投資の重要性の増大のために、ますます遊離する心理的傾向と価値体系を持つ人々に有利となる世界にいることも気がついている。ブレグジットとトランプの文化的原因は、経済的要因によって拍車がかかっている――そうした経済要因は、無形経済の台頭から生じているのだ。

結論：無形経済が格差にとって持つ意味合い

私たちは、無形投資の台頭が長期的な格差増大のいくつかの側面を説明できると論じた。まず所得格差だ。無形投資が作り出すシナジーやスピルオーバーは、競合する企業同士の格差を増し、この格差が従業員への報酬の差の増大につながる（最近の研究では、こうした企業間格差が所得格差上昇の大きな割合を占めると示唆している）。さらに無形投資の管理は、特別な技能や教育を必要とし、そうした技能を持つ人々（たとえばライシュのシンボル分析者）は無形集約的な企業における高給職に群がっている。最後に、無形財産を管理するような人々の経済的重要性の上昇は、そうした人々、特にトップ経営者に対する過剰な支払いの口実に使える神話を生み出すのに役立っている。

第二に富の格差だ。活発な都市には、スピルオーバーとシナジーが大量に存在する。無形投資の増大は、都市をますます魅力的な場所にするので、一等地の価格は押し上げられる。この種の価格上昇はトップ大金持ちの富の増大における主要な原因だということが示されている。さらに無形投資は移動性が高いことが多い。企業や国境を越えて移動できる。おかげで資本の移動性は高まり、課税しにくくなる。資本は圧倒的に金持ちに保有されているので、再分配課税により富の格差を減らすのが難しくなる。

最後に自尊心の格差だ。ポピュリスト的運動（イギリスのブレグジット、アメリカのトランプ）支持者たちは伝統的な見解を持ち、経験への開放性という心理的傾向をみる試験において得点が低いという証拠が少なからず存在する。無形投資が普及するにつれて栄えるシンボル分析者にとって、経験への開放性は重要になっている。無形投資の重要性が増すにつれて、経済的な格差の圧力が強まり今日のポピュリスト的運動を動かす政治的な分裂が広がる。

第7章

無形資産のためのインフラと、無形インフラ

インフラ投資不足が経済成長の足を引っ張っているという発想は、特にアメリカとイギリスでは広範に見られる。本章は経済の無形投資依存の拡大がインフラ論争をどう変えるかについて検討する。無形投資の豊富な経済は、異なる種類の物理インフラを必要とする。また無形インフラのニーズも大きくなる。無形インフラとは、企業の無形投資を支える基準、ルール、規範のことだ。

インフラほど無形でないものはなかなか考えにくい。橋、高速道路、発電所、ダムは巨大で重たい。いやでも目に付く形で、物理的に存在している。現代経済は何十億トンもの物理インフラに依存しており、それが世界中を鉄、コンクリート、銅、光ファイバーで覆っている。インフラが多くの経済学者や政治家にとって、熱っぽい懸念対象となっているのも無理はない。十分なインフラがないかもしれない、あるいはいまあるインフラが十分に現代的でないかもしれないとい

う考えは、公的な議論におけるありがちな主題で、特に英米圏ではそれが顕著だ。

本章では、無形集約経済にとって特に有用なのはどの種のインフラなのかを考える。物理的インフラのみならず、それ自体が無形のインフラも考える——経済を機能させるのに役立つルール、規範、プロセスなどだ。

インフラの定義

インフラはいつの時点でも、経済を支配する生産様式と深く結びついている。「インフラ」とは「下」という意味なので、インフラは社会の仕組みの根底にある構造で構成される。インフラについて考える方法の一つは、企業や家計が雇用する資本と相補的な耐久資産群として考えることだ。電力網が重要なのは企業や消費者が大量の電気機器を使うからだ。ガソリンスタンドや高速道路が有益なのは、実に多くの輸送が車やトラックで行われるからだ。一部のインフラは公的に所有され（たとえば高速道路）、一部は企業が所有する（たとえば民間空港や電話線）——だが、所有者がだれであれ、それは他の人々や企業の多くの経済活動を可能にするので、公共的な性格を持つ。

こうした他の経済主体の活動を可能にするというインフラの性質のため、経済の生産様式とその資本ストックが変われば、インフラに対する要件も変わると考えられる。運河船や荷馬車の経済は、運河や厩舎を必要とする。電気機械と自動車の世界は電力網とガソリンスタンドを必要とする。(1)

無形投資について考える場合、インフラの物語についても別の視点が必要になる。インフラをめぐる政治論争は、橋や道路や空港の話ばかりだが、インフラという言葉にはそれ自体が無形である別の意味合いも存在する。ルール、規範、共有知識、制度だ。物理インフラと同じく、これらは生み出すのに費用がかかり、耐久性があり、公共的、社会的性格を持ち、経済全体をもっと生産的にする側面がある。

大風呂敷と空約束

無形投資が経済の必要とするインフラの種類を大幅に変えるという考え方は、知識経済と呼ばれる文献の中でもっと空想的な部分をかじった人ならだれでも知っている。これは特に、1998-2000年のドットコムバブルに至る時期に多く見られた。評論家は「距離の死」を予測した。知識とデジタル技術の組み合わせは、いまのインフラの大半が解決しようとしている空間と場所の制約をなくしてしまうという発想だ。電気通信インフラへの投資が決定的に重要とされ、

3Gモバイル周波数帯のライセンスに対する狂ったような入札合戦と、アメリカのテレコムバブル、そして2001年のその崩壊が引き起こされた。

実は伝統的な物理インフラは無用になどなっていない。科学史家デヴィッド・エドガートン(Edgerton 2011)は灌漑用の溝から波打ちとたん屋根に至る各種の古くさいインフラが、現代社会でもいかに重要かを実証している。環境科学者ヴァーツラフ・スミルは20世紀初頭の技術に基づくインフラが、食料システムからエネルギーシステムに至るあらゆるものにとっていかに重要かを指摘している(Smil 2005)。無形投資の台頭がどう推移しようとも、エネルギー、旅客輸送、物流への投資は重要であり続ける可能性が高い[2]。

ジェス・ガスパーとエドワード・グレイザー(Gaspar and Glaeser 1998)は、距離の死という発想が一見したよりも複雑だったことを示した。情報技術が改善すると、一部の対面会合は置きかわるかもしれないが、他の会合の必要性を創り出すかもしれない——したがって人に直接面会しやすい都市に住む価値を高めるかもしれない。

たとえで言うなら、19世紀初頭から蒸気機関車は「鉄の馬」と呼ばれてきたが、馬を置きかえはしなかったし、馬の需要を減らしもしなかった。それどころか鉄道時代は馬の需要をかえって増やした。アメリカにおける「馬のピーク」は1910年で、初の蒸気鉄道駅開設から80年後だった。

だが無形経済や知識経済に関する初期の主張の一部が大風呂敷でしかなかったからといって、

社会のインフラへのニーズが変わっていないということではない。イノベーション学者カルロッタ・ペレスは、経済による技術使用法のエポック的な大変化は定期的に起こり、まずは大風呂敷と憶測の期間を必要とするという、挑発的な主張を行った（Perez 2002）。

鉄道のアナロジーを続けると、蒸気機関車は馬を過去のものにはしなかったが、その子孫である自動車はやがてそれを過去のものとした。この発想になぞらえると、２０００年頃の距離の死というレトリックが実現しなかったからといって、それが完全にまちがっていたということにはならない。むしろそれは、初期の熱狂から、新技術の応用、精査、導入におけるもっと実務的な時期へのシフトを示したものだ。その時期の新インフラはお馴染みのインフラを置きかえるのではなく、それと併設される形で導入されることが多いのだ。

ますます無形の投資が増える時代では、ある種のインフラがもっと重要性を増すと考えられる。具体的には、第4章で述べた無形投資の変わった特徴、スケーラビリティ、サンク性、スピルオーバーとシナジーを最大限に活用できるようにしてくれるインフラが重要となる。

本章ではこれから、無形リッチな経済をうまく機能させるのに役立つ各種インフラを検討する——まずは物理インフラ。それから企業も投資するような無形資産への公共投資という形で生じるインフラだ。そして最後に、インフラと言ってもかなり通念とは遠いもの、つまり基準、規範、枠組みなどを考える。

物理インフラ、シナジー、スピルオーバー

これまで見た通り、無形投資はスピルオーバーを生み出し、正しい無形投資をいっしょにすると驚くほど価値の高いシナジーが生じる。こうしたトレンドを最大限に活かせる——他の人の投資からのスピルオーバーを活用し、新しいアイデアのシナジーを活用できる——と、個人や組織が栄える。インフラはその実現を支援できる。特に無形投資同士の結びつきの数と質を高めるのがその主な役割だ。実際、伝統的なインフラの例を挙げると、ハブ空港のオペレーターは、空港オペレーターがつなげるルートが多いほど空港アクセスの需要が高まるというスピルオーバーについて昔から知っていた。

これをやる方法の一つは、ダイナミックなクラスターを構築または育てようとすることだ。ダイナミッククラスターとは、革新的な企業や人々が出会ってアイデアを共有する可能性が高いところだ。第4章で見たように、クラスターは経済学思想の歴史の中で、重要ながらもたまにしか役割を果たさなかった。これはアルフレッド・マーシャル、ケネス・アロー、ポール・ローマー、エドワード・グレイザーの著作などに最も顕著に表れている。

だがクラスターは、政策担当者や評論家にとってはマタタビのようなものだ。現代の政府で、特に高度イノベーション部門における地元クラスターの支援または構築の戦略を何かしら持って

いないところは珍しい（カリフォルニア州北部の技術クラスターへのオマージュとして、世界中で投げ売りされたシリコンなんとかという名前の大群を見るがいい――ロンドンのシリコンラウンダバウト、イスラエルのシリコンワジ、他にももっと野心的な名前がいくらでもある）。クラスター政策が魅力的なのは、一部はシリコンバレーやイスラエルの技術部門のような、広く喧伝された場所の成功が華々しく、有名だからだ――自国が技術革命の先鋭になってほしくない政治家はいないだろう。

クラスター政策はまた、政治的にも便利だ。イデオロギー上の理由で、あまりに介入的に見られるのを心配している政府は、自分たちはすでにあるクラスターを助けているだけで、ゼロからクラスターをつくろうとしているのではないと指摘できる。あまりお金をかけられない、またはかけたくない政府は、クラスター政策ならやる気を鼓舞したり安上がりなネットワークイベントを開いたりするだけで、かなり効果があるのがわかるはずだ。

マイケル・ポーターやリチャード・フロリダ（どちらも経済成長においてクラスターの側面が重要だと強調している）は、過去30年間、政策立案者の間で大人気だ。安手の口先だけのクラスター政策の裏面は、それが効果があったかどうか示すのが難しいということだ。補助金、免税、インフラ投資の経済効果を示す手法は確立している。だがすでに形成途上のクラスターを加速するための、継続的で細かい政策となると、政策そのもので何かがそもそも変わったのかも検証するのは難しい（一部の政策立案者にしてみれば、政策が評価しにくいというのは――世界で最も有名な技術クラスターで言われるように――「それは特徴であってバグじゃない[3]」)。

住宅、オフィス、そして社交の場

何十年にもわたるクラスター政策を踏みにじる覚悟で言わせてもらえば、クラスターがますます重要になっている時代に、本当に重要なインフラは二種類しかない。

一つは低所得者向けの住宅と職場を既存クラスターに作ることだ。2016年8月に、ケイト・ダウニングはシリコンバレーの真ん中にある低層都市パロアルトの計画輸送委員会を辞任した。自分とパートナーはもはやそこに住み続けるだけの余裕がないのだという。二人はどう考えても最低賃金労働者などではない。弁護士とソフトウェアエンジニアだ[4]。第6章で見たように、活発な都市の価格は過去40年ですさまじく上がったようだ。その理由の一つは、世界の最も繁栄した多くの都市では、新しい住宅やオフィスを建てるのは高価だし時間もかかるからだ。こうした費用には、事故を防いだり近隣への迷惑を最小限にしたりするためのものも含まれる――つまりそれは建て主に、新しい建物に伴う費用の一部を負担するよう強制する。これは適切に思える。

だが一部の費用は、既存物件の所有者が自分自身の物件の価値を維持または増やす能力を反映している。たとえばパロアルトの住宅所有者は、都市計画法を使って自分たちの都市の一、二層建て庭付き住戸による郊外都市という特性(これは当然、きわめて高い価格となる)を保存しようとする。これはこの町が、世界で最も有名な技術クラスターの中心に位置しているのにそうなのだ。多くの人は、そこに新築住戸ができたら買いたいと考えている。ルールや規制の緩和によってもっと多くの建物をすばやく建てられるようにすれば、この都市が無形投資から最大限の便益を得るための基本インフラ——住宅やオフィス——をもっと提供できるようになる。

だがアパートやオフィスだけの都市は、確かに退屈なものとなる——そして無形時代には、これは経済的に問題となる。無形投資にとって重要な二番目の都市インフラは、人々が集まって相互作用できる場所だ。しばらく前に、私たちの一人がイギリスのEU国民投票における政治的態度を検討するラジオ番組に出演した。番組の司会者はロンドン都心からほど近い、人種混合地区ランベスの投票者にインタビューをしたという。そして彼は、訪れたほとんどあらゆる企業がカフェも兼ねているのが実に奇妙に思えたと述べた。

実は、それはそれほど変なことではない。17世紀ロンドンのコーヒーハウス時代からずっと、人々が会って社交する場所は、新しいアイデアをまとめるのに重要だったらしい。文化と芸術会場は、無形投資の培養に特別な役割を果たすらしい。イノベーション財団ネスタの研究は、クリエイティブな組織や機関が多く集中する場所は、一般に高水準のイノベーションを示すと示唆している（Higgs, Cunningham, and Bakhshi 2008）。中立的な場所、おそらくは特に芸術またはクリエイティブな傾向を持ったところは、組み合わせ的な発明の機会を作り出すのだ。

都市計画者のジレンマ

これは政策立案者にとってジレンマのようなものをつくり出す。建物の規制緩和は、もっと多くの住宅やオフィス建設を実現するが、これは他の条件が同じなら、都市クラスターが栄えて成長する支援となる。だがゆるい建築ルールには予想外の副作用がある。先進国の大都市に過去10年ほどの間に住んだ人々ならだれでも、ロンドンのカムデンにあるブラックキャップパブのような話はお馴染みだろう。

ブラックキャップは長年にわたり、ロンドンのゲイ文化の中心で、芸術会場としてもなかなかのものだった——現代キャバレーの発達に大きな役割を果たしたのだ。その文化歴史的な重要性を脇に置いて、純粋に還元主義的な経済の眼鏡で見たとすれば、ここはまさに都市生活のシナジーやスピルオーバーを拡大すると期待されるような場所だった。だが2015年にここは閉鎖され、アパートに建て替えられる。活気ある混雑した都市では、人々はドリンクやキャバレーパブへの入場よりも、高級アパートにもっとお金を出す意志があるのだ。

ひょっとすると経済全体にとってこれは正しい選択なのかもしれない——というのも、たった一つの文化会場から将来生じるかもしれない生産性利得を計測するのはとても難しいからだ——。だがブラックキャップのような場所が提供する活気と相互作用は、市場が十分に供給できないのはすぐに見当がつく。そこで都市計画者が直面するジレンマの問題に戻ろう。無形経済の繁栄に必要な新しい建物を邪魔するＮＩＭＢＹを排除するように規制を緩和しつつ、都市をそもそも優れたクラスターにしているような会場や機関をうっかり閉鎖させないようにするには、どうすればいいのだろうか？

都市のクラスターを支持することで無形投資を奨励したい政策立案者が直面する課題はもっとある。それは、成長するクラスターのニーズを既存クラスターより優先するのはどういう場合かということと、そうした決定に影響するバイアスとはどういう種類のものか、ということだ。これはイギリスのように、政治的な意志決定が繁栄した地域にきわめて集中している国では特に顕著な問題だ。もし国の首都が経済的に成功した活発な場所でもあるなら、国の他の部分の経済ポテンシャルを過小評価しやすくなってしまう。

一部の研究によれば、これがイギリスでも起きていて、ロンドン拠点の政策立案者たちの間には、ロンドンにしか発展の経済ポテンシャルはなく、したがって公共資金をロンドン以外の場所に投資するなどというのは、クヌート王が潮を押し戻そうとするに等しい無駄な行動だという態度が広まっている（Forth 2015）。これは、ロンドン以外のところへの投資に対する異様な尻込みをもたらし、おかげで民間研究開発資金に対する公的研究開発資金の割合は、他のどこよりもロンドンが高く、推計した費用対便益比率がきわめて高い交通投資ですら、ロンドンの外では建設されず、たまたまロンドンにあるものは、費用便益比が低くても予算がついてしまうのだ。

技術インフラとスピルオーバー

ここまで読んだ技術志向の読者は、ソフトウェアと半導体が人々の通信方法を変えているこの時代にあって、どうしてアイデア交換ネットワークの構築に関するこの節が、対面相互作用のインフラばかりに注目するのかと尋ねたくなるかもしれない。2001年テレコムバブルの前提は、人々が間もなく相互作用のために光ファイバーとモバイルデータに頼るようになり、「肉空間」を捨てて「サイバー空間」に向かうというものだった。

確かに電気通信インフラは、経済全般にとって重要だし、また今後も重要であり続け、無形投資を最大限に活用するための社会的相互作用を可能にするためにも重要だ。光ファイバーケーブルの敷設、4Gと5Gの携帯電話タワー、ますます多くのデバイスに含まれる接続されたチップは、いずれ人々の相互作用能力を高めるだろう。

電気通信インフラへの投資と、接続性と生産性との関係を阻害する、二つのややこしい要因がある。一つはインフラ自体の技術変化の速度だ。携帯電話タワーや光ルーターへの投資判断は、単に投資するかしないかという選択ではない。投資を明日、あるいは来年まで遅らせようかという意志決定でもありうる。その頃になればインフラの費用はずっと安くなったり、新しく優れた技術が生まれたりしているからだ。

第二の課題は、インフラ投資家になろうとしている人にはさらに困ったものかもしれない。新しい技術インフラは、新しい働き方とあわせて使うと最も便利であり、そうした新しい働き方がなければ、まるで便利ではないかもしれないのだ。

1990年に経済学者ポール・デヴィッド(David 1990)は、アメリカへの電力導入を研究しているときにこの結論に達した。デヴィッドは、工場が電力を十分に活用するには、働き方を劇的に変えねばならなかったと指摘する。蒸気駆動の工場では、すべての機械工具は単一の回転シャフトにつながったベルトで駆動されねばならなかったのに、電力のおかげであらゆる工具が独自のモーターを持てるようになった。これが今度は、20世紀の生産ラインを可能にした。デヴィッドはまた、初の中央集中型発電所が開発されて40年近くたってからも、工場の機械駆動能力のうち、電化されたのは50%強程度でしかなかったと指摘する。それまでは、電力というすばらしい発明は、工場所有者にとっての生産性向上という面で、驚くほどわずかな貢献しかしていなかった。

新しいツールや習慣の開発

21世紀の、広帯域で、ユニバーサル接続の電気通信システムはデヴィッドの発電所に相当するものだという可能性がある。こうした新技術を通信に使うための、本当に有効で、経済を一変させるような方法を考案するためには、時間と実験と(無形の)投資が必要だ。

新技術にありがちなこととして、未来はすでに私たちのまわりに来ているのかもしれない。ソフトウェア開発者たちはSlackやGitHubのようなオンラインツールを共同作業に長年使ってきている。インターネットで可能となった共同作業の新方式を試している企業はいくらもあり、分野もヘルスケア研究（たとえばPatientslikemeや23andMe）から企業間の知的財産の仲介（たとえばネイサン・ミアボルドのインテレクチュアル・ベンチャーズ）まで様々だ。

技術支持者たちが、外れた予測をしたら、バカにするのは簡単だ。ペーパーレスオフィスはどうなった？　ＩｏＴはどこへいった？　だが広範で有効なテレワーキングが対面コミュニケーションの重要性を本格的に減らしてはいないという事実は、それが絶対に起きないというしるしではなく、これがややこしい挑戦であって時間がかかるというしるしなのかもしれない。

だから電気通信インフラは、接続を構築してスピルオーバーを最大限に活用するための手段として無形経済でもっと重要となる。だがファイバー、ルーター、プロセッサ、基地局は、このインフラの最も重要な側面ではないかもしれない――それを本当に価値あるものにするのは、接続し合って共同作業を行うのに必要な、新しいツールや習慣の開発かもしれない。

こうしたトレンドは、人々や企業の間の通信や接続の重要性を増し、そしてそれを可能にするインフラの重要性も高める。

標準、枠組み、規範

経済学者たちは昔から、有効なルール、制度、規範が投資を促進すると知っていた。逆にヘルナンド・デ・ソトは、ダメな制度——具体的には弱い財産権——が発展途上国の貧困者に対し、自分の家への投資や起業を尻込みさせ、結果として貧困脱出を阻害したことを示した（Soto 2001）。有限責任会社の発明は、その企業の破綻時に、企業所有者の資産に累が及ばないよう安全に守ることで事業投資を促進させた。

無形投資もまた制度インフラに影響を受ける。これはフォーマルなものもインフォーマルなものも含まれる。

この中で最もストレートな側面は財産権だ。権利所有者が何世代にもわたって指摘したように、強い知的財産法は、企業が特許や著作権や商標によって保護されるような無形資産に投資するよう奨励する。というのも、それは無形投資に影響するスピルオーバー問題を減らすからだ。

一方であまりに広く、あまりに強く、あまりに漠然とした財産権は長期的にはイノベーションを阻害する。それは競争を阻害し、企業が無形資産同士のシナジーを活用しにくくするからだ。たとえば飛行制御について1906年にライト兄弟に与えられたきわめて広い特許は、1917年に政府の要請でこの特許が全産業の特許プールに入れられるまで、アメリカの航空部門の足を引っ張ったと考えられている。知的財産権がどのくらい強くあるべきで、どんな種類の知識をカバーすべきかについては活発な論争が行われている――だが一方で、それをうまく機能させることが投資には重要だという一般的な合意もできている。

だが無形投資に影響する制度は、知的財産に関するフォーマルな権利にとどまらない。すでに見た通り、無形投資はしばしば組み合わさるとシナジーを生み出すので、大型無形プロジェクトにはしばしば大量の投資家や企業が関わり、しかも長期にわたる投資が必要となる。投資を調整し、各種の企業や組織間の受け渡しを管理するのは複雑だ。制度や規範は、投資家がこの複雑性を乗り切り、単純化するのに役立つ。

不確実性を減らす

新薬を開発し発売する場合を考えてみよう。これには通常、基本科学の基盤があり、薬の発見プロセスがあり、さらにその薬が安全で既存の薬より有効かを試すための試験を何度かする必要がある。そしてその薬をマーケティングして販売しなければならない――このプロセスは支払者(健康保険業社と政府の混合)、臨床家、規制当局、患者の複雑なダンスを必要とする。きわめて資本集約的なだけでなく、めまいのするほど複雑な活動だ。

薬の発見プロセスの複雑性を減らすものの一つは、何がいつ起こるかについて広く合意された規範やルール群だ。たとえば薬の開発試験が段階的に行われる場合、その目的と期間はアメリカの食品医薬品局といった規制当局が指定する。どんな種類の研究が公的機関や医療慈善団体の資金提供を受け、どれが受けられないかについてもルールがある。多くの新薬開発の基になっている学術研究は、厳密さ、ピアレビュー、発表プロセスに関する昔ながらの伝統ある各種規範に仕切られている。

市場にもルールがあり、これが値づけや販売に関する複雑な決断を単純化させてくれる。多くの政府や保険会社は、どんな薬なら費用を負担し、どんな薬は負担しないかについてルールを持っている——たとえば英国国立医療技術評価機構は、保健経済学者たちが品質調整寿命と呼ぶものを、指定価格以下で患者に提供できる医薬品だけを承認する。

そして不文律もある。バイオテックの新興企業は通常、もし臨床試験の最初の何回かを突破できたら、製品を自力で市場に出すために大金を調達し続けなくても、金持ちの医薬品企業に買収されるという期待をもって活動している。医薬品試験はしばしば、契約により大学研究室が担当するが、その取り決めは生命科学企業を設立しようとする人物ならみんな理解している、きちんと定義されたものだ。そして生命科学ベンチャーの資金調達活動にも独自のルールや専門投資家や専門サービス企業があり、共通の規範と理解を持っている。

さてこうしたルールの多くは、狭い経済的な機能を持っているのは事実だ。政府が薬にいくらまで支払うか上限を設けるルールは、納税者の利益を守るためのものだ。各種のベンチャー資本の出資に段階性が設けられていることは、投資家がリスク管理できるようにする、といった具合だ。だが製薬イノベーションシステムのルールは、もっと細やかな役割も果たす。それは医薬品開発という、きわめて不確実性が高く高価な事業のすさまじい複雑性を、その実現のために集まってきた各種関係団体（研究者、事業者、規制当局、出資者、企業経営者など）にとって、わかりやすく扱いやすいものにしてくれるのだ。イノベーション学者ポール・ナイチンゲールは、規範やルールを、予測不能で複雑な事業に「局所的予測可能性」をつくり出す「目に見えぬインフラ」と呼んだ（Nightingale 2004）。

相補的な投資を促す

似たような制度は、他の分野でも各種の企業が相補的な投資をできるようにしてくれる。こうしたものの一部はフォーマルな情報技術プロトコル、たとえばインターネットとワールドワイドウェブの基盤となるインターネット・プロトコル群（ＩＰ）やＨＴＴＰなどだ。他には社会規範がある。たとえば技術新興企業のベンチャー資本出資の段階構成や構造、あるいは公共機関により設計・強制される規制レジームや国際標準などのルールだ。

もちろん、ルールや標準は有形投資にだってあてはまる。鉄道には狭軌／広軌などがある。電力コンセントは形と電圧が標準化されている。自動車はおおむね標準化された操作系を持つ。だが無形投資はシナジーをもたらし、有効な共同作業に報酬をもたらす可能性が異様に高いために、目に見えぬインフラのほうが無形経済ではもっと重要になると期待される。それはシナジーを生む資産を持つ各種企業の間に明確なインターフェースをつくり出すことで、これはシナジーを最大限に引き出すのに役立つ（たとえば、有望な医薬品候補を持つバイオテックの新興企業と、その薬を臨床試験にかけて販売するマーケティングや組織資産を持つ巨大製薬会社）。

別種のソフトインフラは、他の人々が行っている投資に関する情報提供だ。もし無形投資を組み合わせて予想外のシナジーを作れるなら、企業としては、潜在的に関係あるプロジェクトやアイデアのどの部分に他の企業が投資しているかわかるとありがたい。この種の情報提供方法として確立しているのは、人々と話をしてクラスターで働くことだ。そこでは様々な人と話す機会がたくさんあり、そうした人々と出会える懇親的な場所も多い。

だがもっとフォーマルな情報源もやはり有益だ。巨大見本市[5]にでかけた人物ならだれでも、見本市は企業が顧客に向けて展示しているだけでないとわかるだろう。それと同じくらい、企業同士がお互いに何をやっているかを探り、アイデアを得て、パートナーシップや商談を行ったりする場所なのだ。同じことが業界企業の一覧や業界地図についても言える。それらは新しく台頭する産業部門について、部外者にとっても部門内部の企業にとっても有益な情報を提供してくれるのだ。

ソフトインフラのうち最もソフトなモノ：信頼と社会資本

本章では、最も有形で最も物理的なインフラ、たとえば交通や住宅から、それ自体が無形な制度、ルール、情報といったインフラへと話を進めた。この流れを継続して、最後に最も物理性の少ない、最もプログラム的でないインフラ形態を検討することにしよう。それは信頼と、社会学者たちが社会資本（ソーシャルキャピタル）と呼ぶものだ。つまり、社会の人々の関係の強さ、数、品質だ。

人々や企業の信頼は、二つの面で無形投資の重要な前提となる。まずそれは、各種無形資産の間のシナジーをつくり出す各種相互作用を後押しする。人々は閉鎖的で分断された社会ではアイデアを共有しにくい（他の社会的特性、たとえば経験への開放性や階層構造の低さは、どちらもときどき人口レベルで計測されるものだが、これもおそらくは関係しているはずだ）。

第二に、信頼は無形投資のルールを取り巻く確実性を提供してくれる。さきほど、不確実なルールは投資によくないと述べた。顧客データを集められるか、そうしたデータを商用に使っていいかはっきりしていなければ、企業はそもそもそういうデータ収集にお金をかけようとはしない可能性が高い。実際、そのデータをある種の目的には使えないとはっきりわかるだけでも、まったくの不確実性よりは投資の基盤として優れている。信頼と社会資本の水準が高ければ、こうした種類のルールについて安定したコンセンサスを得やすくなるかもしれず、それが逆にルールそのものをもっと信頼できるものにする。

結論：無形世界のインフラ

距離の死は起こらなかった。それどころか、スピルオーバーとシナジーの重要性は、人々が集まってアイデアを共有したりする場所の重要性や、都市を機能させる輸送や社会的空間の重要性を増した。

だが距離の死は、キャンセルされたのではなく、延期されただけかもしれない。情報技術はゆっくりと、段階的に、対面相互作用の一部の要素を置きかえつつある。これは工場の電化と同じようにゆっくりした変化かもしれない。もしそうなら、物理インフラの重要性は激減する。ソフトインフラもまた、ますます重要になる。無形資産同士のシナジーは、標準と規範の重要性を高める。この二つは無形投資の社会インフラのようなものを構成する。そして標準や規範の根底にあるのは信頼と社会資本であり、これは無形経済ではことさら重要だ。

こうした政策問題については第10章でさらに触れよう。

第8章

無形経済への投資資金という課題

金融システムについてのありがちな批判は、それが事業投資には不向きだというものだ。この議論によると、金融市場は短期重視でリスクを十分理解できず、経営者に倒錯したインセンティブをもたらす。本章では、現在の金融システムが、ますます無形ベースとなる経済にとって適切かを、第4章で述べた無形資産の経済特性に基づいて検討する。私たちは、一部の事業金融システムに対する通俗的な批判の一部は誇張されているものの、無形資産の特徴は資金調達ビジネスに独特の課題をもたらすと論じる。

今日の資本主義のどこがおかしいかと尋ねられたら、多くの人は金融市場を指さす。ことさら広まった懸念は、金融システムは実物経済のニーズに奉仕するのが実にヘタで、特に事業が必要とする投資資金を提供できていない、というものだ。

この批判はある面では昔からあるものだ。1930年代にもケインズは、各国の「資本発展」が株式市場でのカジノ的考え方に委ねられているという有名な文句を残している。(1) だが過去10年でこれは新たな緊急性を増している。というのも金融システムの制度的な破綻によって、世界経済は崩壊の寸前までできたからだ。

事業ファイナンスに関する通俗的な懸念は、共通の筋書きをたどる。それによると銀行は、事業に関心がなく、企業の発展に必要な資金を出そうとしない。株式市場はあまりに短期重視で、経営者がますます会社の株価に注目するにつれて影響力を高める。その結果、経営者は研究開発費をカットして、手早く儲けたい短期投資家に媚びる。(2)

こうした懸念は先進国の公共政策をも動かしている。ほとんどの政府はある程度まで、銀行に補助金を出すか脅すかして企業融資に向かわせ、負債で資金調達をする企業に税制優遇を提供する。多くの国は株式投資家にもっと長期の視点を持たせる手法を検討している。たとえば短期保有への課税や、財務報告要件の変更などだ。そしてほとんどの政府は、別ルートの資金提供、特にベンチャー資本を奨励しようとしている。これは事業成長と国富にとって大きな資金源となるはずだと考えられている。

こうした議論の一部は、その主張者が思っているほど明解なものではない。たとえば、研究開発費をカットする経営者が、まちがったことをしているかどうかは、必ずしも明らかではない。カットしたプロジェクトが、実はうまくいっていなかったという可能性は十分にある。成功の見込みがないプロジェクトに支出を続けるのが本当にいいのか？　そして株式を売り払う株主たちの側にも、十分正当化できる理由があるのかもしれない。その会社の見通しが悪化したのかもしれない。同様に、企業の株式の買い戻し（これは最近やたらに批判されている）もなぜそんなに悪いのかははっきりわからない。企業が成熟し、投資機会が縮小して、株主にお金を戻すのがこれまでの株式保有に対する立派な報酬となるのかもしれない。

古くさい議論を細かく繰り返すより（とはいえ少しは触れるが）、本章では別のことをしよう。むしろ「実体経済」の資本基盤が有形資産から無形資産に次第に移ることで、金融部門の機能にも何か変化が生じているかに注目しよう。ここでは主に二つのことを議論する。

まず、無形資産への段階的なシフトは、金融部門が批判されている多くの見かけ上の問題を説明してくれる。その理由は第4章で述べた無形資産の経済的性質にまで遡れる。スケーラビリティ、サンク性、スピルオーバー、シナジー、およびそこから生じるもっと広い特性、つまり不確実性と紛争性だ。

第二に、無形経済の資金調達という課題についてもっと深く理解すれば、ケインズが国の資本発展と呼ぶものを改善したい政府にとっても、高い収益率を求める金融投資家にとっても新しい方向性が見えてくるはずだ。

これから順番に、事業投資に大きな意味合いを持つ三種類の資金調達手法を見る。銀行融資、公開株式市場、リスク資本だ。最初の二つについては、無形経済における事業投資への資金提供において、こうした形の資金調達が直面する課題を見る。リスク資本の場合、ベンチャー資本業界が無形リッチな経済に対応してどう発展してきたかを振り返り、それが無形リッチ企業のニーズにどれくらい応えられているかを検討する。

金融市場と事業投資：古いが現代的な問題

だがまず、事業金融のダメな部分と、その悪化についての世間的な知見を振り返ろう。ありがちな批判は、金融システムが実物経済、特に事業投資の足を引っ張っているというものだ。これはきわめて昔からの批判であり、またきわめて最近の批判でもある。これは二つの部分に分かれる。まず金融市場は、近視眼的で愚かだから事業資金を提供するのが下手だというもの、そして第二に、この悪影響は事業の多くの側面が「金融化」するにつれてますます悪化しているというものだ。

この発想はすでに第二次世界大戦前に確立しており、ケインズも株式市場なんてカジノでしかなく、事業投資を決める役には立たないと主張している。またイギリス政府は1929年にマクミラン委員会を設置し、イギリスの金融システムが経済のニーズに応えられているかを検討した。そしてケインズは、この委員会の黒幕として、金融資本と国の乏しい資本発展のつながりについて見解を述べた。

実際、世界各国の政策の多くは、金融システムが事業にあまり貢献しないという発想に基づいている。金融サービスは自由放任資本主義の砦と思われているが、ほとんどの先進国は事業融資の市場には深く広く介入している。ドイツのＫｆＷ（１９４８年創設）、アメリカ中小企業局（ＳＢＡ、１９５３年創設）はどちらも、事業融資を保証したり提供している。１９４５年にイギリスは工業商業金融公社を設立し、成長資本を提供するようになった。２０１６年夏にイギリス政府のウェブサイトを検索すると、金融スキームが３１９件も出てきた。

もっと最近の懸念としては、「金融化」とそれに伴う短期偏重をめぐるものがある。金融化とは、金融部門の規範、指標、インセンティブが経済全体にとってますます重要になっているという意味だ。懸念の一部はたとえば、経営者は株主とのインセンティブが揃ったストックオプションを与えられている機会が増えているというものがある。企業はしばしばあからさまに短期の株主価値を上げるために経営されているとも言われる。そして金融エンジニアリング、たとえば株式の買い戻しや収益操作が、上級経営者の仕事として重要性を増しているとされる。その最終的な結果は、金融が事業に奉仕するよりも、事業が金融に奉仕するようになった、というものだ。つまりは本末転倒。それは、ジョン・ケイが「倒錯性」と呼ぶものだ。お金儲けが、顧客に奉仕して立派な事業を構築した結果または二次的な便益であるという発想が、投げ捨てられているのだ（Kay 2010）。

金融の第三の側面は、ベンチャー資本が未来の経済にとってとても重要になるという見方だ。政府が税金をつかってベンチャー資本部門の構築または育成を試みなかった国は、なかなか思いつかない。ほとんどの先進国はアメリカのようなベンチャー資本部門を刺激しようとして、共同投資スキームや税制優遇を設置している。

こうしたスキームの一部、たとえばイスラエルのヨズマプログラムなどは、本当にうまく行っている。実際、アメリカのベンチャー資本部門ですら、SBAの中小企業投資会社プログラムがきっかけとなっている。一部の政府は企業のエクイティに直接投資している（たとえばドイツのハイテクグリュエンダーフォンズ、フィンランドのTEKESベンチャー資本）。

そして一部のイノベーション学者、たとえばマリアナ・マッツカート（Mazzucato 2015）は、これを大きく増やすべきだと論じている。また駆け出し企業向けの新しい証券取引所を作り、事業が公共部門からのエクイティではなく、公的エクイティ（これは公開取引された資本という意味だ）にアクセスしやすくしようという、政府主導の試みもときどき起こっている。

すでに述べたように、こうした議論の一部は一見したよりはるかに難解なものだ。だが経済がますます無形化していることを考えると、こうした懸念も理解しやすく、どう反応できるかもわかりやすくなる。さらに理解を深めるためには、事業投資にまつわる資金調達を、（a）銀行（b）証券市場（c）ベンチャー資本に分けて考えることにしよう。

銀行：無形世界での融資の問題

ほとんどあらゆる中小企業所有者の意見が一致する問題は、銀行の頭が固くて頼りにならないという話だ。彼らによると銀行は、融資が遅く、事業の現実を知らず、官僚的でリスク回避型だ[3]。事業融資に積極的な政府銀行を設置するという発想が、イギリスでしょっちゅう出てくるのも無理はないようだ。そしてこれは、ドイツ、フランス、アメリカのような国では、ある程度実現している。一般に、無形資産はこの問題を悪化させると思われている。この説では、なぜそう思われているかを見て、それが銀行の事業融資の未来にとって持つ意味を考えよう。

ハムレットのきざな叔父ポロニウスは「借り手にも貸し手にもなるなかれ、というのも融資はしばしば、それ自体のみならず友人をも失わせるから」と述べた。その彼が現代の経済を見たらのけぞるだろう[4]。ほとんどの企業が受ける外部資金調達は多くの場合、負債の形を取る。銀行、さらにはもっと珍しくは債券保有者は、一定期間だけお金を融資して、その終わりには返済を求め、それまでの期間は利子の支払いを求める。もしたとえば事業が破綻して負債が返済されないと、債権者には通常、事業資産の一部に対する権利が発生する。これで損失をすべて埋め合わせることはできなくても、貸し手が負担する金融リスクは大幅に減る。

もし事業資産が有形物ならば、これで特に問題は起きない。バスを考えよう。1986年にイギリスは長距離バス市場を規制緩和した。希望に満ちた新興企業ブリティッシュ・コーチウェイズ社はこの機会をとらえ、既存のナショナル・エクスプレス社と張り合おうとした。だがこの試みは成功しなかった。ブリティッシュ・コーチウェイズ社は2年後に、この事業をあきらめた。その破綻の後で起きたことは、私たちの議論にとって示唆的だ。彼らはバスをリース会社に返したのだ。事業が破綻しても、その最大の投資であるバス群は、かなりの価値を残していた。同様に、ビジネスクラスのディスカウント航空会社マックスジェットが2007年に破綻したら、同社のボーイング767の5機はリース会社に返され、またどこかで空を飛ぶようになった。

建物、機械、土地といった資産も価値評価できるから、資金提供者は航空機エンジンから石油タンカーまであらゆるものを裏付けとした資産担保融資を設定できる。融資は、有形資産のリサイクル可能性を活用するにあたり、別に資産担保を組まなくてもいい。貸し手はしばしば、売却できる資産を持つ企業に対し、一般手数料を取る（アメリカでは負の抵当権と呼ばれる）。あるいは事業とは関係ない資産を担保に取ることさえある。

実際、イギリス（およびアメリカ）の銀行が行う事業融資の相当部分は、偽装した住宅ローンだ。銀行は通常、事業所有者の家に抵当権を設定するのが通例だからだ（Fraser 2012; Black, de Meza, and Jeffreys 1996）。こうした既存の仕組みは、ポロニウスの警告を迂回するのに役立つ。融資はやはりダメになることも多いが、借り手が有形資産を持っていればお金は失われず、もはやどん底に落ちた借り手と友だちではなくなったとしても、少なくとも冷静な付き合いは続けられる。

負債が少なくエクイティは多い

だが主に無形資産を保有する事業は、ポロニウスが想像した世界にずっと近い。第4章で見たように、無形投資はしばしばサンク、つまり埋没している。多くの無形資産は、何らかの理由で不要になってもなかなか売れない。特に自分の事業が破綻した場合にはなおさらだ。トヨタはリーン生産システムに何百万も投資するが、そうした投資を工場から引き離して売却するのは不可能だ。スターバックスはその運営を、各店舗やフランチャイズ店にある巨大なマニュアルにコード化し、それがもたらす均質性と顧客体験は同社の利潤を増やしているようだが、そのマニュアルが他のだれかにとって、同じくらいの価値を持つとは考えにくい。

特許や著作権のように売れる無形資産ですら、債権者にとっては問題が多い。特許や著作権は、車や建物や多くの工作機械とは違った独自性を持つので、価値評価しにくいものが多い。車やオフィスビルのような資産に存在する流動性の高い市場や、鉱山や化学タンカーの価値を評価する専門アドバイザーのようなものは、知的財産の世界では存在しない。新しく未発達の分野だし、概念的にもっと難しい。結果として、きちんと切り分けられる無形資産ですら、融資の担保にするのはずっと難しい。

この差は、産業ごとの大企業における平均的な借入比率にもあらわれている。ほとんど有形資産の産業は高い負債比率を持つ。つまりエクイティより負債による資金調達が大きい。無形集約産業は負債が少なくて、エクイティが多い。

この問題は、経済全体がもっと無形集約化すればさらに悪化する。銀行は無形集約企業に貸したがらず、貸せない。しかし、無形集約企業がどんどん増えてきたら、銀行が有望な事業に資金を出さなかったという文句も増えるはずだ。そして現在の規制は、銀行が銀行危機に備えて保有すべき資本準備高に、(ほとんどすべての)無形資産を算入するのを認めていない。[5]

売り物にならない無形資産が大量に生じれば、いずれは銀行システムの安定性にとっても問題となりかねない。銀行の取り付け騒ぎは経済的な大惨事だ。規制当局は銀行に、帳簿上のあらゆる融資に対して一定額の引当金を積むよう義務づけている。この引当金の量は、融資の種類による。転売しやすい価値ある資産を担保とした融資は一般に、引当金も少なくて済む。担保の少ない融資は引当金が多い。さて、多くの銀行事業融資は無担保なので(銀行は、企業全体の資産に対して負の抵当権により権利を持っているが、個別の資産に対する権利はない)、銀行の無担保事業融資の簿価のリスクはだんだん大きくなりそうだ。具体的には、大規模な事業破綻が生じて資産の清算が必要となったら、融資の価値は下がる。

特許や未来のロイヤルティを担保にする

実際には、無形リッチな経済における銀行融資減少の問題を解決する方法は三つある。最初のものは伝統的な政府介入だ。すでに見たとおり、税金を使って、共同出資や融資保証をつけて、銀行にもっと融資をうながすというやり方は、ほとんどの先進国では何十年にもわたる伝統がある。政府がこの方面でもっと頑張るべきだという考え方は、イギリス左派の昔からの主張だし、右派からも聞かれたりする。

だがますます無形リッチな経済では、このアプローチには課題がある。もし毎年、国の資本ストックがますます無形になると、政府が埋めようとするギャップも大きくなる。それを埋めるためには、国の投資銀行や融資保証プログラムは、毎年どんどん大きくならねばならない。これは絶対に不可能とは言わないが、政府融資プログラムの支持者たちが提案していることでも、期待していることでも、支持していることでもない。

この問題に対処する二番目の方法は、新種の融資を考案することだ。金融イノベーションというのは、金融危機以来、白い目で見られる言葉になっている。アメリカの元連邦準備制度理事会議長のポール・ボルカーは、金融危機に先立つ数十年で有益な金融イノベーションなんて、ATMだけだとすら述べた。だが実は、貸し手は長年の間に、少なくとも一部の種類の無形資産を担保として使う、新しい方法を考案した。

ある最近のワーキングペーパー（Mann 2014）は、アメリカの特許商標局に登録された特許の16%は、どこかの時点で担保として使われていたという。

いくつかの研究は、アメリカの銀行規制緩和が、イノベーション投資にどう影響したかを見ている。一つは、州をまたがる銀行業務の規制緩和により、革新的な企業（保有特許の数と品質による）に対する融資が増えたことを示し、競争が高まったせいで銀行は（少なくともある種類の）

無形投資を行う企業への融資意欲を高めていることが示唆された（Amore, Schneider, and Zaldokas 2012）。

また無形資産を担保にした融資を主眼とした、具体的な金融イノベーションもますます増えている。２０１６年にデヴィッド・ボウイが死んだとき、彼の音楽イノベーションへのトリビュートはたくさんあったが、彼が行った無形ファイナンスへの貢献に対するトリビュートはいささか少なかった。未来のロイヤルティを担保に５５００万ドルを調達したのだ。シンガポール政府とマレーシア政府は（知的財産局などイギリスの組織と共同で）知的財産を担保にした銀行融資を補助または保証するプログラムを開始し、そうした補助金で無形資産担保融資の提供を増やそうとしている。

全体として、こうした種類の融資は、特許や著作権といった知的財産権を伴う無形資産に最も適している。これは一般に、ほとんどの企業が行う無形投資の中ではごく一部にとどまる。だがこうした種類の無形投資に資金を出すための、もっと発達した制度は、ますます無形化する経済ではますます需要が高まり、それを設計して提供する貸し手にとっても、またケインズを再び引用するなら、国の資本発展にとっても恩恵をもたらす。

負債の優遇をなくす

無形資産を担保に融資する難しさへの対応の最後は、最も過激なものだ。企業が財務構成を変えればいい。具体的には、エクイティ依存を増やし、負債依存度を減らすのだ。事業が破綻したら、エクイティ保有者はどうしようもない――何も得られない。だから事業資産の清算価値など、比較的どうでもよい。おかげでエクイティのほうが、有形資産の少ない事業の資金調達方法としては優れたものになる。

だが経済でのエクイティ資金の量を増やすというのは、実際にやるとなると難しい。これは数年どころか数十年がかりの仕事となる。障壁の一部は制度的なものだ。

きわめて小さいベンチャー資本の世界（これについては後述）、さらにもっと小さくもっと目新しいエクイティのクラウドファンディング分野を除けば、ほとんどの企業はエクイティでの資金調達はしないし、ほとんどの金融機関もそれを提供はしてくれない。

かなり小さな企業であっても信用力を格付けしてくれる機関は確立しているし、銀行が融資判断をするための高速で安いアルゴリズムもある。これに相当するものはエクイティ投資にはないし、これに相当する分析業務（企業が固定の借金を返済できるかではなく、その企業の将来価値を判断する）はもっと複雑になる。そして文化的な要因も障害となる。事業主はエクイティと負債での資金調達には優劣がないということを示す、きわめてエレガントなファイナンス経済学の理論があるが、それでも多くの中小企業オーナーにとって、エクイティを外に出すことに関する認知的、文化的なバイアスがあるらしい(6)。

だが除去できる大きな規制障壁が一つある。ほとんどの先進国の税制は、エクイティより負債による資金調達を優遇する。企業は融資の利息分を事業経費として計上し、納税額を減らせるが、エクイティ資本の費用は費用計上できない。この歪みを直す（たとえば、エクイティ費用の税控除を認めるとか、負債の税優遇をなくしてその代わりに全体としての税率を下げる）というのは税務専門家の昔からの目標だ。

影響の大きいイギリス税制に関する財政調査研究所によるマーリーズ報告（Mirrlees et al. 2011）もこれを提言したが、これまでは他の大規模法人税改革と同じくらい難しかった。つまりはきわめて難しいということだ。というのも、既存利権がいろいろからまっているからだ。[7] だが無形資産の重要性が増すと、こうした改革を行う必要性もだんだん高まるかもしれない。政策担当者としても、いまこそ歯をくいしばって実行すべきではないか。

近視眼的な市場

事業投資の足を引っ張ると糾弾されているのは銀行だけではない。証券市場とエクイティ保有者も、問題の一部だと広く見られている。

化学企業ＩＣＩの事例を見よう。同社はかつてイギリス化学産業の旗艦とみられていた。ビリンガム、ランコーン、ブラックレーにあるＩＣＩ工場はイギリス北部の工業ランドマークで、同社の株式はロンドン証券取引所の目玉だった。何十年にもわたり同社は研究に投資し、市場に多種多様な革新的商品をもたらした。たとえばクリンプレン、タモキシフェン、ペルスペックスなどだ。新しい事業手法も開拓し、それを他社も模倣して大きな利益を挙げたし、ＩＣＩで訓練を受けた化学者、エンジニア、経営者たちはイギリス産業の全域にいた。

だが１９９０年代に様相が一変した。アクティビスト投資家からの乗っ取りを恐れたＩＣＩは、短期株主価値の追求に専念するようになった。このため、同社は狂ったように企業買収市場に飛び込んで、何十億ドル相当の事業部門を売却処分し、他の事業を買いこんだ。的を絞って効率性を上げるのは難しく、同社はますます負債負担に直面し、また買収した事業の統合にも苦労した。２０００年代には、ＩＣＩの凋落は明らかとなり、２００８年に同社の残骸がアクゾノーベル社に、わずか（というのは過去の時価に比べてだが）80億ポンドで買収されても、もはやだれも驚かなかった。

経済学者ジョン・ケイのような批判者にとって（Kay 2003）、ＩＣＩは証券市場が事業投資にいまや行使している悪影響の好例だ。ＩＣＩ栄光の日々には、同社はケイに言わせると「証券市場など見下していた」。株価をやたらに気にするようになってから、同社は二種類の方法で凋落した。儲かるイノベーションの数が減り、自社の株主にとっての価値が下がり、さらにイギリス産業界における、経営および科学的才能の保育園、工業サプライチェーンの重鎮、よいガバナンスの声という大きな役割を捨ててしまったのだ。

ＩＣＩ事例は、エクイティ市場の主要な批判の要素をすべて含んでいる。短期の金銭的な結果を長期投資よりも優先し、金融化――金融市場が企業生活においてますます重要性と影響力を持つようになっていること――のために経営者は、株主の短気な気まぐれに過剰反応するようになっている。

こうした懸念は、各種の困ったデータで裏付けられる。レイチェル・サンプソンとユアン・シ（Sampson and Shi 2016）は、株式市場がますますアメリカ企業のキャッシュフローを割り引くようになっていると示唆している。イングランド銀行の主任エコノミスト、アンドリュー・ホールデンの研究（R. Davies et al. 2014）やイギリス政府経済諮問評議会の議長リチャード・デイヴィースの研究も、似たような結果を得ているし、また経済学者デヴィッド・マイルズ（Miles 1993）も同様だ。２００５年のグレアム、ハーヴェイ、ラジゴパルの研究は、この見方がまちがっていないことを示唆した。重役の78％は、収益目標を達成するためなら長期価値を犠牲にすると述べたのだ。

批判者はさらに、企業は投資するかわりに、株主にお金を返している様子さえあると述べている。２０１４年にアメリカのＳ＆Ｐ５００指数に含まれる企業は、利潤で得た金額とほぼ同額を自社株の買い戻しに使っている。[8] この最終結果は、公開企業は本来するべき投資を控え、現金を貯め込むか、それを株主に返したがっているということだ。[9] イノベーション経済学者マリアナ・マッツカートもこうした主張をしている（Mazzucato 2013; 2015）。

政策担当者や評論家は、市場の短期至上主義問題への解決策をいろいろ提案している。たとえば株式売却に関する税金をいろいろ変えることで、長期の株式保有を奨励するとか、自社株買い戻しを制限または禁止する、オプションの期間を制限する、あるいは単純にエクイティ保有者たちにもっと責任ある行動をとれと呼びかける、といったことだ。

だが、これから見るように、無形投資の重要性の増大は短期至上主義の問題の性質を変える。どうやら無形資産の風変わりな特徴は、過小投資のある種の問題を悪化させるが、同時に別の解決策を必要とする新しい問題も作り出すようだ。

短期至上主義と言うとき、人は何を考えているのか?

エクイティ市場に対するこの批判には二つの重要な論点がある。まず、さっき述べた銀行融資の批判とは違い、これは資金の提供に対する批判ではなく、金融システムが事業判断に与える間接的な影響についての批判だ。銀行融資は直接的な資金源だ。銀行が融資をしない判断をしたら、それは投資資金を直接的に奪うことで、企業の投資を阻む。

これに対してエクイティ市場は、企業が持つお金の量に直接は影響しない。むしろ市場は経営者に対し、投資が会社の短期的な株価低下につながると思えば投資を見送るように促す。特にこれは、上級経営者が株やストックオプションを持っていればなおさらだ。

第二に、エクイティ市場に過剰に影響される企業は、二つの違った破綻モデルを持つ。まず会社自身の株主が長期的に損をする。というのも、その企業が儲かると十分に期待できる投資を見送るからだ(ファイナンス経済学の用語で言えば、正のNPV(正味現在価値)を持つプロジェクトを見送ってしまう)。ジョン・ケイによると、ICIが新材料への投資を止めたのはこの一例となるだろう。もしそうしたプロジェクトが、本当にICIにとって儲かるものとなると信じるなら、そういうことだ。

別の破綻モードは、エクイティ市場の圧力のために企業がもっと広い社会的便益を持つものに投資しないことで起こる――たとえばICIが、将来他の企業を運営することになる経営者やエンジニアの訓練をしないとか、他の人々も将来使う基礎研究をしないとかいうことだ。この二つの破綻モデルには重要な違いがある。二番目の例では、同社はもっと大きな経済の利害を代表はしていなくても、自社の株主の最善の利益のために行動しているのかもしれない(少なくとも短期的には)。最初の例だと、企業はそれすらしていない。この区別は、これから見る通り無形投資の文脈では特に重要となる。

エクイティ市場と無形資産の出合い

エクイティ市場が短期至上主義だと批判する人々は、問題は無形投資に頼る企業にとってはさらにひどくなると論じることもある。たとえば研究開発は長期投資で、その便益は事前に予測するのが難しく、その費用はバランスシート上で資本化されるのではなく、損益計算書上で経費処理される。研究開発(およびその他のほとんどの無形資産)をカットすると、直接的には企業のバランスシートにまったく影響することなく、会社の利潤は増える。

さらに第4章で見たように、成功した研究開発ですら、企業の指をすりぬけて競合他社の利益になることがある。研究によると、企業が研究開発支出をカットするのは、株式市場が敵にまわったときだ。また研究開発投資とキャッシュフローの間にはことさら強い相関がある。少なくともこうした研究の大半が行われた1990年代までは、企業のキャッシュフローが多いと、研究開発費も増えた。これは事業が外部資金へのアクセスを持たず、このため内部に資金がある場合にのみ投資できるという考え方と整合がとれている（たとえばB. H. Hall and Lerner 2010参照）。

エクイティ市場は、他の種類の無形投資を排除したがるようだ。ウィリアム・ラゾニックは、金融市場の圧力のため、現代の企業は研修や従業員の慰留にお金を使わず、ヒューレット・パッカード社やＩＢＭのような企業の絶頂期におけるソフトウェアエンジニアたちの終身雇用と、現代の技術屋たちのフェイスブック、グーグル、新興企業の間のひっきりなしの転職とを対比させ、だから上司たちは彼らの研修にお金を出す気にならないのだと述べている。

アレックス・エドマンズ（Edmans 2011）の最高の職場ランキングの上位に出た企業の株価推移を見てみた。こうしたランキングは研究者やジャーナリストがまとめたもので、私たちが組織開発と研修に分類した経営やプロセスへの投資を反映する傾向がある。エドマンズは、そうした企業の株価は一貫して他の企業の株価よりも好調であり、その優れた成績をもたらしているのは従業員満足度であって、その逆ではないということを発見した。

これは意外な結果だ。もし市場がよい経営や職場慣行から生まれる組織資本を公平に価値評価するなら、この種の一覧で上位にランキングされる便益（そして市場に対して自分の会社の経営がうまくいっていると報せる便益）はその掲載直後に企業の株価に反映されるはずだ。株価の長期的な上昇が見られるということは、よい経営慣行は企業業績を改善するが（だからこそ長期の株価上昇がある）、エクイティ市場はこの種の無形資産の便益を過小評価していることになる（というのも、エクイティアナリストたちは、結果が財務諸表に反映されるのを待たずとも、ランキングに登場した時に経営のよさがわかるはずだからだ）。

だがもちろん、相関は因果関係ではない。公開企業が研究開発、研修などの無形投資が少ないからといって、それがエクイティ市場に惑わされているということにはならない。経営者が投資を減らすのは、その投資が儲かりそうにないからだったり、もっと狭く言えば、だれか他の人には利益をもたらすが、必ずしも自分に利益となるとは限らないからだ。ビジネス誌は新製品を発表したり新サービスを開始したりしたのに、結果は過剰な楽観論を後悔するだけに終わったという企業の事例だらけだ。エクイティ市場がこうした無形投資を止めさせる役割を果たしたなら、それは必ずしも悪いこととは限らない。

株式公開とイノベーション戦略

何が起きているのか確信するためには、公開企業が行っている無形投資の質を補正できるデータか、似たような投資見通しを持つ似たような企業を比較し、その一部が公開企業であり別の一部は違う、といったものを比較できるようなデータが必要だ。

ありがたいことに、最近になってまさにそうした論文が大量に登場している。一つ（Edmans, Fang, and Lewellen 2013）は、まさに現行犯の証拠のようなものを提示している。これは企業の研究開発費が、上級経営者のエクイティの権利確定期間と共にどう変わるかを見たものだ。公開企業の経営者はしばしばエクイティ（株式またはオプション）で報酬を受け取る。権利確定期間が過ぎるまで、経営者はオプションを行使したり株を売却したりできない。だから権利確定期間が過ぎた時点の株価に対し、経営者たちはとても敏感になる。実は経営者たちは自分の権利確定期間が終わるその四半期に、研究開発支出をカットする確率が異様に高いことが示された。エクイティの権利確定期間は何年も前に設定されているので、これは経営者が収益を改善させるために無形投資を削減し、自社の株価を肝心なときにもう一押しさせようとしている証拠に思える。

二番目の研究（Bernstein 2015）もまた啓発的だが、中身は少しちがう。バーンスタインは、民間企業が株式公開を行うときには時間がかかるという洞察から始めた——そして起業からIPOまでは紆余曲折がある。一部の企業にとって、経済的に事態がスムーズに運んでIPOにこぎつけることもある。だが他の企業の場合、証券市場がIPO直前で暴落したりすると、一般にこうした企業は株式公開を取りやめる。これは各種の似たような企業を比べる自然実験となる。一部は株式が公開され、一部は公開されない。さらにもっと重要なこととして、その公開と未公開の差はその企業にはどうしようもない外部要因で生じている。ここから、公開企業同士を比べたり未公開企業を比べたりするのではなく、公開企業と、自分ではどうしようもない逆風のおかげで未公開にとどまる企業とを比べることで、株式公開の因果関係を調べることができる。

彼は興味深い点を二つ見つけている。まず、未公開から公開への移行はその企業の特許出願に影響を与えない。特許出願は、成功した無形投資、この場合は研究開発の指標となる。公開企業は、その未公開の「双子」企業と出願件数は同じだ。だが二番目として、公開企業が出願しがちな特許の種類が変わる。公開企業の特許は未公開企業の特許より引用件数が少なくて、公開企業の研究開発系の職員は離職率が高い。だが公開企業のほうがもっと高品質の特許をたくさん買う。これは第4章で述べたオープンイノベーションモデルと整合している。だからバーンスタインの研究は、公開企業はイノベーションの努力よりも、イノベーションの戦略を変えることを示している。少なくとも特許で見る限りはそうなる。

企業株主の技能はどうやって計測するか

すると、ここでは何が起きているのか？　市場の短期至上主義は、無形投資に関する限り本当らしい。経営者は研究開発をカットする。だが公開企業は質の高い特許が手元に残るようだ。この両者を折り合わせる方法の一つは、ファイナンス経済学者アレックス・エドマンズが開拓した別の系統の研究を使うことだ。この研究では、企業の投資家がだれか、ということが差をもたらすかもしれないと示唆している。

公開企業の経営者に、収益目標達成がなぜ重要なのかと尋ねれば、しばしば投資家に正しいシグナルを送って安心させるためだと述べる。経営者が投資を計画しているときにやることの多くは、部外者にはなかなか説明しにくく、商業的にも極秘だが、企業が約束通りの利潤をあげるかどうかは比較的報告しやすいしチェックもしやすい。株主はある会社の新製品が成功しそうかどうか、かなりの情報と技能がないと判断できないかもしれない。だが財務諸表さえ読めれば、収益目標が達成されたかどうかはだれでも分かる。情報を持った技能ある株主なら、無形資産のようなリスクの高い複雑なものへの投資を容認するのではと思うかもしれない。

企業株主の技能をどうやって計測したらよいか？ 各種の研究者は代理指標を使っている。特に、企業の発行株式のうち機関投資家（個人投資家ではない）の保有比率はどれだけか、その保有がどのくらい集中しているかを見る場合が多い。理屈としては、金融機関は普通のそこらの人間よりも洗練されているし、ある機関が保有する株式比率が高ければ、それだけその企業と事業リスクを理解しようというインセンティブも高まる、というものだ（研究は証券会社にとっても、他のみんなにとってと同様に、スケーラブルで無形の投資なのだ！）。

手間暇かけて情報を集める投資家は、1株しか持っていなくてもその情報の恩恵を受ける。だが100万株持っている場合でも、かける手間暇はあまり変わらないのに、便益はずっと大きい。これは株主が分散していたら、情報収集のインセンティブが低くなることを示唆する。この議論はアレックス・エドマンズが定式化して示したものだ（Edmans 2009）[10]。

ブロック株主は研究開発を増やす

どうやら機関投資家が多いのと、集中した投資家がいるのは、どちらも研究開発を促進するようだ。ある論文（Aghion, Van Reenen, and Zingales 2013）はS＆P５００にギリギリ入った企業と、ギリギリ入らなかった企業とを比べた。全体として、こうした企業は似たような性質を持つが、大きな差が一つある。指数に入ることで、機関投資家の株式保有が増えたのだ。

機関投資家の保有が多いと、研究開発投資が増えることがわかった。エドマンズ（Edmans 2014）は集中した所有権も似たような影響を持つという証拠をまとめている。かなり大きな持ち株比率の株主（通称ブロック株主）がいる企業は、所有が分散した企業に比べて研究開発投資が多い。

これは、エクイティ市場が無形投資に与える影響が一つではないことを示している。市場が短期至上主義で、経営者がときには無形投資をカットすることで利潤を維持したりかさ上げしたり、あるいは投資をカットして自社株買戻しをすることもある、という証拠もある。だが経営インセンティブが株式市場により先鋭化されているという証拠もある。経営者が株式を持つ公開企業は、成功しそうな無形投資に集中する。そして市場の近視眼の度合いも様々であり、もっと集中した高度な投資家を持つ企業は、分散した洗練されない株主の企業に比べ、無形投資をカットする圧力が少ないようだ。

集中した株主またはブロック株主を持つと業績が改善するという議論は論理的にも筋が通っている。結局のところ、株主が株を売買しても、それだけで短期至上主義だと非難はできない。その企業の業績見通しが本当に変わったのかもしれない。だから重要なのは、株式の保有期間ではない。むしろ売り手や買い手が根拠としている情報ベースなのだ。ブロック保有者は、企業の長期見通しを知りたいというインセンティブが強く、そうした見通しは最近では企業の無形資産に組み込まれている。だから彼らは長期の情報に基づいて売買を行い、しっかりした長期投資を行う経営者を支援し、短期の視野しかない経営者は罰することになる。ブロック保有がもたらす、株主と経営者の間でのインセンティブの一致は、無形投資だとなおさら重要となる。というのも、それは投資家に見えにくいことが多く、解明には手間がかかるからだ。なぜ見えにくいかについては第9章で扱う。

ベンチャー資本の有用性とその限界

無形集約企業に対する銀行融資の限界と、公開企業を苛む過小投資問題を考えると、多くの人がニューエコノミーの資金提供にベンチャー資本をあてにするのも当然だろう。

結局のところ、ベンチャー資本は世界でもっとも急成長した無形集約企業と並んで成長してきた資金調達形態だ。シリコンバレーのほとんどの無形リッチ企業と、それ以外の場所の高成長企業の多くは、最初期の投資をサンドヒル・ロードのベンチャー資本から受けている。この種の資金調達は、インテル、グーグル、ジェネンテック、ウーバーのような企業といっしょに成長してきた。こうした企業の競争優位は無形資産に依存している。つまり価値ある研究開発、目新しい製品デザイン、ソフトウェア、組織開発だ。

実際、ダーウィンのガラパゴス諸島におけるフィンチ鳥の嘴はある特定のサボテンを食べるために進化したが、それと同じように、ベンチャー資本の独特の性質の多くは、ベンチャー資本が資金を提供した企業が行いがちな、無形投資の変わった性質と直接関係しているのだ。

だがこの適応は完璧ではない。最高のベンチャー資本出資企業は急拡大して世界中に広がったが、資金調達形態としてのベンチャー資本の広がりはずっと遅い。多くの政府は地元のベンチャー資本産業を育てようとしてきたが、成功はごくわずかだ。ベンチャー資本が鳴り物入りで応用された産業部門、たとえばグリーン技術やエネルギーは、これまでがっかりするような結果しか示していない。めざましい成功はこれまでのところかなり少ない。無形投資について考えることで、ベンチャー資本の限界や、なぜそれを万能薬として見てはいけないかについても理解しやすくなる。

フィンチ鳥の嘴：なぜベンチャー資本は無形投資に有効か

ベンチャー資本のいくつかの特徴は、無形集約事業にことさら向いたものとなっている。ベンチャー資本企業は、負債ではなくエクイティ出資を行う。というのも無形リッチな企業は、破綻したら大した価値はないからだ。すべてはサンク投資となる。同様に、自分の投資家を満足させるために、ベンチャー企業はホームラン級の成功に頼る。それが可能なのは、グーグルのアルゴリズム、ウーバーの運転手ネットワーク、ジェネンテックの特許のような、資産のスケーラビリティにより可能になったものだ。

第三に、ベンチャー資本の資金提供はステージごとに行われる。これは無形投資の本質的な不確実性への対応だ。新興企業の不確実性は、時間がたつとだんだん下がっていくのが特徴だ。ピーター・ティールが２００４年にフェイスブックに初の外部投資50万ドルを提供したとき、同社の運命は２００７年にマイクロソフト社が２・４億ドルを投資したときに比べて、はるかに不確実なものだった。段階的に投資を行えば、事業発展を段階的に進められるので、不確実性の解消に役立つ。投資家にとって、それは「オプション価値」をつくり出す。つまり情報が明らかになるまで追加投資を遅らせることには価値がある、ということだ。こうしたオプションは、イノベーションの費用が比較的高い事業においてはことさら価値のあるものとなる。

ベンチャー資本を理解する方法の一つは、それが機能する場所と機能しない場所を見ることだ。バイオ技術では多くのベンチャー資本が多くの資金を提供している。これは機能するようだ。サンク性理論のため、資本市場に何度も戻ってこなければならないのに、そのたびに売れる資産や製品が何もないような産業では、資金提供のリスクは大きい。だがバイオ技術では、このプロセスは多くの明確な段階があるし、プロセスの各ステージで部分的に承認された特許などを売ることができる発達した制度機関などもある。さらに知的財産権が発達しているので、各段階での知識は評価され、販売可能となる。

これに対して、グリーンエネルギーではベンチャー資本の活動はずっと小さい。だがこれは、きわめて不確実性が大きく、ステージも明確には切り分けられず、財産権も十分に確立していない分野だ。

無形投資の性質は、ベンチャー資本が投資先の事業にどのように付加価値をもたらすかも説明できる。ベンチャー資本の奇妙な点の一つは、ファンドの強いパフォーマンスが持続するということだ――つまり、ベンチャー資本ファンドのトップ25％の顔ぶれは毎年、何十年たっても、ほとんど変わらない。これは金融市場ではまったく異様なことだ。

最近のイギリスの調査では、ミューチュアルファンド業界で業績トップ20％のファンドマネージャーは、1年後には最低20％に入っていた（Vanguard 2015）。プライベートエクイティファンドも、時間とともに同じような変動性を示している。だが高い業績をあげるベンチャー資本企業は、どのファンドでも毎年のように好成績を挙げる。

これはベンチャー資本がプロで、高給取りの人々だから、投資を選ぶのが上手かったり、企業の重役会に名前を連ねたりしているせいだと思うかもしれない。だがそれを言うなら、ミューチュアルファンドやプライベートエクイティファンドを運用する人々も、専門家だし高給取りだが、好成績は続かない。

好成績の秘密

一つの可能性は、ベンチャー資本支援の事業が投資する無形資産の性質のために好成績が続く、というものだ。無形投資がしばしば、相互に大きなシナジーを持つというのを見てきた。たとえば、グーグルの検索アルゴリズムを電子メールアプリケーションと組み合わせることでGmailが生まれた。これは2004年に立ち上がったときには競合他社より劇的に優れたもので、収益性も高かった。また無形投資はしばしば紛争性を持つことも見た。ウーバーが運転手パートナーのネットワークを「所有」するのは、タクシー会社が自社の車両群を所有するよりも困難だし、ウーバーの資産価値は、車両群ではあり得ないような形でだれでも手に入れられる。

成功したベンチャー資本ファンドとそのパートナーを見ると、きわめてネットワークが豊富で、その投資分野では個人的な信用も高い人物であることがわかる。1980年代、日本経済が華やかさを失う前に、ベテランのベンチャー資本家ジョン・ドーアは自分の企業クライナー・パーキンスがアメリカ版「ケイレツ」を作ったのだと語っていた。

ケイレツとはかつて日本産業を支配していた、相互にからみあった企業ネットワークだ。言い換えるなら、同社はポートフォリオ企業との間に非公式のつながりを構築し、無形資産のシナジーを活用できるようにしたのだ。[11] 最近では日本のケイレツをほめそやす人はいないが、シリコンバレーにはケイレッツキャピタルというベンチャー資本企業があるし、アメリカ、イスラエル、ロンドン、ストックホルムの最高のファンドは、企業の厩舎を育て、それら企業の共通性を活用しようとする。

最高のベンチャー資本企業が享受する社会的なつながりと評判は、シナジーを活用するためのネットワーク構築に役立つだけでなく、紛争資産の価値すら高める。特にソフトウェアやインターネットサービスのような分野では、無形投資の価値はそれがもっと大きな技術エコシステムにどうはめこまれるかに大きく依存する。

新しいアプリは、グーグルカレンダーと統合できれば価値がずっと高まるかもしれない。分析ソフト事業は、オンライン企業や流通企業とのパートナーシップを構築できたら価値が高まるかもしれない。コネの多いベンチャー資本企業は、自分の新興企業がオープンイノベーションネットワークに参加できるようにする。これは出資企業を業界のバイヤーに売りやすくなり、ファンドの収益を稼ぐという意味でベンチャー資本に直接的な便益をもたらす。また出口に達するためにファンド自身が用意しなければならない資本量を抑えるのにも役立つ。ベンチャー資本ファンドのコネや評判やそのパートナーは、投資先企業の無形投資に付加価値を与える。さらに、この優位性は時間がたっても継続するはずだ。というのもそれは、パートナーのネットワークだけでなく、その企業が投資した企業のポートフォリオにも依存するからだ。

実際に、シリコンバレーのベンチャー資本部門や、それが後押しする企業に多様性がないという批判は繰り返し聞かれるが、これは社会資本の重要性を反映したものと言える。ベンチャー資本がギャングまがいに結託しているように見えるのは、別にベンチャー資本家たちが異様にひどいギャングまがいの連中だからというわけではなく、ベンチャー資本事業の根底にあるモデルが、高密な社会ネットワークの上で栄えるものだからで、そうしたものは逆行する努力がない限りは（いやそれがあっても）、常になんとなくギャングめいた方向に流れがちだからなのだ。

ベンチャー資本にできないこと

つまりベンチャー資本が無形リッチ事業への投資に向いていると主張すべき強い理由があり、したがって金融イノベーションのよい種類として掲げられるのは適切だと言える。だがベンチャー資本は事業投資の万能薬ではないし、ベンチャー資本単独では、無形経済の資本発展にどう資金提供するかという問題の解決に苦労するはずだ。

ベンチャー資本企業とベンチャー出資企業が直面する問題は三つあり、その一部は無形投資そのものの性質から生じるものだ。

最初のものは、スピルオーバーの問題だ。ベンチャー出資企業の経営者たちは、価値の高い企業をつくり出す強いインセンティブがある。なんといってもきわめて成功した創業者は大金持ちになれるのだから。だが公開企業の文脈で見たように、経営者のインセンティブが強すぎるせいで、収益が他の企業に取られてしまう可能性が高い無形投資に投資する意欲が下がる。だからベンチャー資本出資企業にベル研究所式の基礎研究を期待するのは非現実的だ。シリコンバレー（およびイスラエルなどの技術エコシステム）は基礎的無形資産として公的資金による大学研究に頼ることがずっと多い。

必要となる無形投資の規模がきわめて大きく、きわめて不確実な場合にも同じことが言える。商業性を持つ第四世代原子炉や、新しいグリーンエネルギープロセスなどを開発するには、ほとんどのベンチャー資本ファンドの能力を超えたずっと大きな投資が必要だし、スピルオーバーも大きい。

成熟に時間がかかる

最後に、ベンチャー資本ファンドが紛争性とスピルオーバーを抑える見事な能力は、アルゴリズムやブランドとは違い、スケールアップがとても難しい。シリコンバレーのベンチャー資本部門は成熟までに40年かかり、しかも大量の公的補助があった。直接的には中小企業投資公社による支援、間接的にはベンチャー資本出資企業の売上ストリームを提供した国防省契約という形だ。

こんなに時間がかかった理由の一部は、ベンチャー資本を技術産業のエコシステムに埋め込むプロセスだ。これにより起業家はファンドを求め、大企業は新興企業を買収し、何世代もの起業家やベンチャー資本家がお互いに助言し合ってきた。これを新しい産業で再現するのは、非常に協力的な政府の助けがあっても、時間がかかる。過去30年にわたり、同じようなものを独自につくり出そうとかなりの税金を使ってきた多くの先進国が、ジョシュ・ラーナーが実に見事なタイトルの『破れた夢の大通り』で述べたように、限られた成功しか収められなかったのも無理はない。

もしベンチャー資本が無形投資のある側面には実にしっくりくるのに、スケーリングが難しいとすれば、政策立案者はどうすればよいのだろうか？　一方では、すでに世界的に重要なベンチャー資本部門を持たない国や場所において、資本開発のためにベンチャー資本が短期的にできることについては、あまり大きな期待を持つべきではない。ベンチャー資本産業を育てるのは20年がかりのプロジェクトであり、選挙の合間にできることではない。そして公的補助金は役には立つが、時間の代わりにはならない。

またベンチャー資本が、現時点ではほとんど実績のない既存の産業部門を一変させる可能性については慎重になるべきだ。ここでもまた、ベンチャー資本が依存しているらしい社会的つながりを、新産業で確立するには時間がかかる。この挑戦はイノベーションがずっと大きな投資を必要とする部門、たとえば発電などでは桁違いに難しい。

ベンチャー資本が原子力などの分野では機能しないと断言するのは先入観が過ぎるが、空前の規模のファンドが必要になるし、先駆者たちが途中で損をする機会も山ほど出てくる。うまく機能するベンチャー資本部門があっても、政府がスピルオーバーの豊かな無形投資資金を出す必要性や、確立した大企業がそれに資金を出す別の方法を見つける必要性は残る。政府は直接資金を出すことでそれを実現してもいいし、あるいは他の公的な資金を得ている機関を通じてそれを行ってもいい。たとえば大学などがそれにあたる。

結論：無形経済の資本発展

最後に長期のことを考えよう。もし無形投資がますます企業にとって重要になると考えるなら、どんな金融機関や資金提供メカニズムがその支援に必要となるだろうか、そしてこれは投資家にどんな機会を作り出すだろうか？

まず、事業の資金調達手段として銀行融資から離れる動きは見られるはずだ。これで生まれたすき間は、知的財産を担保とする新しい負債商品の創造で埋まるだろうが、ほとんどは中小企業の資金調達手段としてエクイティへのシフトが生じるだろう。これには今後の大幅な税制改革が必要だ。たとえば負債に有利な税制を終わらせ、新興企業にもっと税制優遇を導入すべきだ。そして小規模エクイティ投資を行い、融資審査を支援するような新しい金融機関の進化も必要になる。

公開エクイティ投資は主に機関投資家が有力プレイヤーになると予想される。その一部は、無形資産リッチな企業に高い持ち株比率で参加し、大きな投資を可能にする。これはブロック保有を阻害する規制の除去が必要だし、また機関投資家が無形投資を評価し価値判断するためのツール改善にも依存する。こうしたツールの一部は、財務会計基準の変更もたらすかもしれない。これにより、公開企業のバランスシートが、（いまやおおむね無形の）投資をもっとよく反映できるようになる（Lev 2001; Lev and Gu 2016）。

少なくとも一部の無形投資が過小評価されていることを踏まえれば、一時的にはファンドが無形リッチな企業の株を買って長期保有することにより、過剰収益を得る機会があるはずだ。その結果、さらなる無形投資の経営計画も支援される。また大型非公開企業が増えることも期待できる。大きなブロック保有者を持つ一部の企業は、株式公開の便益はディスクロージャーの費用を下回ると判断するからだ。ディスクロージャーの費用はスピルオーバーの大きな無形資産の時代では高くつくかもしれない。

また最大級の機関投資家には、別の戦略があるかもしれない。あるエコシステム全体に広く投資することで、無形投資に巨大なスピルオーバーがある場合ですら無形投資の経営計画を承認してかまわないようになる。なぜならそうした大規模投資家は、別の企業がその無形投資を活用したとしても、その産業全体に権利を持っているのでどのみち利益を得られるからだ。この特定産業全体（たとえばエネルギー）に投資するという戦術は、もっと広く適用できるかもしれない。特にソヴリン・ウェルス・ファンドのような超巨大投資家なら可能だ。これこそが、後世世代におけるベル研究所が民間資金の下で登場する、もっともありそうな方法だ。

またベンチャー資本も大きく拡大することになるだろう。だが本物のベンチャー資本産業がいろいろな場所に登場するか、あるいはまったく新しい産業セクターにも入り込めるかは、それほど確実ではない。いずれにしても、ベンチャー資本は既存企業と公開資金による無形投資（たとえば長期的な科学研究開発）との密接な関係に依存し続けるだろう。

ベンチャー資本は、ある特定の無形集約事業と共に共進化をとげてきたので、それらがお互いによく適応しているのは当然だろう。この無形投資と、ベンチャー資本の長所と課題の両方とのつながりは、単なる物好きな好奇心の問題ではない。それは無形投資が普通になる世界でどんな金融システムが期待できるか、さらにどんな制度が、他の無形投資事業投資に必要となるかについて、ヒントを与えてくれるので、実務的な重要性を持っている。

最後に、もし民間への公的補助金が十分な公的スピルオーバーを作れないなら、公的に補助された知識生成装置である大学の重要性が高まるかもしれない。だが支援が積極的に行われるためには、大学が真の公共知識生成機関となる必要がある。大学の組織形態の実験もおそらく必要だろう。それはひょっとすると、伝統的な大学よりは研究所のほうが向いているかもしれないし、パラドックスめいてはいるが、支援される研究は、即座に商業化できてはいけないと明示しておくべきかもしれない。そうしたものは民間に任せればよいからだ。

第9章

無形経済での競争、経営、投資

無形リッチな経済で成功する企業はどのようなものになるだろうか。そして経営者や投資家はどうやってそれを創業し、投資すべきか？　本章では、ニューエコノミーが企業や経営者にとってどんな意味合いを持つかについて人々がどう思ったかを考え、それが必ずしも当たらなかった様子を見る。それは私たちの考えでは、無形投資の性質によるものだ。それから私たちは、競争優位を維持するルールが変わったかどうかを検討し（変わっていない）、経営がもっと重要になっているかを考え（なっている）、そうした優位性を投資家が見つけるにあたって現在の会計手法がどこまで適切かを考える（適切ではない）。

1990年代末の絶頂期、評論家たちが一斉にニューエコノミーについて騒ぎ出した頃、ニューエコノミーで企業が成功するには何が必要か、そしてそれが経営と労働者の生活にどういう意味を持つかについて、ある種共有されたビジョンがあった。

チャールズ・ハンディの1984年の著書『労働の未来（*The Future of Work*）』（未邦訳）は簡潔に、教育の高い人々にはポートフォリオ職やキャリア、そしてそれ以外の人々には危うい下請け労働という未来を予測した。ドットコムバブルの絶頂期に刊行されたチャールズ・レッドビーター『薄く空気で暮らす（*Living on Thin Air*）』（未邦訳）は、ポートフォリオ知識労働者としての著者自身の肖像で始まり、それから成功するニューエコノミー企業が持つ八つの特徴を指摘する。セル型、自己管理、起業的、統合的になる、職員に所有権を提供する。そして知識の深い貯蔵庫、公的な正当性、協働的リーダーシップを必要とする。事業成功についての見方は、野中や竹内による「知識創造」企業のような日本的概念（1995年の同名の本による）と、当時のシリコンバレーで観察された起業イノベーション研究とが織り交ざっている。

ハンディとレッドビーターの本――いずれもあまり古びていない――の多くの点と同様に、こうした予測はどれも、ある程度は実現した。世界の大都市どこでも、コーヒーショップをのぞいてみれば、ハンディが1990年代初頭に描いたような、ノマド的知識労働者を見かけるだろう。人々が世界の最も崇拝される企業について話すのを訊くと（「グーグルならどうするだろう？」）知識集約型、協働型、ネットワーク型ビジネスイノベーションへの賞賛が出てくる。これらは、1990年代のカリフォルニアや日本でもそんなに場違いではなかったはずだ。

だが一部のものは、いささか予測とは違う形となった。それが知識集約でモジュール型の企業や、ノマド的な起業型知識労働者というトレンドに逆らうものだから、あるいはそれが1990

年にはそもそもそんなに目立たなかったからだ。

これをはっきり描き出すのはアマゾンの倉庫だ。サラ・オコナーは2013年に『フィナンシャル・タイムズ』で、イギリスのウエストミッドランズ地方のルージリーにあるアマゾンの倉庫における労働と管理を赤裸々に描き出した[1]。

「自律的知識労働」は、従業員の業務内容には登場しない。倉庫の職員はGPSトラッカーをつけて、注文の梱包までの経路を最適化する。注文がただの本一冊なら単純きわまりないが、注文に本、掃除機、子供向けゲーム、スキーが含まれていたら技術的にかなり難しい。もちろんこのトラッカーは、管理職が労働者たちの居場所と移動速度を監視するのも可能にする。

オコナーは、管理職が従業員にSMSを送って、もっと急げと指示し、一日中歩いて水ぶくれができるのを防ぐために、足の裏にワセリンを塗るよう助言すると描いている（歩行距離は1シフト当たり最大24キロにも及ぶという）。だから実際に存在するニューエコノミーでは、だれもが「自己管理的なメディアノード」になったわけではなかった（これは1990年代末の知識労働者が、ユーモア作家チャーリー・ブルッカーにより与えられた皮肉な呼び名だ）。

無形経済は、ショーディッチやウィリアムズバーグのヒップスターたちや、日本に刺激された工場における、権限を与えられたカンバン方式生産労働者だけでなく、アマゾンの倉庫やスターバックスの運営マニュアルの話でもあるのだ。

経営者カルトの台頭

おそらくニューエコノミーが予想外の展開を見せたのは、経営者カルトの台頭という点だろう。果てしない経営ご託宣が空港の本棚に並ぶ。経営者はダボスに招かれる。ゼネラル・エレクトリック社の元CEOジャック・ウェルチは、自分の名前を冠した研究所を持っている。そしてもちろん、CEOたちはきわめて高い報酬をもらう。いまやこれは、「リーダーシップ」のカルトに置き換わっている。図9-1は、10年単位で「リーダーシップ」と「経営」が『ハーバード・ビジネス・レビュー』の記事の題名で使われている回数を示している。経営への言及は安定して増えている。だがリーダーシップへの言及は2000年代以来爆発的に増えた。

この偶像崇拝は多くの点で巨大な謎だ。いまやこうした敬意がずっと少ない時代になったのでは？　人に命令されるのがいやで、権威に対して不信を抱く時代にいるのでは？　社会規範の変化は、人々をこうした経営者やリーダーへの畏敬的態度から引き離すよう歪めるはずではないのだろうか？

ニューエコノミーが、いわば必ずしも予想通りに展開しなかった第三の原因は、「規模の偏愛」とでも呼べるものだ。小さなポートフォリオ業者やリーンなネットワーク事業と並んで、いくつか〝化け物〟が見える。巨大な規模とそれ以上の野心を抱く、何十億ドル企業だ。第5章で見たように、先進企業はますます先進度を増しているようだ。もっと儲かり、もっと生産的だ。ペイパルの共同創業者ピーター・ティールはこうした問題について著書『ゼロ・トゥ・ワン』で魅力

図9-1　『ハーバード・ビジネス・レビュー』誌における「経営」「リーダーシップ」への言及

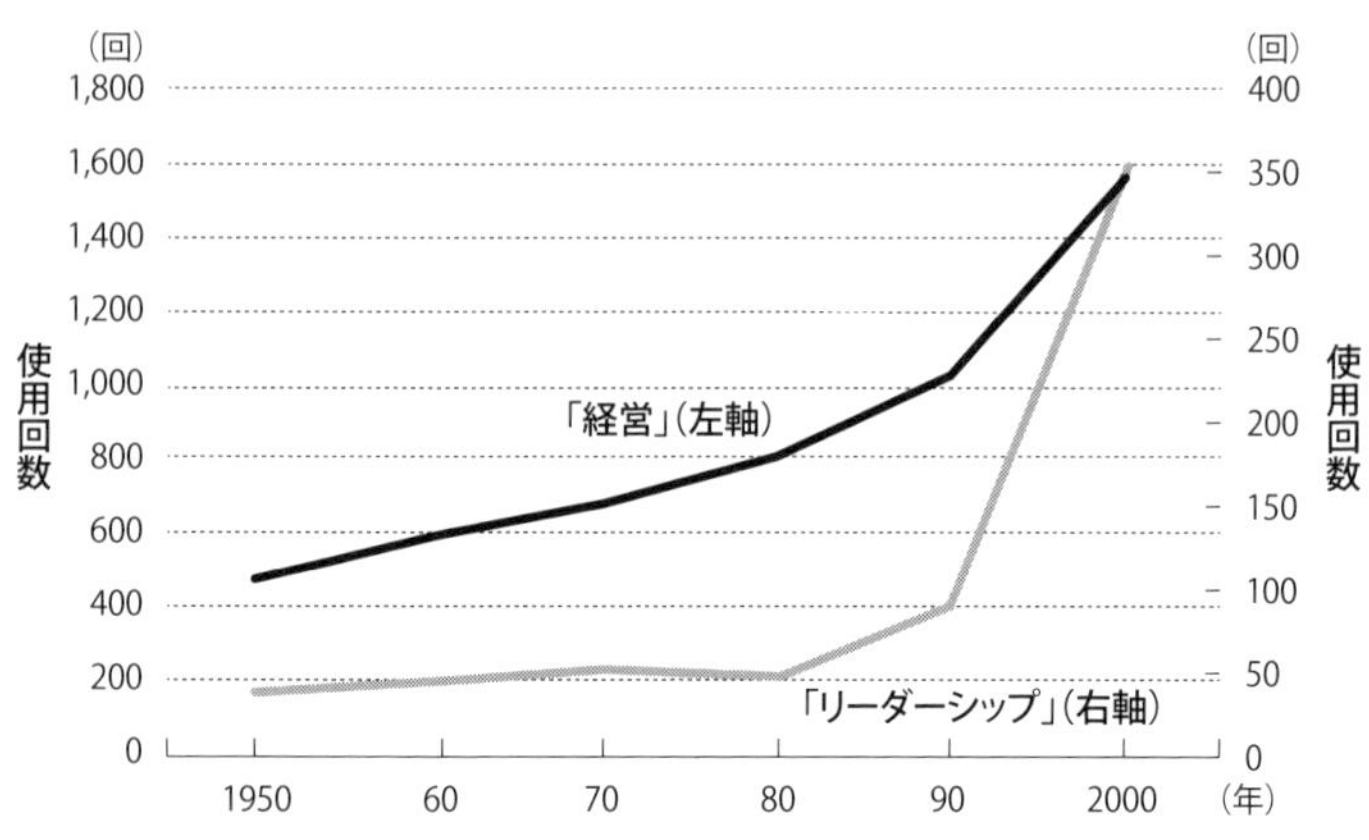

出所：HBR 記事題名に基づく著者たちの計算

的に述べ、商業的成功はネットワーク効果と規模の経済の活用に基づいていると強調する。彼が指摘するように、ツイッターはすぐにスケールアップできるが、ヨガスタジオはそうはいかない。

こうした一見すると矛盾する変化は、すべて無形資産の基本的な経済的性質から生じるものだとこれから論じよう。この物語を語るため、私たちはまず労働の発達と経営カルトは社会規範などの変化だけから生じたのではなく、企業の進化で生じたと論じる。さらにそうした企業は、自分の市場で競争しようとしている。だから企業がどんな競争圧力下にあるかを説明し、無形資産の成長が企業のやるべきことをどう変えているか述べるところから始めよう。これから見るように、無形リッチな経済では、競争圧力は企業を規模の追求へ押しやり、経営重視をもたらす。これは企業の競争と経営を変えるだけでなく、投資家がどこに収益を求めるべきかを変えるので、彼らへの助言で最後を締めくくることにしよう。

競争

企業戦略、経営、会計、経済学の専門家に投げかけるべき最も重要な実務的質問は「どうすればうちの企業が他を出し抜けるだろうか?」というものだ。当然ながら、こうした質問は多くの答えをもたらした。

出発点は質問を洗練させることだ。というのも、すべては「出し抜く」というのがどういう意味かによるからだ。出し抜く一つの方法は、会計結果の短期的な操作だ。第8章で見たように、たとえば研究開発費削減は、当期支出を減らす。企業がそれまでの研究開発のためにすでによい売上ストリームを得ているなら、研究費を切ってもその後数年にわたり、売上に何らマイナスの影響は生じないかもしれない。売上は同じで費用が下がったら、一丁あがりで利潤が増える。

本章でこれから見るし、バルーク・レブとフェン・グーが指摘したように(Lev and Gu 2016)、会計規則のおかげで外部の投資家は、企業がそういうことをやっているのかどうかなかなか判断できない。

だが、とりあえずこの洞察からは「どうすればうちの企業が他を出し抜けるか」のもっと高度なバージョンが「企業はどうやって持続可能な業績を改善できるか」と尋ねることだということを理解しよう。つまり短期的な操作による改善ではないやり方、ということだ[2]。

企業が持続的な競争優位を創り出せそうな方法を見る最も簡単な方法は、それが不可能な世界を創造してみることだ。アメリカ農業省によると、2016年にアイダホ州には農家が2万5000戸あり、耕作面積は1200万エーカー、つまり1戸当たり平均474エーカー（うち6割は100エーカー以下だった）を耕していた[3]。これはつまり、それぞれの個別の畑は総耕作面積の0・0004％ほどだということだ。アイダホの特にジャガイモ生産における地理的優位性にもかかわらず（アイダホ南部は、昼は暖かく夜は涼しくてジャガイモの育成に適していた）。ある個別の畑が他の畑に対して大した優位性を持てるとは考えにくい。彼らの産出は同じだし、投入、機械、土壌、技能もおそらくは同じはずだ。

このすべてが示唆するのは、持続的な競争優位は企業が何か独特なことをやれたり、独特な資産を持っていたりするときに生じるということだ。アイダホの農民はお隣より優れた成果は上げられないが、カナダの農家よりはよい成績をあげられる。アイダホの土地という独特な資産を持っているからだ。もちろん、独特な資産は必ずしも投入財である必要はなくて、評判や顧客ネットワークかもしれない（スイスの腕時計やフェイスブックなど）。経営文献はこうした独特な資産を「戦略リソース」と呼び、それが三つの特徴を持つと述べる。（a）価値があり（たとえば特許)、(b)珍しく(たとえば忙しい空港での発着枠)、(c)模倣が難しい(たとえばスイスの腕時計の評判)[4]。

だから経営者への助言は常に、独特な資産を構築し維持せよ、というものだった。そして投資家には、そうした種類の資産を持つ企業を探せと言う。この助言は無形世界で変わるのだろうか? いいや。だが無形リッチな世界は、まさにますますこの助言に従っている企業の天下なのだ。なぜか?

有形資産が特異性の源になることは、めったにあり得ない。特別なカスタム機械ならそういうこともあるだろう。だがほとんどの場合、有形資産だけで特異な存在になることはできない。銀行は巨大な本社に壮大なアトリウム、きれいな金魚鉢、ミニマリストなデスクをロビーに置いたりするだろう。だが他のどんな企業もそれはできる。本書で語ってきた各種の無形資産のほうが独特なものになる可能性が高い。評判、商品設計、顧客サービスを提供する訓練を受けた従業員。実際、最も独特な資産は、こうした資産すべてをまとめあげる能力なので、ことさら価値の高い無形資産は組織そのものとなる。

こうした洞察はピーター・ティールの著書『ゼロ・トゥ・ワン』で暗黙裡に示されている。彼の見方は、商業的な成功が四つの特徴の上に成り立っているというものだ。独占技術の構築、ネットワーク効果の活用、規模の経済の恩恵、ブランド化。こうした提言は、第4章で私たちが述べた4Sに基づく無形リッチ事業の戦略としっかり整合している。たとえば、彼はツイッターが簡単にスケールアップできると正しく指摘する。これは規模の経済の好例だ。

これに対して、彼はスケールアップできず、小さいままでしかいられない事業の例としてヨガスタジオを挙げる。すでに見たように、レズミルズ・インターナショナル社は、いまの規模に成長するにあたり、伝統的なスポーツジム事業とはかなり異なるビジネスモデルを採用しなくてはならなかった。

ネットワーク効果の強調は、将来の企業の成功にとって政府がもっと重要になるかもしれないと示唆するティールの洞察によるものだ。ピーター・ティールとペイパルを共同創業したイーロン・マスクは、現在究極のネットワークビジネスになるかもしれないものに関わっている。自動運転電気自動車だ。

ネットワーク効果は、19世紀起業家ならだれでもお馴染みだ。馬や馬車は巨大な厩ネットワークにより、馬への給餌と馬車の修理を行わねばならない。そしてガソリン自動車は、自動車修理工場とガソリンスタンドの巨大ネットワークが必要だった。いまや電気自動車は巨大な充電ステーションのネットワークを必要とする。

これだけのものを実装するには手助けがいるし、マスクはこの事業の技術面を促進するだけでなく、政府の支援を獲得するという面でも起業家だった。ウーバーとAirbnbの法的な問題も似たような事例だ。

だが成功する事業の特徴としてティールが無視しているように見えるのが、よい組織だ。ウォルマートとKマートは同じ業界で、おおむね似たようなトラックを持ち店内設備も似たり寄ったりで、在庫商品も同じだ。だが何気ない観察者が見ても、両者は大きく違う。両者は対照的な評判だけでなく、組織そのものも違っている。次は組織、特に経営とリーダーシップの役割に目を向けることにしよう。

経営

経営者がセレブ扱いされている理由の一つを提案しているのが、一貫して鋭いブロガーのクリス・ディローだ。[5] 彼が挙げているのは「根本的な帰属の誤謬」だ。第6章で述べたように、人々が企業の成功を全般的な技術進歩や経済状況や企業自体に内包された組織資本ではなく、ヒーロー経営者のせいにするようになったら、経営者への報酬が高くなりすぎるかもしれない。だから経営者やリーダーはカーゴ・カルトの対象となる。経営会議は、時代の社会規範に怯えて、経営者に過剰な給料を認め、無関心な株主は明らかにそれをあっさり容認してしまう。外部のオブザーバーは、トップ経営者の給料が公共部門ですら、首相や大統領の給料の何倍にもなるので激怒する。

すばらしい経済学者、教育者のラッセル・ロバーツ（Roberts 2014）が指摘するように、セレブカルトの記録者たちにはものすごい著名人が名を連ねている。１７５９年に『道徳感情論』を書いたアダム・スミスが指摘するように「私たちはしばしば、世界の敬意に満ちた関心が、賢い者や美徳を持つ者よりも、金持ちや有名人たちに強く向けられているのを見かけます」。これはＺリストセレブに対する現代のカルトを見事に予見している。彼は、愛されている人々に魅かれることは、自分自身が愛されたいという自然な欲求の一部なのだと論じる。だからセレブに対する自然なこだわりが、実際の美徳とは無関係に経営者に向けられるのだ。

経営と監視

無形経済がサンクしていて、シナジーを持ち、スケールできて、潜在的にスピルオーバーをもたらすということを見てきた。こうした特徴は経営者崇拝の台頭を説明できるだろうか？　この質問に答えるには、まず一歩下がってはるかに基本的な問題を改めて考えてみる必要がある。そもそも経営者／マネージャーは何のためにいるのか？

ひょっとすると日常生活が答えを提供してくれるかもしれない。彼らは経営・管理をしている。つまり企業にリーダーシップと戦略的な方向性を提供しているのだ。インスパイアし、動機づけを与える。計画しそれを実行する。だがちょっと考えて見ると、あまり確信が持てなくなる。連中は、無意味な会議で時間を潰す。自分は昇給しつつ、物事がおかしくなっても責められない。

こうした観察が役に立たないのは、質問に対する答えになっていないからだ。それは経営者のやることを記述しているが、何のためにいるかについて述べていない。答えに到達するために、まず窓拭き人との関係を考えよう。窓拭き人が自分の家にまわってきたら、たぶんあなたも他の人と同じことをするのではないだろうか。最初にいくらか訊くのだ。そして窓拭き人が仕事をする。あなたはざっと窓を見て、きれいになっていたら、お金を渡す。

この取引で、経営、リーダーシップ、戦略的な方向性はどこにある？　経営コンサルはどこだ？　財務、法的、健康、安全アドバイザーは？　経済学者にとっての答えは、そんなものは必要ないというものだ。なぜなら市場がプロセスをすべて面倒みてくれたからだ。あなたは価格に合意し、売り手は財やサービスを提供し、買い手はお金を払う。

だが窓拭き人を雇うというのは企業運営とは違うように思える。確かに会社の労働者たちは労働の価格について合意しているが、1時間単位での価格や責任について値切り交渉はしていない（はずだ）。むしろ企業の経営者には別の役割がある。権威だ。つまり、同僚たちに作業実行においてどうすべきかを指示し、業績を挙げなければ排除する権限を持っている。もちろん、作業が満足いくように仕上がっていなければ、窓拭き人に支払いを拒絶し、出ていけと言えるが、それは単に、何らかの商業取引は好きな時に止められるというだけだ。

だが企業は違う。企業では、経営者は労働者が企業の資産を使うか選択できる。会社の機械を使うかどうか、会社にかかわって取引を行うかどうか、つまり企業の評判を利用できるかどうか選ぶ権限がある。独立した窓拭き職人に対して自分のバケツを使うのを止めさせる権限はないが、窓拭き人の会社を経営していたら、そうする権利がある。

企業内部の調整役

だから経済学者にとって、「経営者／マネージャーは何のためにいるのか」という質問はもっと深い問いかけを隠している。「経済における権威の役割とは何か」というものだ。実はこれは、一見したよりもずっと答えるのが難しい。その理由を見るには、答えがわかっている経済から始めよう。北朝鮮だ。中央計画経済では、権威がすべてを決める。だれが食料を得るか、いつ電力が得られるか、人々がどんな仕事をするかは、すべて計画者が決める。だから権威ある当局は、単純に決めることができる。

では中央計画経済でないところではだれが決めるのか？　フリードリヒ・フォン゠ハイエクは見事な答えを考案したことで、１９７４年にノーベル経済学賞を受賞した：答えはだれもできない、というものだ。市場経済で鉛筆を買うには、単に店に入って買えばいい。鉛筆の購入者は、だれが鉛筆を作ったかは知らない。だれがグラファイトを掘り出し、木を切り倒し、店に鉛筆を輸送したかも知らない。だからいろいろ指示を出すなどそもそも不可能だ。生産に関わった、坑夫、木こり、トラック運転手たちは、個別の鉛筆購入者からではなく、価格システムを通じて指示を受ける。もし鉛筆価格が上がれば、採掘グラファイトの量が増え、切り倒される木が増え、輸送される木も増える。個人的権威は何も必要ない。というのも価格システムが指示を出すからだ。

これに照らして、１９３７年にロナルド・コース（これもノーベル賞経済学者）はダマされそうなほど簡単に見えるが、実はとても深遠な問いかけをした。だったらなぜ企業が存在するのか？　もし市場が経済の調整をかなりうまくやるなら、なぜ企業が必要なのか？　コースの答えは、企業は市場よりも調整を安く実現することができる、というものだった。コースによれば企業内部では内部市場による調整はきわめて高価になる。なぜなら（A）市場価格を調べて（B）それぞれの取引ごとに契約の交渉をしなくてはならないからだ。

ここで経営者がやってくる。市場が積極的に調整できなくても、権威がそれをできるなら、だれかがその権威を行使しなくてはならない。その人物が経営者／マネージャーであり、経営者とは企業の中で権威を持つ人物と定義される。これはかなりうまい定義だ。統計当局は職業アンケートを行うときに、人々に経営者かどうか自己申告を求めるときには、この定義を使う[6]。

だから企業の内部では権威を通じて費用が回避される。常に値切り合戦をするかわりに、雇用者は従業員に何をするか告げ、従業員はそれをやる。だから経営者の役割が必要になる。市場にはできない企業内の調整活動を行い、それを権威を通じて実施する。

情報技術と労働者の自律性

コースの理由づけはきわめて強力だ。２０１４年にカリフォルニア州の法廷は、フェデックスの運転手たちはフェデックスの契約業者か、従業員かについて判決を下した。[7] コースが生きていたら（彼はその前年に102歳で死んだ）、専門家証人として最適だっただろう。法廷は、フェデックスは雇用者だと判断したが、それはまさに彼らが運転手に何をすべきか指示していたからだ。まさにコースの理由づけと同じだ。

権威の行使は、先述のアマゾンの倉庫の描写としても適切なようだ。多くの慎重なプロセスエンジニアリングにより、倉庫の中の最適経路をきわめて効率的に計算できるシステムが可能になった。経済学者ルイス・ガリカノが指摘したように（Garicano 2000）、情報技術の向上で組織内の情報フローは改善する。情報の価格が下がると、権威は減るかもしれない。これが階層の解体であり、自律的な労働者がボスにアイデアをメールする、というものだ。だが監視もまたITの向上で効率的になった。アマゾンの場合、ITは「指揮統制」的な組織設計を強化した。

だからこの種のきわめて非自律的な仕事が予想外に増えた理由の一部は、組織開発やソフトウェアという無形資産がますます効率的な監視を可能にしたためだ。だからそれは、自律性の代替物となる。適切な状況下（あるいは不適切な状況下というべきか）では、機械が肉体労働を自動化したのと同じやり方でITは自律労働を自動化する。マルクス主義経済学者たちは、こうした追加の監視役割について、名前を持っている。「権力偏向型技術変化」というのだ（たとえばGuy 2014の議論を参照）。他の例は、レジやトラックのタコメータだ（「タクシーのスパイ」）。全体として、労働がどう変わるか、したがって経営の性質がどう変わるかは、無形バリューチェーンのどこに位置するかで変わってくる。

無形リッチな世界の経営?

もし管理が単なる監視なら、もちろんITのような監視技術の変化は経営を変える。実際、権威がトラッキングソフトを持つ人ならだれでも行使できるなら、経営の必要性は減るかもしれない。無形資産に特別な役割はないようだし、経営カルトや経営者報酬の増大の理由はなさそうだ。では、有形リッチ企業より無形リッチ企業のほうで経営と権威の必要性が増す/減る理由はあるのだろうか?

コースに続く第二の波の研究で、オリバー・ウィリアムソンのような経済学者は、コースが企業内の監視と権威により解決されるといった値切り合戦の問題について、さらに深く考察した。特にウィリアムソンは、当事者が費用を埋没させたら価格交渉は特に高くつくと指摘した。たとえば、鉄道会社が線路をいったん敷設したら、企業は事業全般に資本を投入し、しかもその路線にコミットしたことになる。これは潜在的に、その鉄道会社で働く労働者を交渉で強い立場に置く。こうした不利な立場を予想すると、企業はそもそも投資をしないかもしれない。これは経済学ではホールドアップ問題として知られる。

さてもし無形投資が企業にとって特に重要で、そうした投資が埋没していたら、ホールドアップのコストは潜在的にきわめて大きくなる。これは価格交渉の費用をことさら高いものにする。

そうした企業の経営者が権威を行使してこの潜在的に高くつく無駄な価格交渉を避けられたら、そうした経営者は潜在的にとても価値あるものとなる。だからきわめて報酬の高い経営者の台頭の理由の一つは、無形経済では失敗すれば失うものがずっと大きいので、そうした人々の需要もずっと高くなる、ということかもしれない。

無形資産の他の特徴もまた、経営者による内部調整の需要を高める。シナジーについてもほぼ同じ理由が挙げられる。もし無形資産に大量のシナジーの可能性があるならそれを有効に捕らえるためには、企業の内部で取引して、似たような形で費用を埋没させている人々とのやりとりを奨励しなくてはならない。そしてそうした無形資産の組み合わせが規模を引き出せるなら、企業はとても大きくなるので、その経営者への需要がきわめて高まる。

だからすべての企業が権威と調整を必要としていたとしても、無形リッチな企業に移行すると、そうした調整の需要が高まり、したがって経営者の需要が高まる。だがそうした経営者はずばり何をするのだろうか？

どのような経営管理が望ましいか

この疑問に答える一つの方法は、別の疑問を提起することだ。もし無形経済がスター経営者による優れた調整にプレミアムをつけるなら、どうして経済全体がこうした偉大な経営者に乗っ取られていないのだろうか？　無形資産は確かに売上で見た大企業の登場を予測するものだ。というのも無形資産はスケーリングできるからだ（フェイスブックの売上を考えよう）。だが従業員数で見た巨大企業はどうだろう？　結局、もし無形資産を活用するというのがシナジーを必要とするなら、そうした便益をすべて内部化するには巨大企業が必要なはずだ。

一つの答えは、無形資産は経路選択ソフトのように、監視を容易にして企業を大きくできるというものだ。これに逆行する考え方としては、大企業の管理経営は難しいし、大規模な無形集約企業の管理経営はなおさら難しいというものだ。もちろん関心の範囲と帯域の自然制約は、有形だろうと無形だろうと、巨大企業に対する権威を非常に管理しにくくする。だが無形集約事業では、二つのことさら難しい課題がある。

一つは、無形に蔓延するシナジーから生じる。情報共有はきわめて価値が高くなる。というのも無形資産が相互に組み合わさると、全体はその部分の合計以上の価値を持つようになるからだ。権威はこうした組み合わせをまとめる手法だろうか？　これは企業内の情報の構造次第だ。言い換えると、何が起きているかを適切に判断できるのは、経営者なのか労働者なのか？

多くの企業の普通の回答は、労働者の方が何が起きているかよく知っている、というものだ。というのも経営者は現場から疎遠で、日常的な接触を欠いているからだ。でもシナジー的企業では、まさに正反対が成り立つかもしれない。何が起きているか分かっているのは経営者だけかもしれない。というのも経営者だけが全体像を見て、シナジーがどう結びつくかを知る立場にいるからだ。こうしたことはすべて、どちら側もお互いを必要としていると示唆するもので、権威が情報構築を組織するのに適正な方法かははっきりしない。

無形事業を経営管理する第二の問題は、雇用がますます知識集約型になるにつれて、重要な知識労働者が企業にとって持つ重要性が、その知識が暗黙の場合に高まるということだ。そしてそうした資産を維持するのは、物理資産を維持するより難しい。有形資産は鍵があれば確保できるが、無形資産はそうはいかない。

これらはすべて、無形集約企業では、組織の上から下まで情報を共有できて、忠実な労働者を企業に維持し続ける経営者にはプレミアムが生じるということを意味する。これはつまり、よい組織を構築する形で権威を使うということだ。

よい組織の構築

どんな職場であれ、多少なりとも時間を過ごした人物であれば、ミルグロムとロバーツによるほとんど普遍的な評判の趣旨がわかるだろう。彼らによると、人事部こそが組織のダメなところをすべて体現しているという。

我々が関係するほとんどあらゆる組織で、そして耳にするほとんどの組織で、人事部は実務管理職や従業員たちに、即応性のない、ルールに縛られた、官僚的な組織と見られている。人事部からの意志決定には果てしない時間がかかり、決定は組織にとって最高の人物を引きつけ、報い、引き留めるよりも、人事部のご大切なルールだの手順だの職階／給料だの経験／給与曲線を維持するために行われるように見える。さらに文句を言ってもまるで聞いてもらえない。人事部員たちに連絡を取りたくてもいつも会議中だし、電話も折り返さない。(Milgrom and Roberts 1988, S176)

もし人事部が解決策であって問題ではないなら、スター経営者はどうだろうか？　ボリス・グロイスバーグ、アンドリュー・マクリーン、ニティン・ノーリアは1989年から2001年にGEを離れて他の企業のCEOになった経営者20人を研究した（Groysberg, McLean, and Nohria 2006）。実はこの期間で、GEから他のアメリカ大企業のCEOになった人物はたくさんいる。3Mのジェイムズ・マクナリー、ホームデポのロバート・ナルデリなどがその例だ。彼らはそうしたCEO任期3年間について（適切な比較対象企業と比較しながら）利潤を調べた。結果は一貫したスーパースターとしての経営者の評判から見ればがっかりするようなものだった。経営者たちはどう見ても、一貫して成功したりはしていなかった。20事例のうち9事例では、企業は競合他社よりずっと好成績を収めた（彼らの使った指標、年率収益で見ると14・1％も異常に高かった）が、他の11事例の企業はずっとひどい業績だった（マイナス39・8％）。

では何がよい組織を作るのか？　アマゾンの倉庫は一つの答えを示唆する。調整を増やせ。もっと多くの指示を出し、もっと厳密な雇用契約書を書いて、労働者が企業を離れるときには非競争条項に署名させろ。なにやら高圧的だが、これが一部の企業や企業内の部門にとって、よい方策かもしれないのはわかるだろう。たとえばアマゾンは、高速配送の評判の維持には配送労働者に対する細かい監督が必要だと考えるかもしれない。スターバックスは、コーヒーに関する彼らの評判のためには、バリスタに何をするか厳密に指示することが必要なのだと主張するかもしれない。

そして一部の系統的な証拠はこの見方を支持している。経済学者ニコラス・ブルームとジョン・ヴァン・リーネンらは、多くの企業を対象に経営の品質について調査を行った。こうした品質は計測がきわめて難しく、彼らはマッキンゼーの経営慣行に関する研究（www.worldmanagementsurvey.orgを参照）に基づいた一連の質問を使っている。質問の内容は、監視（企業の監視とその改善）、目標（目標設定とそれに基づく行動）、インセンティブ（成績に基づいた従業員報酬）に分かれている。彼らがうまくまとめているように「我々の手法は、経営のダメな企業は業績を追跡せず、有効な目標を持たず、昇進を年功序列で行ってその従業員がずっと業績未達を続けているのにそれを反映させないというものとして定義する。これに対し、経営のよい組織とは絶えずプロセスを監視して改善を図り、包括的かつ長期の目標を設定し、好業績の従業員を昇進させ、低業績の社員を補強する（研修か退職により）というものだ」（Bloom et al. 2011, 7）。

長期的視点での業績評価

だがこれはあらゆる状況で、よい経営とは言えないかもしれない。たとえば、アマゾンの倉庫のように、非常に広範な目標設定を行う企業を考えてみよう。そこに短期間だけいる労働者（たとえばクリスマス前に少し追加の収入が欲しい人など）は、頑張って働いたらそれで辞める（実際、オコナーは多くの労働者がクリスマスラッシュの後でクビになると述べている）。その人たちにとっては結構だし、アマゾンにとっても結構なことだ。

だが長期で働く労働者はどうだろうか？　クリスマス前に倉庫を素早く動き回れば、経営者は目標を引き上げて、クリスマス以後にもっと素早く動くよう求めるだろう。これは「ラチェット効果」と呼ばれている（Weitzman 1980）。ワイツマンはこれを、ソ連計画経済についての論文に出てきたものだとしている（Berliner 1957）。そうすると、配送担当者はむしろ頑張りを最初は減らし、インセンティブ方式の目標達成を困難にする。これは実は、あまりよい経営ではないいのかもしれない。[8]

経営者にたくさんの目標設定や業績レビューなどを行わせるもう一つの問題は、政治工作だ。労働者たちは、生産やイノベーションや支援に精を出すより、経営者を説得するのに時間をかけるほうがよい結果につながると気がついたとしよう。経営者は、その作業がとても難しくて、目標を低めにしたほうがいいと説得されるかもしれない。あるいは絶対にボーナスを出したほうがいいとか、業績は実は数字よりよかったと説得されるかもしれない。経済学者ポール・ミルグロムとジョン・ロバーツが礼儀正しく「影響活動」と呼ぶものは、生産活動に使われない時間なのだ(Milgrom and Roberts 1988)。これもまた、あまりよい経営とは言えないのかもしれない。

こうした例のいずれにおいても、よい組織はコミットメントに関するものだ。ラチェット効果の例では、組織は現時点でのよい業績を理由にして、将来の目標をあまりに高くしすぎるようなことはしないようコミットするほうが結果的に多くの便益を得られる。これをやる一つの方法は、日々の業績に基づいて高い報酬を設定するのではなく、長期にわたり報酬の安定した推移を約束することだ。同様に、政治工作を避けるためには、条件をチマチマ変えたりせず、やはり長期の業績を評価することだ。

そしてミルグロムとロバーツの見方では、さっきの(戯画化された)人事部の設計がそうしたコミットメントの一つの形態だ。もし人事部が、だれか一人の従業員からのどんな要求に対してもすぐにルールを曲げるようなら、みんなロビイングにばかり時間をかけるようになる。ルールを持ち、あまり融通を利かせないのは、影響活動に動かされないというコミットメントであり、したがって従業員がそうした活動にばかり精を出さないようにするためだ。

目標を減らし自律性を高める

すると経営者は無形集約企業でどうやったらよい組織を構築できるだろうか？　この質問への答えの一つは、正しい組織設計を選ぶということだ。そしてその選択は、組織が主に無形資産を使う側か、生産する側かで変わってくる。

もし無形資産の生産者なら（ソフトウェアを書き、設計デザインを行い、研究を行う）、おそらく情報が流れ、ひらめきを生み出す相互作用を支援し、重要な才能を引き留めるような組織を構築したいだろう。これはおそらく、自律性を高め、目標を減らし、ボスへのアクセスを増やすということだ。それが影響活動を増やす結果に終わってもそうだ。これはチャールズ・レッドビーターのような以前の論者が考えていたことと同じようだ。そしてそれは、システミックイノベーターの重要性の増大を述べてもいるようだ。こうしたイノベーターは、単一の孤立した発明を行うだけではない。彼らの仕事はそうしたイノベーションをうまく市場に出すためのシナジーをまとめることだ。

同様に、イノベーションプロセスを管理する技能は、以前とは違っている。これまで見たように、無形経済の台頭はイノベーションプロセス自体の重要性を高める。経営学者マーク・ドジソン、デヴィッド・ガン、アンモン・ソルター（Dodgson et al. 2005）は、それが伝統的には「研究」と「開発」の分類だったのが、「イノベーション技術」プロセスの機能的な記述になった様子を述べている。これは、「考える」「遊ぶ」「行動する」を必要とするもので、アイデアの容易な交換、実験、アイデアの高速な実装の新しいスコープを強調しているのだ。

ではこれに対し、無形資産の利用者だったらどうだろう。たとえばアマゾンの倉庫のように、経路選択アルゴリズムの知識を利用したり、スターバックスのようにフランチャイズのマニュアルを利用しているだけならどうだろうか？　こうした企業にとっては、組織、ひいては経営は違うものとなる。おそらく階層を増やし、短期目標を設定するだろう。下からの情報フローについてはあまり心配せず、業績の低さや影響活動の阻止を重視するからだ。

リーダーシップ

知識経済に関する初期の評論家のビジョンの多くは実現したかもしれないが（たとえばノマド的な自律的労働者を持つ組織）、一つ彼らが予測できなかったのは、リーダーシップの重要性が高まっていることだ。そしてこれまで見てきたように、権威による経営は、情報フローやコミットメントを奨励しないといった弱点がありそうだ。私たちは、無形集約企業ではリーダーシップが重要だと論じる。というのもそれは、権力関係と組織形態を補うからだ。

なぜリーダーシップは経営とはちがうのか？　一つのアプローチは、「良い」リーダーと「悪い」リーダーのやることを併記してみることだ。親切か冷酷なのか、タフなのか優しいのか、家族重視かそうでないか、といった具合だ。社会規範と経営の流行はＣＥＯの入れ替わりよりも急変するので、このアプローチは単に果てしない憶測となる。

だから核心に迫るほうがいいだろう。それは、リーダーには従う人々がいるという単純な観察だ。軍隊は、リーダーと追随者という最もはっきりした例だ。追随者は強制的に追随するので、これは説明しやすい。ずっとおもしろいのは、追随者が自発的にリーダーに忠誠を尽くす場合だ。

自発的な追随者がいるのは、無形経済では本当に役に立つ。追随者は会社に忠実なので、暗黙の無形資本を企業にとどめてくれる。もっとよいことに、リーダーに刺激を受けて共感すれば、お互いに協力しあい、リーダーに情報をあげてくれる。だからこそ、リーダーシップは無形経済であれほど高い価値があるとされる。それは権威による経営が持つ、高価で歪曲的ですらある側面を、よければ置きかえてくれるし、おそらくは減らすくらいはしてくれるのだ。

無形時代におけるリーダーシップの重要性を示す好例が、ときにシステムイノベーションとかシステミックイノベーションとか呼ばれるものに見られる。イーロン・マスクはときに、システムイノベーターと称される。各種の関連分野（蓄電、太陽光、電気自動車）や複雑系（宇宙調達、炭素クレジット）で新製品を開発しようとしているからだ。

システムイノベーションはまた、非営利部門でも広く議論されている。特にゲイツ財団やブルームバーグ・フィランソロフィーズが、発展途上国や都市自治体での公衆衛生などシステム全体を一気に変えようとするときにそれが出てくる。財政的に豊かな組織ですら、通常は巨大経済システムを直接制御できるほどは大きくないので、システムイノベーションはリーダーシップに依存する。それは他の組織、ネットワーク、パートナー、さらには競合他社すら説得して、システムイノベーターの求めるものをやらせる能力だ。

この種のシステミックなリーダーシップは、ほとんどの投資が無形となる時代には重要性を増すと予想される。理由の一つは、無形経済では各種の投資の間に大量の活用すべきシナジーが生じるからだ。電池業界に対して、電気自動車産業と共に製品開発してシステムを設計するよう説得できるリーダーは、大きな成功を収めることができる。同様に、無形投資のスピルオーバーを活用する困難が、公共投資の増大により解決されることになったら（これは第10章で提案することだ）、公共部門の複雑系とうまくやりとりできる能力は商業的な優位性となる。こうしたことができるシステムイノベーターは、無形経済におけるリーダーシップの重要性を実証することになる。

追随者はなぜ追随するのか

だから問題は次の通りだ。リーダーはどのようにして、追随者に追随させるのか？　厳密な答えは、追随者がどのような考え方をすると思うかで変わってくる。冒頭で述べたように、セレブ崇拝が従業員の間で一般的なら、彼らは何があろうとあなたに従うかもしれない。別の見方は、追随者はずっと頑固で、追随するのが利益になると思うときにだけ追随するというものだ。経済学者ベンジャミン・ハーマリン（Hermalin 1998）は、これがいくつかおもしろい特徴につながるかもしれないと示した。

まず、リーダーは追随者より知識豊富でなければならない。ひょっとするとこれが、ミッションステートメントの成長の重要性を説明してくれるかもしれない。場合によってはこれは、ただのお飾りでしかない。だがそれが潜在的な追随者たちに、リーダーが自分たちよりも知識があると納得させるのであれば、大きな価値を持つことになる。

第二に、リーダーは単に知識豊富なだけでなく、追随者に対して自分のほうが知識豊富だということを納得してもらわねばならない。もちろん、よいコミュニケーターである必要はある。だがもっと興味深いことに、追随者は指導者によるコミットメントを見れば、もっと納得する。

ハーマリンは、指導者がコミットメントを示すには二つの方法があると示唆している。まずは自分でやってみせることだ。もしリーダーがオフィスで遅くまで仕事をしたり、自腹で投資したりすれば、追随者にコミットメントを見せたことになる。第二には犠牲によるものだ。プロジェクトが成功するとリーダーが思っているか知りたい？　そのプロジェクトで残業している連中にピザを買ってくれるかどうか見よう。買ってくれたら、それは仕事にそれだけの価値があるというシグナルだ。

まとめ：無形経済での経営者とリーダー

こうしたことすべてが経営者にとってどんな教訓を与えてくれるのか？　まず、無形経済によってよい組織と管理にプレミアムが生じることだ。サンクコスト、スピルオーバー、スケールやシナジーの機会が増えるので、追加の調整の必要性が高まり、このためよい組織と経営の需要が高まる。

第二に、この経済はどんな種類の組織を求めるだろうか？　調整と知識フローを求めつつ、影響活動を抑えたいという経済的洞察から、特化する無形経済の部分に応じて、違った種類の組織が出現すると示唆される。無形資産を作っているのか（ソフト書き、設計デザイン、研究実施）？　もしそうなら、平らな組織で自律性を高め、目標は少なくして、ボスへのアクセスを増やすといいだろう。これは影響活動の時間が増えることになるが、情報が流れ、ひらめきを生む相互作用を支援し、重要な才能を維持できる。無形資産（たとえばスターバックスのフランチャイズ向けマニュアルのルーチンなど）を使うのだろうか？　だったら資産を最大限に使い、影響活動を止めるためにもっと統制と権威があったほうがいい。

最後に、無形経済は経営者に加えてリーダーを求める。最も単純な意味での権威しか備わっていない経営は、おそらくほとんどの無形リッチ企業では不十分だろう。知識集約労働者からのシナジーを活用し、そうした企業での活動をスケールアップするには、権威を行使するだけの管理では難しすぎる。忠誠と努力を刺激するという意味でのリーダーシップが必要となる。

もし十分な数の従業員が、はったりとうぬぼれにごまかされるようなら、そうしたものを喜んで提供するリーダーもいる。だが私たちは、もっと持続的に成功するリーダーは、犠牲を払うことで敬意を勝ち取らねばならないと見ている。自分も頑張って働き、会社へのコミットメントを示さねばならない。そしてそうしたリーダーは、今度は正しい組織形態を自分のニーズにマッチさせようとするだろう。

これらはすべて、本章の冒頭で述べた、経営とリーダーシップへの関心の増大が本物だということを示唆している。それは経済の根本的なシフトの結果であり、単なる態度の変化や社会的需要ではない。だが需要の増大が、本物と同時にペテン師も、有能な人物と同時にインチキ屋も引きつけるようなら、態度は変わるかもしれない。政治で無能なリーダーが排除されるように、ビジネスでのリーダーの受け入れも、そうした地位を占めるのがふさわしくない連中ばかりだと認識されるようになったら、抑えられるかもしれない。しかしその結果優れた経営者のリーダーシップは、獲得は困難になるが、それを維持するのは容易になるだろう。

投資

投資家はどうだろう？　先述したように、収益は希少性に対して生じる。そして希少性は企業にとっては、独創的で簡単に真似できない優位性を構築することで生じる。有形資産からは、そうしたものはほとんど得られない。だれでも機械や配達トラックを借りられる。だが無形資産からはずっと多くの優位性が得られるかもしれない。だから最初に問うべき質問とは次のようなものだ。外部の投資家として、その企業が無形資産を構築しているかどうか、どうやったら探し出せるだろうか？

投資会計：一般原則

一連の本や論文で、会計学者バルーク・レブとその共著者は、きわめて重要な問いを提起した。投資家は、会計データから無形投資について情報を得られるだろうか？　この問いへの答えは、彼らの最新の著書の題名で強く示唆されている。その本とは『会計の終わり』（邦題『会計の再生』、Lev and Gu 2016）のことだ。

損益計算書をまとめるとき、会計士は売上のフロートとそれに伴う費用が、会計期間にわたりどう変化するかに大きな関心を寄せる。そして確かに金融アナリストとは、利潤または稼ぎをみるのにえらく時間をかける。利潤とは一般に、売上と各種の費用との差だ。

すると、ごく当然のこととして会計士は、前年度の売上を、それを生み出すときにかかった費用に対応させようとする。たとえば、靴を生産するときの革の費用——つまり生産で使われる原材料費——は一つひとつ正確に費用計上される（「営業費用」）。

売上と、資産への支出に伴う費用とを対応させるのはどうだろう？　これは少し面倒になる。というのも定義からして、便益はその費用が発生する当該年度を超えて発生するから、その年の売上とは対応しない。だったらこの支出と売上はどう対応させる？　答えはその費用を資本化することだ。つまり有形支出が資産を生み出すことを認めることだ。それをやれば、その資産の支出は減価償却に反映できる。つまり年額が経費計上され、その年額は長命な資産が時間を追って使い果たされる費用を反映する。

資産支出の資本化以外の方法としては「経費化」することだ。つまりその資産の総費用を単年度で費用計上し、資本化による暗黙の支出の平準化をやらないことだ。有名な話として、そしてバルーク・レブが一連の本や論文で強力に主張したように（たとえばLev 2001参照）、長命な資産の費用を経費化すると売上と費用の「不一致」が生じ、利潤が歪む。そうした費用が計上される年度には、その企業はずいぶん儲かっていないように見える（そうした費用は巨額だが売上は変わらないので）。だが資産が有用で売上を生み出すのに貢献すれば（トラック、大きな収益を生む特許をもたらす研究開発、消費者ネットワークの拡大など）、その企業は将来的にはほとんど費用をかけず、ほとんど資産も持っていないのにえらく儲かっているように見えてしまう。

無形資産の会計処理：経費化 VS 資本化

こうしたすべては、投資家が無形資産への支出を見つけ出したいと思っていたら、決定的に重要となる。では、どう処理されているのだろうか？

この場合には、会計原則は国際的におおむね似たりよったりだ。無形資産が会社の外部から購入されたら——たとえば特許を買収とか、顧客リストを買うとか——それは経費ではなく資産であり、資本化される。これに対し、内製なら——たとえば社内設計や内製ソフトなら——それは資産購入ではなく経費だ。この一般原則に例外はあるが、かなり珍しい。内製ソフトや研究開発支出は資産投資の扱いになることもあるが、特別な場合だけだ。基本的には、そうした支出が実証ずみのプロセスに向けられた場合、たとえばすでに実証された研究開発プロジェクトやソフトウェアツールの最終開発段階などでしか認められない(9)。

こうしたルールが実に非対称なのには驚く。無形資産の価値があまりに不確実なので、資本化すべきではないのだという正当な反論もあるだろう。だがそれなら、内製だろうと外から買ったものだろうと資本化すべきではない(10)。ブリティッシュ・アメリカン・タバコ社は2015年に無形資産を100億ポンド近く保有していると報じた（有形資産、つまり不動産、工場設備は30億ドルしかなかった）。その年の増分のほとんどは、他の企業買収によるのれん代だった。たとえばロスマンズを買収して得たブランド名などだ。内製ソフトからきているものもごくわずかながらあった。だが内製による商標構築への投資であれば、追加の無形資産はゼロになっていたはずだ(11)。

結果として、かなりの（少なくとも内製の）投資は目に見えない。それがどうした？　三つの検定を行うと、これが重要だということが分かる。最初の検定はかなり大くくりだが、啓発的だ。Lev and Gu 2016論文は、1950年代から2000年代まで各10年ごとに上場した企業を調べている。それぞれの10年区切りごとの企業に、彼らはこう尋ねた。簿価や売上と時価総額とはどのくらい相関しているか？　結果はきわめて驚くべきもので、図9-2に示した。棒グラフは、10年ごとに相関が明らかに下がっていることを示している。これは財務会計が確かに企業収益について一貫して参考にならないものになっていることを示している。これは研究開発費と販

図9-2　売上と簿価報告の情報度の低下

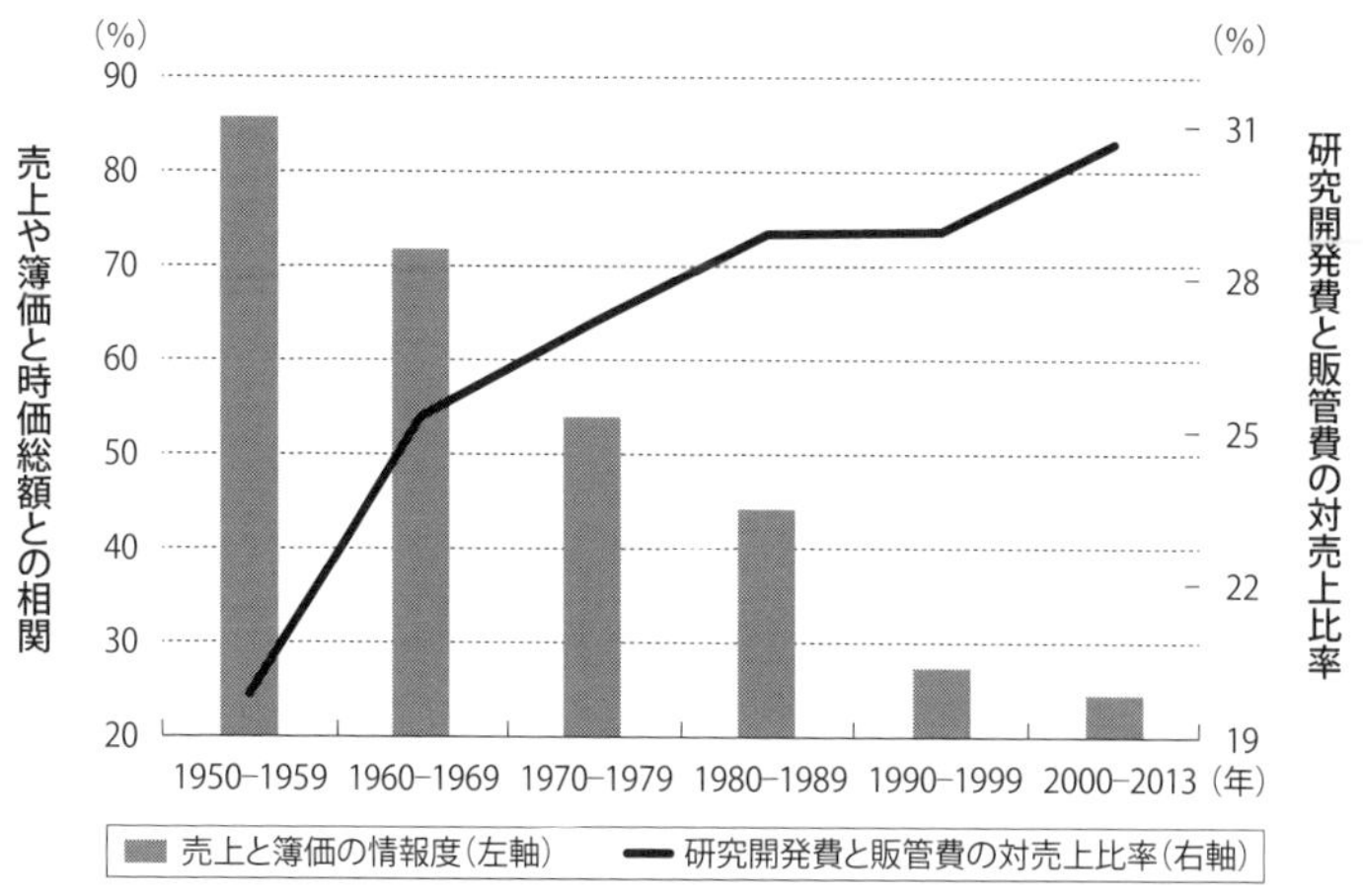

棒はそれぞれの10年で、新規上場企業について売上や簿価で説明される変動の割合を示す。折れ線は企業の平均の研究開発費と販管費の対売上比を示す。
出所：Lev and Gu 2016 figure 8.2

管費の対売上比が上がったのと並行している。ポイントは、多くの無形投資、たとえば設計デザインは、会計原則で販管費に含まれているということだ。

また二つ目の論文（Barth, Kasznik, and McNichols 2001）は、アナリストが無形投資（研究開発と広告費）の高い企業を扱う率がずっと高いことを発見した。これまた、無形集約企業や産業の財務諸表はあまり参考にならないことを示している。追加情報を引き出すためにはアナリストの特別なノウハウが必要なのだ。

第三に、会計士たちによる論文（Chen, Gavious, and Lev 2015）は二つの会計原則に基づいて財務諸表を出すイスラエル企業１８０社の標本を見た。アメリカ基準のＧＡＡＰは企業に研究開発を経費として処理させるが、ほとんどのヨーロッパ企業が使うＩＦＲＳは研究開発の「開発」部分を資本化させている。だから著者たちは、ＧＡＡＰ原則では隠されている開発についての追加情報が役に立つかどうかを直接的に検定してみた。すると確かに、追加情報は株価予測に役立った。

投資家はどうすべきか？

これらをすべて考えると、エクイティ投資家にはいくつかの選択肢がある。

最初は、そもそもそうした情報を探し出すという問題を丸ごと回避することだ。つまりあらゆる企業の株式を買えばいい——つまり分散投資だ。これは追加のスピルオーバー問題も解決してくれる。ＥＭＩとＣＴスキャナの例を考えてみよう。ＥＭＩの株主で、自分の収益にしか興味がなければ、ＣＴスキャナの投資が止まれば大喜びだっただろう。ＥＭＩからすれば、それは大失敗だったからだ。だがもしＧＥやシーメンス社の株も持っていたら、彼らはスピルオーバーの便益を得てＣＴスキャナ市場を支配するようになれるから、プロジェクトが継続しても大喜びだったはずだ。

この例を拡張して一般原理にできる。もし株主が経済のすべての会社の株を持っていたら——言い換えると、完全に分散した投資家なら——高いスピルオーバーを持つ投資を企業が行ってもすべて容認するはずだ。スイングでダメだった分をラウンドで取り返す、というイギリスの表現があるが、まさにその通り、こっちで損をしてもあっちで取り返せるからだ。

だがここにはジレンマがあるようだ。分散投資家は集中投資家の反対だ。もし機関投資家が指数のすべての企業の株を保有していたら、数社の株だけを保有した場合に比べ、各社の持ち株比率はずっと下がる。すでに見た通り、ある特定企業を集中して保有する機関投資家は、そうした企業の事業について十分な知識を得て、よい投資と悪い投資を見分け、したがって経営層による長期の儲かる投資を支持する見込みが高い。そしてこのジレンマは、公開企業が無形投資への長期投資を増やすのを望む人すべての観点からするとジレンマだ。一方で集中保有の投資家は優れているが、他方で分散投資家もよい仕事をする。集中投資家がいなければ、企業はタモキシフェンやギガファクトリーに投資しにくい。分散投資家がいないと、ＣＴスキャナやベル研に投資しにくい。

未来のアセットマネージャーの仕事

どうやらある種の無形投資が系統的に過小評価されているようなので、その場合には、別の戦略が出てくる。これは、よい無形投資を見つけて、それを中期的に行う企業を支援する機会があることを示唆している。さらにそれは、各種無形投資の潜在力を計測し理解するだけの時間をかけても、報われるかもしれないと示唆している。これは個人投資家には難しすぎるかもしれないが、将来のアセットマネージャーにとっては可能性を提供することになる。

ある企業についてずっと詳しくなり、財務諸表の情報を超えたものを得ることで投資家に奉仕できるのだ。企業が行っている無形資産構築とその成功条件について、ずっと多くの情報を系統的に集める必要が出てくる。実際、そうした企業の深層を理解し、無形資産を活用できる外部条件を理解する技能に対する需要は、こうした技能をとても価値の高いものにする。

このビジョンは経済学者ジョン・ケイ『金融に未来はあるか』（2015）での見方ときわめて整合している。彼が述べるように、株式市場の発端は、大規模インフラプロジェクト（通常は鉄道）向けの資金調達を多くの分散した株主から行う手段だった。だが市場はもはやこの機能を提供してくれない。株式市場で資金調達をする新規プロジェクトはほとんどない（実際、駆け出し企業で資金調達に株式市場にやってくるものがほとんどないという実態は、株式市場はそうしたものを扱うのにえらく苦労するという仮説をかなり裏付けている）。

むしろ株式市場の取引は、仲間同士で取引をする巨大アセットマネージャーたちに支配されている。ケイの見方では、彼らは実際の資産自体の価値を考えるのではなく、他の連中が資産の価値についてどう考えるかを予想しようとすることで、市場全体として提供されているものを越える収益率を探しているのだ（「アルファ」を探している）。

ケイによれば、金融部門の新たな役割は、金融は「探索」「支援」と彼が呼ぶものを通じて資本を割り当てるという中核機能に戻ることだ。探索とは、新しい機会を持つことで、支援とは経済の長期資産を監視することだ。すると未来のアセットマネージャーたちは、投資家のためにこうした機能をずっと多く果たすようになる。アセットマネージャーたちは、自分が技能を発達させようとする業界における信頼と長期関係を構築することでそれを実現する。無形資産の増大と企業財務諸表の情報欠如から見て、この変化への圧力は確かに存在している。

結論：無形経済での競争、経営、投資

無形投資の増大は、経営者にとって大きな意味合いを持つが、その影響は企業ごとに違う。無形資産を構築する企業はシナジーを最大化し、他人のアイデアから学ぶ（つまり他人の無形資産からのスピルオーバーを活用する）機会を作り出し、才能を慰留したいはずだ。こうした職場は、ヒップな知識ベース企業という通俗イメージにかなり近くなるだろう。

だが既存の無形資産の活用に依存する企業は、かなり違ったものになる。特に無形資産が組織構造やプロセスである場合にはなおさらだ。これらはずっと統制された環境となるかもしれない。アマゾンの本社よりはその倉庫となる。リーダーシップはきわめて珍重されるようになる。それが様々な部分での無形投資を調整し、そのシナジーを活用できるようになるからだ。

無形立地企業の複雑性を理解できた金融投資家も大きな成功を得ることだろう。無形資産の不確実性の大きさと、企業財務諸表の有用性の低下は、よいエクイティ研究と企業の経営への洞察

にプレミアムをもたらす。しかしこれは投資家にとって困った問題となる。一部はエクイティ分析への支出は規制強化に伴って多くの機関投資家には難しくなっているためであり、一部は分散投資（株主が無形投資のスピルオーバー効果から利益を得られるようにする）と集中保有（分析費用を減らす）との本質的なジレンマのせいでもある。

第10章

無形経済での公共政策

無形投資が有形投資とは違う特性を持つという事実は、無形投資の時代に経済成長を求める政府は追求する政策も変えねばならないかもしれないということを意味する。本章は、これが知的財産ルール、新市場と制度、金融システム、公共投資にとってどんな意味合いを持ちそうか検討する。

政治家や政府の常として、劇的なできごとには即座に反応する。危機会合、緊急対応、国難的課題……これらは政治家が張り切って対応する状況だ。ときにはこうした対応がきわめて有効で、ときには逆効果のこともある。だが何か劇的なことが起きたら、政治家が反応するのはまちがいない。

これに対し、ゆっくりした段階的な変化は、政治家がきわめて対応しにくいものだ。無形経済の台頭はそうした変化の一つだ。これまで見たように、無形投資は過去30年以上にわたりゆっくり増加してきた。突然のショックもなく、緊急の記者会見の口実もなく、緊急対応パッケージもない。一部の評論家や論者はそれを「革命」として喧伝しようと企んだりするが、革命と呼ぶには緩慢すぎ、微妙すぎて、ほとんどの政策アジェンダには乗らない。

これは控え目に言っても残念なことだ。無形投資は明確な経済特性を持つ（第4章で述べた4S）。それは目下の重要な経済問題、たとえば生産性停滞や格差増大で重要な役割を果たす。だから政策もそれを考慮して変わるべきだという強い主張が、一見するとできそうだ。

本章では、無形投資がますます重要となる経済に対処するため、政府が対応すべき五つの優先事項を示す。残念ながら、これは何やら華々しい政策によるお手軽な勝利の一覧にはならない。それどころか、ジレンマと難問の集まりとなり、その答えもはっきりしない。これが各種のマニフェストを書く人々にとって簡単に使えるものだなどというふりをするつもりはない。だがこうした問題が、今後10年の政治でますます重要になり、その解決に向けて邁進する政府は、それを無視したりごまかしたりする政府よりも大きな繁栄を享受するだろうと自信をもって言える。

無形経済の政策変化

本書を通じて私たちは、政策担当者にとっての課題や機会をもたらす、無形リッチな経済の各種特徴を挙げた。そのうち最も重要なものを五つ復習しよう。

まず無形は紛争の対象となる。だれが所有しているのか証明しにくいし、証明できてもその便益は他の人々へとスピルオーバーする傾向がある。この問題は伝統的に知的財産ルールや規範により対処されてきた。ますます無形資産に依存する経済は、よい知的財産枠組みにプレミアムをつけると期待される。だが知的財産で「よい」というのがどういうものかを見極めるのは、とても難しい。

第二に、無形経済ではシナジーがとても重要だというのを見た。異なるアイデアや無形資産を組み合わせるのは、成功するビジネスイノベーションの核心だ。そして世界の最も成功する企業、グーグルからディズニーからテスラモーターズまでを特徴づけるものだ。アイデアが合体するための条件をつくり出すことが、政策立案者にとって重要な目標となるべきだ。これは部分的には、どうやって有効な都市開発を奨励するかといったお馴染みの政策問題の解決であり、一部は研究が新しい協働やコミュニケーション形態に向かうよう奨励するなどの新しい課題となる。

第三の課題は第8章と第9章で述べたもので、金融と投資に関連するものだ。見た通り、企業や金融市場ではスケーラブルでサンク性を持つ無形投資は、スピルオーバーとシナジーを生む傾向があるため、過小投資となるようだ。現在の事業ファイナンスの仕組みはこの問題を悪化させる。両者をあわせると低い生産性につながる。だから繁栄する無形経済では、金融アーキテクチャも大きく変わり、企業が無形投資をしやすくなるはずだ。また実業界の文化的な変化が起こり、この種の投資を起こりやすくすることも期待できる。

だが未来の政府が無形資産の所有権を明確化できて、生産的なアイデアを醸成し、事業投資を奨励する金融市場の発展を促進できたとしても、第四の経済的課題が残るだろう。他のすべてが同じだとすれば、未来の経済における資本投資の便益を獲得するのは、ほとんどの事業にとってお馴染みの有形リッチな経済の場合より難しくなるはずだ。これは重要な変化だ。

成功する資本主義は、民間企業が自分の投資に対してある程度の収益を得られるという期待が持てるという発想に依存している。それが成立しない場合に、企業は投資インセンティブが下がり、政府がどうしても介入する必要が出てくるかもしれない。

これはすでに、一部の重要な無形資産、たとえば基礎研究などで見られるものであり、ほとんどの国ではこれは政府が大幅に出資している。だから成功した無形リッチ経済では、無形財産にもっと公共投資が行われるようになるかもしれない（これは科学研究開発を含むがそれに限るものではない）。無形投資がますます経済全体にとって重要になると、経済の投資に公共が占める割合は増えるかもしれない。

こうした増加は、40年にわたる規制緩和と政府の経済関与を大幅に変えるかもしれない。さらに、それは政府の有効性（その能力と公平性）および世間的な正当性に対して大きな要求をつきつける。こうした要求については本章の最後で詳しく検討しよう。

最後に、政府は無形資産が後押ししがちな特定の種類の格差にどう対処するか考えなければならない。一方では第5章と第6章で見たように、無形投資の成長は格差と社会の分断を増大させるようだ。だが第8章で見たように、無形資産のスピルオーバーとシナジーを最大限に活用するには、よい社会制度と信頼が必要だ。

本章ではこれから、順番にこれら五つの問題を検討する。それをもっと具体的にするには、経済がこれから10年かそこらたったときのことを考えてほしい。いまのトレンドが続くなら、先進国の無形投資はその頃には、年間事業投資の6割から3分の2を占めることも十分に考えられる。二種類の仮想的な国で見られそうな政策を描き出そう。一つはナンジャ共和国で、有形から無形への資本シフトにうまく対応した国だ。もう一つはモンジャ王国で、うまく対応できていない(後にBOX 10・1で、第三のルリタニア国を例に、小国が無形投資の台頭から利益を得るために使えそうな別種の政策も検討する)。

無形資産の所有権についてルールと規範を明確化

無形投資への投資を奨励する昔ながらのやりかたは、人々や企業がそれを所有できるようなルールを作ることだ。古典的な例が特許や著作権だ。実際、そうしたルールはアメリカ憲法で独自の条項を与えられている。これは権利保有者以外はその資産を許可なしで使えないようにすることで、スピルオーバー問題を軽減している。

無形資産スピルオーバーを減らそうとする政府の選択肢の一つは、そうした法律の内容や運用を厳しくすることだ。もっと広範で長続きする特許、デザインなどの無形資産に対する知的財産権、非競争条項などの容認（これは企業が研修を受けた社員が他社に移るのを防ぐことで、研修のスピルオーバーを減らすのに役立つ）。差し引きで見ると、知的財産保護を得るのが安上がりになるかもしれない。

こうしたものは確かに、企業が無形投資を獲得する能力を高める。だがその代償は高くつくかもしれない。知的財産権を強めれば、他の企業が無形資産のシナジーを実現する機会を減らす。だから投資インセンティブは増えても、投資からの生産性利得は減る。

ブロンウィン・ホールが指摘したように、相互に絡み合う特許の相互に絡み合うパッケージは、ときには競争の障害となる（Hall, Helmers, and Graevenitz 2015）。場合によっては、シナジーからの潜在的な生産性利得が十分に強いので、知的財産権を強めるより弱めるほうがいいという主張も十分成り立つ。

たとえばソフトウェアや電気通信など、多くの相互に絡み合う特許があって、革新的な企業が関連する特許保有者すべてと交渉するのがあまりに難しい場合などだ。知財法を強化するさらなる危険は、不均等で部分的な形での強化をすることにより、既存の権利保持者やパテントトロールばかりに有利にしてしまい（どちらの集団もロビイングにかなりの資源を割く）、新しい無形投資がほとんど奨励されなくなるということだ。

だが、知的財産権をもっと明確にしろという主張はまっとうなものだ。賢明な特許局なら、不確実性をつくり出すあいまいな特許を拒絶する。明確な法的プロセスは、知的財産権保有者に、

財産権	
ナンジャ共和国の高無形投資経済は明確な知的財産法、明確な管轄を持つ一貫性ある知財法廷、およびうまく運営されて、不明確であまりに広範囲な知財主張を却下する賢明な特許や著作権を管轄する当局を持つ。	モンジャ王国はこれに対し、権利保有者がうまくロビイングした特定分野では知財法が極めて強く、他の分野では知財法が不明確できちんと適用されないため、大量の低品質で紛争対象となる知財権を持つ。こうした法律の実施は大幅にバラツキがあり一部の法廷は権利保持者に、他の法廷は被告側に甘くなる。

権利が思っている通りの機能を果たし、法的買い回りを抑えられるようになる。法的買い回りとは、得体のしれない訴訟や各種の特許裁判を、トロールに優しいので悪名高いテキサス州東部地域法廷に持ち込むケースのようなものだ。

無形資産を取り巻くルールは知財法だけではない。市場と規範も重要だ。

まず市場を考えよう。第4章で見たように、有形資産がサンクコストになりにくい理由の一つは、それが取引可能で人々がその価値を知っているからだ。特許や著作権の価値評価は、中古車の価値評価ほど簡単になることはあり得ないだろうが、2011年にイアン・ハーグリーブスが提案したデジタル著作権取引所のような市場を作るとこのプロセスは改善するかもしれない。企業が研究に共同投資して、結果として生じる権利を共有するのに合意する特許プールは、20世紀初頭から多くの産業で使われてきた。

技術とインフラが十分に進歩すれば、こうした市場や制度は、特許や著作権といった主要な無形資産に限定される必要はない。グーグルやフェイスブックのような企業のすさまじく価値あるデータベースやネットワークを集合的に構成する、小さな利用者生成データの要素にも適用できる。

哲学者兼コンピュータ科学者のジャロン・ラニアーは、利用者生成コンテンツのクリエータ——つまりオンラインやしばしばオフラインで相互にやりとりするあなたや私——が自分のデータ利用にきわめて少額の利用料を課せるシステムの創設を訴えた。こうした取引を創設するのは一大事業であり、権利保有者、コンテンツプラットフォーム、徴収機関、政府の間で大規模な協調が必要となる。だがそれだけの価値はあるかもしれない。知財取引の効率的市場やプラットフォームは、無形経済では経済的に価値あるものとなる。

無形資産はしばしば価値あるシナジーを持つので、それをどのようにまとめるかについての規範、ルール、標準に大きく依存する。こうした規範の一部は、各種のソフトウェアが相互に運用できるようにするための技術プロトコルのように、技術的なものだ。その一部はプロの規範であり、たとえばベンチャー資本をラウンドごとに段階的に行うといったものだ。一部は規制であり、ウェブサイトが集めていいデータと、それを使ってやっていいことを定めたりするルールや、企業同士（たとえば、ユーチューブのようなプラットフォームと、著作権ビデオコンテンツの保有者）との関係を司るものだったりする。そのほとんどは、物事の仕組みに関する社会的コンセンサスに裏打ちされている（開発者の間にある、ソフトウェアは互換性があるべきで、独占され閉鎖されるべきではないという信念や、データ保護法を左右する、個人のプライバシーと企業の権利とのバランスに対する信念など)。

有効な無形投資を最大化するには、経済は情報を理解したある程度安定した社会的コンセンサスをもとに、慎重に考え抜かれたルールを必要とする。これはさらに、投資(標準開発は無料ではできない)と社会資本を必要とする。分断され、バラバラで好奇心のない社会、十分な社会資本を持たない社会は、プライバシーなどについてのルールが何を実現しようとすべきかについての見方が、不安定ですぐ変わる可能性が高い。そして投資奨励の場合、安定は採用される具体的な規範よりも重要かもしれない。こうした規範を確立させ、施行するのは高くつく。それには適切な予算のつく特許期間や規制当局を必要とし、政府が公平に規制するために政治的なエネルギーを多く投入する必要がある(最も高価なロビイストの意志を単純に実行するだけではダメだ)。

アイデアの組み合わせを支援：シナジーの便益最大化

優れた公共政策は、無形資産に投資する者のために財産権をつくり出すのと同じくらい、知識が広がり、混ざり合い、結実する条件をつくり出すのに熱心であるべきだ。

インターネットが〝距離の死〟をもたらすという予測はよく目にするが、今のところ無形資産のスピルオーバーは、人々が集まる具体的な場所で起きる。特にこれは都市で顕著だ。これは都市計画や土地利用政策の改善がますます重要になるということだ。都市にとってのよい政策に関

未来：知的財産

ナンジャ共和国の投資主導で無形ベースの経済は、各種の知的財産権（おそらく特許や著作権を含む）について深い市場を持つ。プライバシーから医学研究まで、各種の明確なルールや標準が存在することで有名だ。こうしたルールは世界で最も自由でもないし保守的でもないが、その明瞭性と安定性はずば抜けている。この安定性の一部は、プライバシーやデータ利用などの問題に関する、情報豊かな成熟した国民的議論から生じており、一部は強い技術・実務的な技能基盤から生じている。

モンジャ王国はこれに対し、実効性ある市場を持たず、標準もきちんと定義されず、設計も素人くさく、しばしば信頼性がなく、世論が変わるとすぐに流されて変わってしまう。

する文献は無数にあるが、無形資産の文脈では、重要な原理が二つある。

一つには、都市のルールは新しい職場や住宅の建設を困難にすべきではない。都市は成長して、無形資産から増える一方のシナジーを最大限に活用する自由を持つべきだ。

その一方で、都市は交流が盛んで暮らしやすくなければならない。シナジーは、都市生活がアトム化され分断されるよりも、人々がお互いに出会い相互作用するほうが実現される可能性が高い。これをうまくやるにはバランスを取る必要がある。ジェイン・ジェイコブズ式のリベラリズム的な、ごちゃごちゃした多様な地域を容認し、そこに何車線もの高速道路を通さないようにする方針と、人々が移動するためのインフラと出会う場所を提供するという親切な計画とを必要とする。リチャード・フロリダが「クリエイティブクラス」と呼んだ人々や、アメリカ中に出現しているとブルース・カッツが述べる「イノベーション地区」を集めるような都市は、適切な計画と有機的な成長とが混ざり合っている。

この種の政策には当然ながら緊張が生じる。ニューヨークやロンドンなど無形集約都市では、住宅を増やすために開発基準を緩めるというのは、人々が集まる重要な公共の場所や文化会場を破壊するとして非難される。優れた開発は、特に無形資産の時代には、住宅と交通という基盤と暮らしやすさという両方を提供するものとなる。

懐疑的な読者はここで、優れた都市計画や土地利用規則の必要性のどこが目新しいのか、と思うかもしれない。結局のところ、開発基準の緩和は大学の経済学者が何十年も要求してきたが、スプロール化や醜い開発を減らしたいという欲望や、既存の住宅所有者の物件価値についての意固地な態度など、各種要因により阻害されてきた。確かにこれはずいぶん昔から続いている問題ではある。だが無形資産の台頭のせいで、時間がたつにつれてダメな都市政策、グリーンベルト保護、高さ制限、敷地面積の最低限度の経済的費用は上がる。経済が無形資産に頼るようになるにつれ、経済は無形資産が交配する機会を制限することで損失を被る。

都市計画制限による費用の変化を理解するために、地理学者クリスチャン・ヒルバーのロンドンの劇的な例を考えよう（Hilber 2016）。ロンドンのセントポール寺院から15キロ南西にある、リッチモンド公園のヘンリー八世王の墓にでかければ、セントポール寺院ドームの「のぞき穴」的景観をつくり出す、1700年代初頭に植えられた並木通りがある。この景観は1710年以来全く変わっていない。なぜこんなに長く生き延びたのか？　それは都市計画規制、具体的にはロンドン景観管理枠組み（ＬＶＭＦ）により保護されているからだ。[1]

こうした規制は、リッチモンド公園とセントポール寺院との間に高い建物を建設することを禁じている。またセントポール寺院の背後にも高い建物を許さない。都市計画者たちは、そんなものがこの景観の背景になるのはとても容認しがたいと決めたのだ。ＬＶＭＦ（２０１２、１７５条）が述べるように新規建設の「申請の受理を判断するにあたり、視界の背景が大聖堂に従属するものであり、ドーム上部の澄み渡った空を背景とする輪郭が維持されることが絶対的な条件とされている」。

ヒルバーが言うように「この景観は確かに近くに住む人々やハイキング客には楽しめるものだが、それはいまも高まり続ける天文学的な経済的『機会費用』を課していると言える。（中略）保護された景観は、供給を制約することで全ロンドン市民の住宅費用を引き上げ、首都の生産性を阻害しているのである」。

最も効果的な共同作業は対面で起こる

だがスピルオーバーのためのインフラ作りは、物理的な空間だけの話ではない。現在では最も効果的な共同作業は、めまいがするほど多種多様な、社交と共同のためのデジタル技術、たとえばスカイプや電子メールからフェイスブックやSlackまでがあっても、やはり対面で起こる。

だが広く喧伝された〝距離の死〟が実現していなくても、それが将来も決して実現しないことにはならない。どこかの時点で人々はＩＴを使って遠く離れていても有意義に相互作用するもっとよい方法を見つける可能性はとても高そうだ。新しいアプリケーションが開発され、労働者がオンラインの社会生活や趣味と共に育ってきた人々だらけになれば、その傾向は強まる。

人々が技術をどのように使って、一部の人が「集合知性」と呼ぶものをブーストさせるかという問いは昔ながらのものだ。それは「あらゆるデモの母親」と呼ばれる、１９６８年のダグラス・エンゲルバートによる世界初のテレビ会議、動的なファイルリンク、バージョン管理、電子的共同作業デモのプレゼンテーションの背後にもあるものだ。集合知性はウィキペディアのようなインターネット現象の発展と密接に結びついており、Slack や GitHub のようなプラットフォームの形で発展を続けている。

対面相互作用の社会的な力を遠くから再現できるような技術と働き方を開発できる経済は、特に土地利用の面で一変する。ますます高価になる都心物件の圧制から解放されれば、巨大な経済的勝利だ。だから〝距離の死〟の実現までは遠く、約束が実現までずいぶん時間がかかってはいるが、その経済的報酬はきわめて大きなものとなる。

政府がこれを後押しする方法はいくつかある。我らが無形親和的な国であるナンジャ共和国は、１９６０年代と１９７０年代のＤＡＲＰＡの顰(ひそ)みにならい、技術利用に関する実験的な開発に出資して、集合的な知性と有効な共同作業を促進することもできる（実際、ＥＵは現在

未来：土地利用と物理インフラ

ナンジャ共和国の高投資で無形ベース経済は、土地利用ルールを特に大都市で大幅に見直し住宅や職場建設を容易にした。同時に、都市の居住性と暮らしやすさを高めるために必要なインフラにも大幅に投資する。特に有効な交通手段と市民・文化的アメニティ、たとえば美術館やナイトライフだ。ときにこれは既存の場所を破壊する巨大開発計画を拒否するということだ。この変化は政治的抵抗に直面し、特に新開発やジェントリフィケーションに反対する既存利権保持者からの抵抗は強かったが、活発な都市センターの増大する経済便益は、権力バランスを開発側に傾けるに十分なインセンティブをもたらした。

モンジャ王国の都市は二つの不幸な道筋のどちらかを選んだ。一部の都市は、特権的な継続性をダイナミズムより優先させた――これによりイギリスのオックスフォードのような場所をつくり出している。これは美しく、暮らしやすい公共空間だらけだが、何を建てるのもやたらに難しいので、その場所がつくり出す経済的な潜在力を活用できる人はほとんどいない。

他の都市は1990年代のテキサス州ヒューストンに似ている――都市計画法がないために住宅やオフィスの価格は抑えられるという低規制のパラダイスだが、歩ける都心や暮らしやすい場所がないため、無形資産が交配しにくい（ヒューストンの名誉のために言えば、その後の20年でいいほうに変わった）。

モンジャ王国の都市の最悪のものは、どちらの面でも失敗し、都市アメニティへの投資は過小でありながら、新規建設は難しい。この三つのどれでも、成長できる活発な都市がないという経済的不利は、無形資産の重要性が増えるにつれて次第に大きくなってきた。

Horizon2020計画の下でこうした研究プログラムにいくつか出資している。アメリカでは、ガバナンスオープン化のためのマッカーサー財団研究ネットワークなどの非営利団体による計画が似たような役割を果たしている)。

もっと野心的になるなら、ナンジャ共和国は遠隔勤務や共同作業のツールを自国企業で実験してみてもいい。これは政府部局を遠隔勤務ツールの主導的利用者にすることなどが考えられる。また公共的な意見公募、民主的な熟議など、政府くらいしかやらないような国民参加活動でデジタル協働ツールを使うことも考えられる。

無形投資のための金融アーキテクチャ

第8章で、金融市場は有形資産に投資する企業のニーズを満たすために設計されており、無形資産への投資には貢献しないと述べた。金融市場の仕組みを変えるのは容易ではないが、ほとんどの政府はすでにある程度はそれを行っている。たとえば政府が融資保証をつけたり、ベンチャー資本などある種の資金調達には税制優遇を与えたり、エクイティ資金調達ではなく負債資金を税控除経費にしたり、といった具合だ。無形集約事業が繁栄に必要な資本を得るための条件をつくり出すには、国は行動をどう変えるべきだろうか？

まず、政府は企業が知的財産――財産権を設定できるような無形資産――を担保に借りやすくするような、新しい負債資金形態を後押しすべきだ。政府は通常、金融イノベーションを引き起こしたりはできないが、それを起こりやすくすることはできる。すでに見た通り、シンガポールとマレーシアの政府は、無形担保融資を奨励するスキームを設置している。部分的にそうした融資に補助金を出し、部分的には知的財産を統括する政府機関（たとえば特許局）を銀行と協力させて、法的および技術的障壁を減らそうとしているのだ。

長期的には、政府は負債資金からエクイティ資金へのシフトを実現する条件をつくるべきだ。すでに見た通り、無形投資担保で負債資金調達を行うのは、無形投資がサンクなので難しいことが多い。銀行は車両群やオフィスに抵当権を設定し、返済不能に備えることはできるが、独占的なプロセスやブランドでこれを行うのは難しい。企業は金利支払いは税控除できるがエクイティの費用は控除できないので、どんなリスク水準でも負債はエクイティより安上がりになる。無形投資の重要性が高まると、この歪みはますます投資を抑制してしまう。

エクイティ資金調達に税控除を作る――つまりエクイティの費用を反映した金額だけ、企業の税負担を減らす――というのはこれを補正する方法の一つだ。別の方法は、負債の利払いにも課税するが、それを補うために全体的な税率を引き下げるというものだ。これはきわめて立派な背景を持つ提案だ。ベルギーには控除が存在し、またノーベル賞受賞経済学者ジェームズ・マーリーズによりイギリス税制の聖典となった２０１１年レビュー（Mirrlees et al. 2011）でも推奨されていた。

政府はこの種の計画がいかに困難かについて、幻想を持つべきではない。これは企業税制の中心部分における心臓手術にも等しいものとなり、安価な負債を前提としたビジネスモデルを持つありとあらゆる既存利権からの反対に直面するだろう。そしてこうした計画は、中小企業にエクイティ資金を提供する新しい機関の台頭を必要とするので、これも実現までにずいぶん時間がかかる。だが無形資産の重要性が増えるにつれ、こうした政策変更の報酬は、投資と生産性という形でますます大きくなる。

どのようにしてベンチャー資本を育てるか

公共エクイティ投資はもっと機関投資家に活躍の場を与えるようになるはずだ。その一部は無形リッチな企業の株式をもっと長期に保有するようになり、さらに大きな投資を可能にする。政府はここでも多少の役割を果たせる。まず、ブロック保有を制限する規制を廃止できる（これは開示要件、企業がブロック保有者にどんな情報を提供するかについてのルール、どの株主が借りた株式で投票できるかに関するルールを含む）。第二に、金融会計基準を見直して、無形投資を正確に反映させるやり方を見つけよう（カリフォルニア州で計画されている長期証券取引所や、会計学者バルーク・レブが『会計の再生』で述べた改革アジェンダなどを参考にできる）。

またソヴリン・ウェルス・ファンドや大規模で出損金の豊富な国家年金基金を運用する幸運な政府には、別の戦略があるかもしれない。すでに見たように、最大級の機関投資家はエコシステム全体に広く投資できる。そうすれば投資先の個別企業が無形投資のスピルオーバーを活用でき

未来：金融アーキテクチャ

ナンジャ共和国、我らが無形重視の国では、こうした提言の多くを実施した。長年かけて、この国は税制を大幅に変えて、かなりの政治的反対や行政的困難にも負けず、負債とエクイティの法人税処理を均等にした。ナンジャ国はいまや、エクイティ投資の中心地として知られ、中小企業向けのエクイティ市場もますます深化し、革新的な知財担保負債金融市場もある。これはいくつか巨大な国内機関投資家が、公開企業に対する大規模で長期の投資を行うというコミットメントを行ったことで追い風を受けた。この動きは大型上場企業の間で投資増加をうながし、自社株買戻しの規模も減らした。

これに対してモンジャ王国は苦闘を続けている。中小企業の資金調達は、昔と同じく圧倒的に負債頼みだ。その原因の一部は、それが相変わらず税制で優遇されているからで、また中小企業にエクイティ資金を提供できる機関が実に少ないからだ。国際的な流行に追随して、多額の資金を投じて国内ベンチャー資本産業を根付かせようとしたが、ひんぱんな政策変更と、無形投資に対する規制緩和が中途半端でないせいで、その努力の成果はほとんど実現していない。

なくても、自分はその恩恵にあずかれるからだ。こうした大きな国家ファンドは、特定のエコシステム投資に活用してもいい（フィデリティがイーロン・マスクの無形集約ビジネス帝国全般に投資したと報じられているのと同じやり方だ）。

こうした規制改革と並んで、大企業経営者や機関投資家の文化シフトも少しばかり期待できるかもしれない。イギリスの『目的性企業』プロジェクト（Big Innovation Centre 2017）と国際イニシアチブ『資本を長期に注目させる（*Focusing Capital on the Long Term*）』（未邦訳）はどちらも、経営者や大株主に、もっと長期投資に関心を持つよう訴えている。特に研究開発や、組織資本、人的資本への投資を重視しろというのだ。懐疑派は、ご立派な台詞や善意だけでは大企業の行動を変化させるには不十分だと論じるかもしれない。だが他の政策手段と組み合わされば、有効かもしれない。大型の長期投資を無形資産に対して行おうとする企業の行動は、少なくとも一部はまちがいなく文化の問題であるように思える。

ベンチャー資本がさらにますます無形化する経済では発展すると期待される一方で、政府が現在よりもベンチャー資本を後押しすべきか、あるいは後押しできるのかは、あまりはっきりしない。ジョシュ・ラーナーが『破れた夢の大通り（*Boulevard of Broken Dreams*）』（未邦訳、2009）で示しているように、ベンチャー資本に対する税制優遇や補助金がある水準を超えたら、それはまぬけな投資を奨励する結果となる（というのも税制優遇だけで投資家は利益を得られるようになってしまうからだ）。ベンチャー資本の存在意義は、そもそも賢い投資なので、あまりに大きな税制優遇はむしろ自滅的だ。国がベンチャー資本部門を育てるなら、追加の補助金よりも時間と優遇枠組みのほうが重要なのだ。

無形投資ギャップの解消

ここまで私たちは、政府が無形経済の投げかける過小投資の問題を軽減するための三つの方法を示唆してきた。無形資産の所有権を、可能なところでは強化すること、企業が無形スピルオーバーやシナジーを最大限に活用できる条件をつくり出すこと、過小投資のインセンティブを減らすための金融改革の奨励。これらはすべて行う価値があるが、これらだけで過小投資問題が解決されるとは考えにくい。結局のところ、企業が高いスピルオーバーを持つ投資を抑えようとする基本的なインセンティブは相変わらず残るからだ。そして無形投資が毎年ますます経済にとって重要になる限り、過小投資問題はますます悪化する。

経済には、便益スピルオーバーのリスクがあっても無形投資を行うのに関心を持つアクターが二つ存在する。

一つは自分自身の投資だけでなく、他の企業の投資から得られる便益も取り込める能力を持つように見える、少数の大規模で支配的な企業だ。これはグーグルやフェイスブックのような企業が、大ばくちじみた研究開発計画を支援したり、大都市での「起業エコシステム」に大金を注ぎこんだりするときにやっていることだ——もしあなたが巨大で十分に多様な企業であれば、こうした投資は自分の啓蒙的な利益にかなうものかもしれない。

二つ目は、政府や大規模な非営利財団のような他の公的利益団体だ。どちらももっと広い視点を取るのが仕事だ。

理論的には、巨大で支配的な企業がやがてますます無形投資を増やし、産業部門の他の企業による過小投資を埋め合わせることは考えられる。これは実質的に、巨大なベル研式の投資時代への復帰となる。根底にある同じ力学がそれを後押しすることだってあり得る。ちょうどベル研究所の公共財研究が、ある面ではアメリカ政府がAT&Tの電気通信独占を容認する代償でもあったように、ネットワークのおかげで実効的な独占を享受する将来の大規模技術企業は、営業ライセンスの一部として研究開発などの無形資産への投資を奨励されることになるかもしれない。

だが全体として、これはあり得なさそうだ。ほとんどの先進国における政府と企業との関係は、1960年代や1970年代からあまりに変わりすぎて、この種の企業主義が大規模に再現されるとは想像しにくいし、それが他のマイナスの効果を引き起こして生産性を引き下げたりしないとはなかなか想像できない[2]（だがもっと多くの企業がマイクロソフト社のパターンをたどれば、このもっと小さなバージョンは台頭するかもしれない。同社は創業者のために強大な個人の富を生み出し、それが公共の善のために無形投資に出資するようになった。その例はビル・ゲイツで、彼のゲイツ財団は熱帯病の研究に資金を出している。またネイサン・ミアボルドは原子力やジオエンジニアリング研究を支援する。だがこれで差が埋まるとは考えにくい）。

すると最後に頼るべき投資家として残るのは政府となる。無形投資に企業が資金を出すのが困難になるなら、そしてそれが経済にとってますます重要になるなら、投資不足を容認するのでない限り、投資家としての政府の役割が拡大しなくてはならないという結論は、なかなか回避しがたい。

これは先進国ではまったく馴染みのない発想ではないはずだ。そうした国の政府はすでに、企業が使う無形資産にかなりの投資をしているからだ。これは公的研究開発や、補助金つき研修という形で行われている。イギリスでは、全研究開発の3分の1、そして初期段階の研究開発ではずっと大きな割合が政府資金で行われている。だが公共部門のソフトプロジェクトに多少なりとも馴染みのある人物なら、あらゆる政府出資無形投資がうまく機能するとは限らないことも知っている。では大量のダメな投資を引き起こさずに、国が公的資金による無形投資を増やすにはどうしたらいいのだろうか？　現実的な選択肢はいくつかある。

公的研究開発資金の提供。最初のものは、研究開発への政府資金を増やすことだ。大学研究、公的研究機関、企業研究にもっと支出を増やすのだ。研究にお金を出すのは、政府の成長を促進する支出として最もイデオロギー的な論争の少ないものだ。左派のジェレミー・コービンやバーニー・サンダースも支持しているし、右派のピーター・ティールも支持しているし、その中間にいる大量の政治家や評論家も支持している。それを正当化する議論は、無形資産の4Sの一つにまでさかのぼる。スピルオーバーだ。

研究開発の収益は必ずしもその投資を行った人物や企業が捕捉するとは限らないので、企業は経済全体にとって最適な量より少ない研究開発しかせず、従って政府は介入する正当な役割を持っている。それは大学や研究所の研究に資金を出したり、企業に対しては補助金や免税を通じて研究開発を行うよう促している。総額で、2013年OECD加盟国は、公的資金の研究開発で400億ドルほどを使い、さらに研究開発の税制優遇で300億ドルを負担している（Appelt et al. 2016)。

公的研究の経済便益についての証拠は、みなさんが考えるより評価しづらいものだ。だが手持ちのそうした証拠を見ると、便益はかなりプラスのようだ。私たちの一人が、アラン・ヒューズ、ピーター・グッドリッジ、ギャヴィン・ワリスと行った研究では、イギリス政府が大学研究に出した追加の投資は国民生産性を20％引き上げたと示唆している（Haskel et al. 2015）。（1990年代と2000年代に大学への政府支援は大きく変動し、そうした増減はおよそ3年ほどのラグを持って、生産性の上下変動と見事に相関していた）。

すでに指摘した通り、相関は因果関係を証明するものではない。たとえば多くの大学は経済的に恵まれた地域にある。だがこれは、よい大学が地元の経済的運命を向上させるということだろうか？　それとも金持ちな地域が大学を設置するのか？　大学の支出から地元の繁栄への因果的なつながり（あれば）を見つけるための戦略が必要だ。

このつながりの問題に対する答えを割り出す賢い方法の一つが、アメリカの大学資金調達の独得の慣習から生じる実験とも言うべきものの研究だ。経済学者ショーン・カンターとアレクサンダー・ウェイリー（Kantor and Whalley 2014）は、多くのアメリカの大学が毎年、彼らの基金のそこそこ一定比率（4％ほど）を支出に振り向けることを指摘した（この慣行にはベンゲンルールという名前がついている。これが基金や年金基金からの年間引き出しまたは支出率として持続可能だと計算した財務顧問にちなんだものだ）。だから株式市場がバブルになったり崩壊したりすると、大学の支出も基金の市場価値とともに上下に変動し、地元の経済状況には左右されることはなかった。カンターとウェイリーは1人当たり大学支出の変化（こうしたショックにより起こる）と地元の経済状況（地元地域での大学以外の賃金で測定）との間に相関があるかを調べてみた。

アメリカの85郡にある135大学を標本として調査した結果、株式市場にバブルが発生して基金からの引き出し額が増えると、大学活動（主に研究産出の増加）は確かに地元所得を増やすことがわかった。だから大学研究と地元の経済的成功との間にはスピルオーバー的なつながりがあり、それは長続きする（彼らのデータによれば少なくとも5年）。だがその規模は平均すると慎ましい。興味深いことに、この大学と地元とのつながりの強さはいろいろだ。つながりが大きくなるのは（a）大学の研究が盛んで（b）地元地域の状況がその研究を吸収しやすい場合だ。こうした条件は、地元の企業が高技能で技術的に大学の研究と近いということを意味している（たとえば大学の特許を活用するなど）。

ここから類推できる点の一つは、科学政策が地域政策と相補的な関係になるべきであり、代替物になる必要はないということだ。恵まれない町の大学に科学予算を提供しても、地元社会に研究増加の結果を吸収する能力（たとえば高技能労働者や研究成果を活かせる地元産業）がないと、結果はかなり控えめなものになってしまう。

具体的に各種手法——公的研究への出資から、ミッション志向のプログラム、コンペ、民間研究開発の税制優遇——のどれがいちばんうまくいくかについては、活発な論争がある（イギリスでは、企業研究助成1ポンドに、企業税制優遇3ポンド、公的資金による学術科学10ポンドという構成になる）。だがなんらかの形で公共の資金による研究開発が増えねばならないというのは、無形投資の重要性増大からの論理的な結果に思える。

だが政府が資金を出せる無形資産は研究開発だけではない。公共部門は歴史的に、市場に製品をもたらすのに必要な他の無形資産への出資で、あまり目立たないながら重要な役割を果たしてきた。ときにはこれは免税や直接出資を通じて起こる。シンガポール政府は各種の無形資産に対する企業投資に補助金を出しているが、それは実質的な無形免税措置である生産性イノベーション税控除(3)を通じて行われている。これは研究開発だけでなく、設計、プロセスのオートメーション化、研修、各種知的財産の導入開発も対象となる。一部の政府は、生産手法について安い料金、あるいは無料の助言を行っている（たとえばイギリスで最近打ち切られた製造助言サービスや、アメリカの製造業拡張パートナーシップ）。これは実際には公的資金による組織開発やデザイン投資だ。政府はまた、芸術に出資するときにも無形への資金供与を行っている。これが設計、表現、美的創造性に頼る企業に恩恵を与えるという発想だ。ネスタの研究によれば、イギリス経済の10％以上はこの意味で「クリエイティブ」に分類できるとしている（Higgs, Cunningham, and Bakhshi 2008）。そして、イギリスにおける公共補助アートは商業的なクリエイティブ産業に大きな貢献をしたことも示されている。

公共調達。政府が実際に無形投資に出資できる別のやりかたは、調達という手段によるものだ。米軍が1950年代に半導体産業の発展に出資したとき、研究開発にお金を出しただけではない。最初の主要顧客（しばしばコストプラス契約での支払い）となることで、実際にアメリカの企業がチップを生産し販売するための無形資産に投資するのを資金援助した。それがそうした企業の商業的な成功において有益となった。台湾政府が１９７０年代から80年代にかけて、産声をあげたばかりの半導体産業に（特に技術機関ＩＴＲＩ経由で）行った支援も似たような働きだ。ＩＴＲＩは単に研究開発に投資しただけでなく、ＵＭＣやＴＳＭＣのような企業の育成も行い、彼らが半導体ファウンダリーをうまく運営して世界の半導体サプライチェーンの一員になるために必要な無形資産に投資した。幼稚産業支援の産業政策の成功率については議論がいろいろあるが、うまく行ったものは非研究開発無形資産への政府投資の事例と呼んで良いだろう。

イノベーション学者デビッド・モウェリーはアメリカで「賢い」公共調達が機能するかどうか、アメリカのＤＡＲＰＡや中小企業イノベーション研究プログラム、アポロ計画、マンハッタン計画についての美談がピントはずれでないかどうかを研究した（Henderson, Newell, and Mowery 2011）。彼はアメリカＩＴ部門の発展は調達の大規模なサクセスストーリーだと述べている。

１９５０年代に米軍は大量のソフトと半導体を調達し、この需要のおかげでテキサスインスツルメンツ社などの企業は単に研究開発だけでなく、半導体の製造販売に必要な他のプロセスにも投資できるようになった。この計画の一つの条件は複数の供給業者が必要とされたことで、このため業界内での情報供給と標準化が一般的な手法になったという。１９６０年代末には、軍の買っているＩＴ製品シェアはきわめて小さなものになり、民間部門の需要がとても重要になった。

運のいいことに、軍のプロジェクトは実は民間セクターのニーズときわめて相補的だった。やがて時間がたつと状況は変わり、ソフトウェア産業は成熟して、軍はいまやソフトを民間部門から買うようになった。１９８０年に米軍が自分でソフトウェアを作ろうとしたが失敗した。だから最終的に、成功したのは民間部門のニーズときわめて相補的なものを開発したためだった。そして民間部門はあっさりそのリードを奪った。

アメリカＩＴ産業の発展は調達がうまく無形投資を奨励した事例だが、失敗もいくつかあった。１９７０年代と80年代にアメリカ空軍はコンピュータ支援工作機械の開発に投資したが、その活動は日本企業の活動に追い越されてしまった。民間原子力もまた大量の国防資金や調達支出から恩恵を受けたが、国防部門ニーズ（たとえば潜水艦の動力にしたり核兵器向けのプルトニウムを作ったり）は有効な原子力技術の発達を助けるより、むしろ足を引っ張った。

これらすべては、調達により無形投資を奨励するのがうまい話ばかりではないことを示している。この戦略が機能するためには、政府としては四つの点をうまく確保できると確信している必要がある。

まず、規模の問題がある。世界中の政策マニアはアメリカの国防イノベーション機関であるＤＡＲＰＡをうらやましそうに見る。ここは各種のイノベーション研究やチャレンジで、年間30億ドルほどを費やし、コンピュータマウスから自動運転まで各種技術の開発に重要な役割を果たした。だがDARPAの成功理由の一部は、それがアメリカの6000億ドルにのぼる国防調達予算の裏付けを持っているからだ。その原則の一部は、米軍の技術優位性を維持することだ。

第二に、十分な政治的コミットメントが必要だ。調達を使ってイノベーションを奨励するのは、失敗のリスクも伴う。もし政府がこれを容認できず、絶えず失敗のリスクを減らそうとしたら、おそらくイノベーションは生じない。国防調達がこれまでイノベーション奨励に成功した理由の一つは、それが通常は政治的圧力から隔離されていて、国防資金を受け取る人々がもっとリスクを取れるようにしていたからだ。

第三に、調達の通常のインセンティブ——出したお金の元を十分に取る——とイノベーション促進のリスクや発想との間には、本質的な緊張関係がある。これは単に職員だけの問題ではないが、それも重要ではある。最大限の成果を絞り出すのが得意な職員は、通常はとんでもないブレークスルーを育むのが得意な人とは人種が違う。だがもっと心配なのは、調達で元を取るのに失敗したとき、しばしばイノベーションが口実に使われることだ(「お金は失いましたが、何か新しいことを試していたわけですから!」)。あまり多くのイノベーション調達をやると、標準的な調達失敗の言い訳にも流用されてしまいかねない。

調達を促進するためにイノベーションを使おうとするすべての政府にとって、最後の質問はクリント・イーストウッドによるものとなる。「自分がツイてると思うか?」。イノベーション調達における本当の成功確率がどの程度のものか知るのはきわめて難しいのは、生存者バイアスがきわめて大きいのが一つの理由で（調達でイノベーションを促進しようとする試みの失敗事例で、私たちが知らないだけというものがどれくらいあるだろうか？）、また成功したものも何が成功要因だったのか実にわかりにくいからだ（半導体やデータ通信のイノベーション促進は、どこまでが単なるツキだったのか？　次の勝者を選ぶのはどのくらい容易なのか？）。

研修と教育。また特定の研修や教育への出資に対する公共の役割が拡大すると考えることもできる。研修への政府関与は主に、若者の教育に関連する（これには多くの影響や目的があり、その一つは労働者としての市民の生産性を上げることだ）。そして産業の研修プログラムにある程度の補助を出すことだ。たとえば（一部の国の）研修生制度などだ。

就学年数を増やすために市民にお金を渡すというのは、20世紀の大半にわたり、政府が生産性を上げる重要な方法だった。経済学者クローディア・ゴールディンとローレンス・カッツは、アメリカの経済成長における教育の重要な役割を記録し、たとえば１９３０年生誕のアメリカ人口のうち高校を卒業したのは62％だが、１９７５年生まれでは75％だったと指摘する（Goldin and Katz 2008）。ロバート・ゴードンとタイラー・コーエンは、ここには収穫逓減があるという。子供や若者が学校や大学に通える時間には限界がある。そしてこれが将来のアメリカ経済の成長にとって、大きなブレーキになるのだ、と（Gordon 2016; Cowen 2011）。

こうした収穫逓減を阻止する方法を考案するのは、なかなか難しい。ゴールディンとカッツは、教育の各段階で教育を受けた労働者の供給を増やすべきであり、もっと的を絞った支援をしてはどうかと示唆する。ごく初期の支援を増やし、中級学校は小学級制にして、大学にもっと支援を増やせという。そしてもちろん、長く学校に通う人は増えている。職業の多くが学位や大学院卒を求めるようになっているからだ。だが人間の若年期は有限なので、そこにもっと教育を押し込むにはやはり課題が残る。

また、答えは教育の量ではなく、その中身にあるのだと論じた人もいる。最近では、ある種の教育がずっと価値が高いと論じるのがファッショナブルになっている。たとえば、学校でプログラミングを教えるとか、子供や生徒に協働で問題を解決する技能を学ばせるといったことだ。どちらも、将来の経済でことさら有用な技能を与えてくれるとされる。

だが将来の経済がどんな技能を必要とするかを予測できるとは思わないほうがいいし、またそれをどこまで教えられるかもよく考えるべきだ。20年すると、プログラミングのほとんどは自動化されるかもしれない。ひょっとすると協働問題解決は、カリキュラムをいじるくらいで仕込めるものではないかもしれない。

だが、いつ教え、何を教えるべきかという問題を解決する別のアイデアがある。成人研修を増やすことだ。成人教育は常に、教育システムのシンデレラで、見下されて公的資金もつかない。だが、ますます無形リッチとなる経済でその有用性は明らかに思える。

まず、成人教育は定義からして人々の労働力参加を遅らせることはない。人々の教育に生涯を通じて投資できると、教育を受ける年数は何十年も増える。第二に、成人教育があれば、20年や30年後にどんな技能が価値あるものとなるか当てなければならない問題も軽減される。将来の経済に必要とされる技能に関するすばらしい研究はいろいろあっても、数十年先を予想しようとすれば、サム・ゴールドウィンの助言の一つにでくわす。「予測はするもんじゃない――特に未来については」。だが人々が労働期間中でも技能を増やす機会があれば、予想はどうでもよくなる。成人教育は人々にオプション価値を与える。また第6章で述べた格差問題もある程度軽減してくれるかもしれない。無形資産の増大は、技能の乏しい人々を不利にして、一部の技術を陳腐化させるが、研修があればその部分については格差を抑える道が生まれる。

だが成人教育の拡大を計画している人ならみんな、戦略的な問題に直面する。それをどう効果的に実施するかということだ。学校、大学、生涯教育、コミュニティカレッジは、確立した組織で実績もある。完璧ではないにしても、長年かけて発展し改善してきたうえ、社会もいっしょに発展してきたため、高等教育に進むというのは少なくとも先進国では、ほとんどの人の生涯で予想される道筋の一つだ。

成人教育はそれほど馴染みがない。さらに新技術は成人教育を容易にする可能性が高い。デジタル技術は教育を安い費用で便利に行える手段となる（MOOC――大規模オープンオンライン講義――はいまのところ当初の希望を実現するほどではないようだが、この分野はまだ20年もたっておらず、もっとバージョンアップされればずっと効果が高まるかどうかもまだわからない)。

必要なのは、成人教育の配信方法のイノベーションに向けた大規模投資であり、費用対効果が高く多くの人々に恩恵が行き渡る新しいモデルを見つけることだ。こうした教育形態が、納税者ではなく当の成人学生自身により費用が負担されるようになるとしても、うまく機能する新モデルの開発研究は、公共政策の目標として価値のあるものに思える。

政府の資金はまた、多くの事業が投資を控える原因も減らせる。仮に自動運転車を開発し、都市をそれにあわせて再編することで、大きな経済的利得が得られるとしよう(自動車事故が減り、通勤も時間が短縮され、駐車場が再開発に使えるようになる等々)。だがこうした便益を実現するには、多くの投資がいっしょに行われる必要がある(自動運転技術、都市設計、新しい保険商品など)。他の企業が相補的な投資を確実にしてくれない限り、どの企業も自分からは投資をしたくない可能性は十分にある。この場合、政府投資はそれ自体として有用なだけでなく(たとえば他のだれもやらない、スピルオーバーの大きな投資にお金を出すなど)、他の人々が相補的投資を行う可能性を高めることで、もっと広範な投資を促すのだ。この種の「呼び水」投資を行う政府の役割は無形経済では高まる。

公共投資の課題

政府が投資でますます大きな負担を担う必要があるという考えは、私たちとしても思いつきで言っていることではない。それは少なくともさらなる三つの課題を引き起こす。能力とバイアス、財源、正当性の問題だ。どれも無形経済発展のために必要となる重要な変化を浮き彫りにする。

経済への政府関与、特に政府の投資活動を批判する多くの人々は、「政府の失敗」の問題に注目する。政府はどこに投資すべきかわかるのか、そしてわかったとしても、既得利権に操られないとどうしてわかるのか？　最悪の場合、政府は単なる無知か、あるいは一部の企業がうまくロビイングしたせいで、必要とされない役立たずの技術を支援しかねない。

この見方は、政府が現在すでにかなり具体的な投資を行って「勝者を選んでいる」という点を無視している面もあるが、それでもそこで指摘された危険は確かにある。これはある程度は、正直さと知識によって軽減できる。公平な判断で業界ロビイングの威力は減らせる。よいデータと分析を使えば、調達方式を実施したり、試験投資を行ったりする職員の能力は改善される。

これはつまり、現在よりももっと無形資産に投資する政府が欲しいなら、政策立案者の正直さ、能力、経済的知識を着実に高める必要があるということだ。優れた統治は、無形経済ではますますプレミアムが高まる。というのも、ダメな投資の機会やレントシーキングの機会が増えるからだ。

第二は公的資金の問題だ。大学研究、研究補助金、革新的な調達にもっとお金を使うと、あらゆる先進国ですでに苦しい状態となっている公共予算にさらに負担がかかる。どこかでそのための資金を捻出しなければならない。この種の支出をまかなう一つの提案は、公共研究開発の恩恵を受ける企業の株を政府が持ち、その収益を次世代の無形投資に投入することだ（この提言は、マリアナ・マッツカートがベストセラー『企業家としての国家』で行っている）。

だがこの提案で無形スピルオーバーの問題を回避できるかは明確ではない。政府が無形投資に出資する理由はまさに、便益が必ずしも投資を行う企業には帰着しないからだ。単に政府が投資する企業の株式を買うだけでは、信頼できる財源とはならない。さらに、政府が将来の運営予算のために特定企業の業績に依存するようになると、利益背反の可能性が高まり、政府が公平に投資を行いにくくなる。公平な投資は、政府自身が行う投資決定の重要性が高まるにつれて重要になるのだ。

実は、政府が無形投資を行う場合に最も信頼できる財源は、一般課税だ。これは政府がどこであろうと無形投資のスピルオーバーから利益を得られるようになるし、エクイティを持つ一部の企業に対する政府の依存も減らす。だから無形投資の公共投資の増額は、税負担の増加や、他の公共支出分野の削減を意味する。

科学予算を決めるのはだれか

これは第三の含意につながる。増税や他の分野の支出を減らし、公共投資を増やすためには、民主的な政府はなぜそれが必要かについて、もっと強い主張をする必要がある。伝統的には、科学技術政策(ほとんどの政府が研究開発における無形投資をしてきた旗印)は民主主義的というよりはテクノクラート的だった。科学研究の目標は科学者や非政治的な出資機関により決められた。

科学にどのくらい資金を出すべきかという問題は、議論のわかれる政治課題になったことはめったにない。具体的な狙いを促進するのではなく、科学的な意義だけから研究に資金を出すのだというビジョンは、ヴァネヴァー・ブッシュが『科学:果てしなきフロンティア(*Science: The Endless Frontier*)』(未邦訳)で述べ、イギリスではホールデン原則として(いささか神話的に)知られるようになったものの基盤となった。例外はあったが(宇宙開発競争とアメリカのDARPAへの資金はきわめて明確な目標があった)、ほとんどの場合、公共科学投資は民主政治と暗黙の取引をしていた。科学資金の決定は有権者ではなくテクノクラートが行う、というものだ。だがそのかわりに、政府支出計画の中ではあまり大きな予算費目にはならない。

民主政府が無形投資の激増にコミットするためには、違う政治的な取り決めが必要かもしれない。これをやる一つの可能性は、政府が行おうとする無形投資に対する公共の支持を高めることだ。それが有権者の重視する具体的な目標に貢献することを示すなどすればよい(世論調査によれば、少なくともイギリスでは、科学予算を具体的なミッションに関連づけることが、人口の50％以上に支持的な連合を形成する鍵となる)。

もちろんここには緊張関係がある。研究資金のようなものにもっと民主的な統制を入れると、もっとダメな投資が増える可能性がある。国民はテクノクラートや科学者に比べて、資金の振り向けがヘタかもしれない。だが民主主義では、予算プロセスの正当性を高めることこそが、公共資金の増額を主張するための最も効果的な方法かもしれない。

公共による無形資産への共同投資がどのようになるかを見るには、我らが空想上の2カ国、ナンジャ共和国とモンジャ王国に戻ろう。

知財権を明確化し、無形資産のスピルオーバーを管理し、無形親和的な金融システムを構築する筋の通った手法にもかかわらず、ナンジャ共和国の企業は相変わらず経済にとっての最適水準よりも少ない投資しかしない。一部のギャップは非営利財団が埋めてはいるが（共和国の成功した無形ベース企業からの棚ぼた的利益で設立された財団だ）、政府が介入していくつか見送られたかもしれない投資をしていなければ、まだ不足は続いていただろう。

この変化は、かなりの政治的ストレスや苦労の源となっていた。政府が科学や研修のようなものへの投資にもっと予算をつけるべきだという発想は、当初は有権者にあまり人気がなかった。ほとんどの有権者は、公共投資でもっと優先したいものがあり、そうした投資は企業に任せるべきだと考えていたのだ。

そうした変化が可能だったのは、歴代の政権が一貫して、研究、研修、調達への公共投資を、目先の国家的課題への答えとして提示したからで、そうした投資は次第に一般国民からももっと増額を求められるようになったのだった。

この面でナンジャ共和国は、その政治文化の質からも恩恵を受けていた。同国は、汚職水準がとても低く、公共行政の質に関してはトップ級の評価を受けている。とはいえたまに公共投資に関わるダメな投資のスキャンダルはあったし、収賄事件すらあった。だがいまのところ、小規模にとどまっている。

これに対し、哀れなモンジャ王国は、研究や研修などの無形資産に対する公共投資を増やす努力を何もしなかった。他の欠点と並んで、これは投資水準を大幅に押し下げ、生産性の伸び率は10年にわたり期待はずれの状態が続いた。政府が投資し経済が発展しているらしき多国の事例を前にしても、公共投資を増やせばモンジャ王国の役に立つと納得している人はだれもいない。その理由は、ほとんどの有権者がいまだに研究投資を狭いテクノクラート的な問題だと考えているからであり、政府を蝕むひんぱんな汚職スキャンダルのために、だれも公共投資が適切かつ公平に配分されるという確信を持っていないからだ。

BOX 10.1 小国にとっての機会、あるいはルリタニアはどうすべきか？

ほとんどの経済的変化は、即応性のある国に機会をもたらす。無形へのシフトも例外ではない。無形経済のニーズにすばやく適応できた国には、本当に勝者先取りの優位性があるかもしれない。必要となる政策は、十分な政治的統一性と行政的な能力を持ち、目標についてすばやく合意してうまくそれを実行できるような、小さな開放経済において最も実施が容易だ。私たちはこの種の見本となる国をルリタニアと呼ぶことにした。

本章でのほとんどの提言とは違い、ルリタニアが採用するアイデアはゼロサムゲームが多い。それは他国からの経済活動を引きつけるという原理に基づいており、ルリタニアが得る利益は、他の国にとっては損となる。だからといって政府がそれをやりたがらないわけではない。

ルリタニアが採用し、大きな経済的刺激効果を与えてくれた政策をいくつか考えてみよう。

無形紛争における仲裁センターとなる

無形資産への投資家は、自分が所有できるものについてはっきりさせておきたいと思うが、かなわぬ願いであることが多い。これは一部は法的な不確実性のせいであり、また法執行が各種行政区によって異なっているからだ。ルリタニアは知的財産の所有権に関する最新の明確な法律の整備を行い、それを執行するための機能的でかつ資金の豊富な法廷も作った。結果として多くの近隣国は、ルリタニア法に基づいて契約を行いたがる。

無形資本に優遇税制

無形資本はしばしば有形資本よりも移動性が高い。工場やショッピングモールを動かすのは難しいが、特許、ブランド、一連の運営手順の所在地を移すのは比較的簡単だ。ルリタニアはこれを活用すべく、きわめて無形にやさしい税制を設計し、無形資産に関わる利潤に対して大幅な控除を認めた。

これはルリタニア自身の企業にとってはあまりよい考えではないかもしれないが（特許ボックスのような大きな減税が新しい無形投資にさほど役に立つという証拠は限られている）、他国の無形集約企業やその支店をルリタニアに引きつけるのに大きく貢献した。それが職を生み出し、しばしば追加投資にもつながった。

金融と知的クラスターを開発

ルリタニアが地域の企業やその支店を集め、知的財産の契約や紛争解決の地元センターとしての地位を確立すると、そうした属性に基づいて無形集約企業の資金調達を十分に行える金融サービス部門を発展させた（知財担保融資やベンチャー資本を重視している）。また税制や法制度に惹かれて立地した無形集約企業とともに公共研究にも投資した（このどちらも、すべての国にとってよい戦術だというのはいままで見た通りだが、ルリタニアの無形ハブという地位はその成功の可能性を高めるものだ）。

社会資本の強化

ルリタニアは小さくて比較的裕福なので、社会的な均質性が常に高い。この利点は、無形経済で繁栄を求める中で有利に働いた。こうした社会ネットワークによって、アイデアが経済の中で広がりやすくなり、無形経済で増大しかねない格差を抑えるのも政治的にやりやすくなっている。

確かにすべての国がルリタニアを真似できるわけではない。だれもがハブにはなれないし、広範な課税競争は非生産的だ。だが個別の小さく柔軟な国が、経済変化への対応方法を求めるなら、これは有効なヒントになるかもしれない。シンガポールとアイルランドに関心のある人々は、この両国の最近の展開に、ルリタニア戦略の馴染みの一部が反映されているのに気がつくだろう。

無形格差への対処

無形時代に政府が対応すべき最後の大問題は、無形依存経済から生じる独得な格差にどう対処するかということだ。

第5章で見た通り、無形リッチな経済は少数のきわめて高利潤企業を創り出す傾向がある。その理由は、価値ある無形資産がきわめて大規模な企業全体にスケーリングできたり、最優秀の企業が自分の無形投資を活用する一方で他の企業の無形からの便益も拝借できたりするからだ。第6章では、こうした先進企業と後塵企業に二極化する傾向が、所得格差の長期的な増大の一因になっていることを見た。また無形経済で繁栄する労働者の心理的文化的特性は、無形経済がおいてけぼりにしてしまう人々の心構えとは相容れず、結果として無形の成長がもたらす経済格差が社会的亀裂とからみあうようになるのではという推測も行った。

第7章では、成功した無形経済が、ソフトインフラと呼ばれるものに大きく依存することを示した。これは人々や企業がスピルオーバーを共有し、シナジーを活用し、協働できるようにする規範、価値観、社会資本のことだ。

これは政府にとって、ことさら頭の痛い二重のジレンマをつくり出す。まず、未来の経済における支配的な生産様式は格差を引き起こす可能性が高い。多くの有権者から見ると、それ自体が問題だ。それに加えて政府は、無形経済が引き起こすきわめて分断的な格差は、繁栄する無形経済が依存する社会制度を脅かすことに気がつくのだ。

どの国や地域が成功するかを予測できそうなものとして研究者たちが開発した指標はいろいろあるが、それらには信頼、権力の距離（社会がどのくらい階層的か）、経験への開放性（人々が新しいものにどのくらい興味を示して容認するか）が含まれる。これらの一部は根深い文化的特性と関連している。だが他の重要な要因は政策によって大きく変えられるかもしれない。

アレックス・ベルらの最近の研究（Bell et al. 2016）によれば、技術に早い時期から触れたせいで、アメリカ人は大人になってから発明家になる可能性がずっと高まり、その初期の接触は富や階級に影響を受けるという。この一つの含意は、学童に技術と触れる機会を増やせば、アイデアを共有できる人々のプールが増え、国内の無形資産同士のプラスのシナジーを増やせるかもしれないということだ。

格差はまた企業レベルでも経済的に非生産的と言えるだろう。強力な無形リッチ企業は、政府に対して不公平な優位性を要求してロビイングするインセンティブを持っているので、他人の投資インセンティブを押し下げる。

これらすべては、政府にとって大きな課題だ。無形経済の繁栄を支援するためには、政策担当者は信頼と強い制度を奨励し、機会を増やし、分断的な社会紛争を軽減し、強力な企業がレントシーキングにばかり精を出すのを防ぎたいと望むことだろう。だが同時に、有効な無形経済はこうした問題すべてを悪化させるようだ。社会的な反目にきわめてつながりやすい格差を生み出し、社会資本を脅かし、紛争性の高い無形資産の保護をきわめて重視する強力な企業をつくり出してしまうのだ。

こうした問題への解決策があると言いたいところだが、先進国のほとんどの政治家同様、私たちにもそんなものはない。問題がうまく解決された世界がどんなものかすら、はっきりしない。だがこの緊張関係が今後何年にもわたり政治経済を支配するようになり、それを解決できる国が、どこであれ大いなる繁栄への道を切りひらくことになるという点について、私たちの確信は揺るがない。

第11章

無形経済はこの先どこに向かうのか？

本書は過去40年にわたり、おおむねすべての先進国で観察された投資の種類の変化について議論したものだ。企業や政府が未来の生産能力をつくり出すために行う支出である投資を見てきた。投資はかつては、ほとんどが物理的または有形、つまり機械、車両、建物、そして政府の場合ならインフラだった。いまや投資の多くは無形、つまりソフトウェア、研究開発、デザイン、芸術的原作、市場調査、研修、新しい事業プロセスといった知識関連の製品だ。

無形集約経済が有形集約経済とずいぶん違って見えるのは、無形投資の根底にある特徴が違っているからだということを検討した。そしてこうした根底にある特徴の論理を使い、成長の低下と長期停滞、格差、金融や公共政策の課題を理解しようとした。

その過程で、現実世界の事業例とマクロ経済データの組み合わせを使って、こうした変化を明らかにしようとした（データは第2章と第3章にある）。私たちの例は、レズミルズが現代のジムを一変させ、バーベルやランニングマシンといった有形資産だけでなく、ブランド化された運動方式やインストラクターの研修といった無形資産にも頼るようになった様子にも触れた（第2章）。これはイノベーションであり、内部改革（イナベーション）だ。

またエピペンを見て（第4章と第5章）、一見するとコピーしやすい財が、ブランド化や研修への無形投資を使って市場リーダーに留まっている様子を見た。さらにいくつか歴史を振り返り、無形資産の少なかった時代（第1章の11世紀）から電子レンジ、身体スキャナ、ビートルズまで眺めた（第4章）。またこの分野の（時にわかりにくい）用語も説明しようとした。たとえば投資、資本、資産（第2章）、知識、情報、アイデア（BOX4・1）、生産性と収益性（BOX5・1）、所得、稼ぎ、富（BOX6・1）などだ。

私たちの議論はいくつかの部分に分かれる。

1. 有形投資から無形投資への長期的なシフトが起こっており、今なお続いている。
2. このシフトの大半は企業のバランスシートや国民会計に登場しない。会計士や統計学者は無形支出を投資としては計上せず、日常的な経費扱いにするからだ。
3. 無形投資が生み出す無形の知識ベースの資産は、有形資産と比べて異なる性質を持つ。それはスケーラブルで、サンクコスト（埋没費用）を持つ。そしてその便益はスピルオーバーし、他の無形資産とシナジーを示しがちだ。

4．こうした特徴は経済にとって影響を持つ。特に、以下のような影響があると述べた。

a．長期停滞。投資が少なすぎるように見えるのは、一部が計上されていないからだ。無形資産のスケーラビリティは、巨大で高収益企業の台頭を可能にし、先進企業と後塵企業との生産性と利潤の差を広げる。大不況以後の無形資本構築の停滞は、スピルオーバーを減らし、スケーリングを減らしたので、全要素生産性の伸びも下がった。

b．格差。シナジーとスピルオーバーが競合企業同士の収益性ギャップを高めるにつれて、所得格差は上昇し、調整能力を持つ経営者や指導者の需要を高める。スピルオーバーとシナジーが大量に発生する都市がますます魅力的になり、不動産価格が押し上げられると、富の格差は上昇する。経験へのオープン性といった心理的傾向が重要性を増すにつれて、自尊心の格差は高まる。

c．金融システムの課題、特に事業投資の資金調達に関連したもの。負債調達は、サンク資産を持つ事業にはあまり適さない。公開エクイティ市場は少なくとも一部の無形資産を過小評価するようで、これはそうした資産の過小計上のせいでもあるが、無形資産の不確実性も影響している。ベンチャー資本は、無形資産を取り巻くサンク性と不確実性へ対応したものだが、現在は多くの産業にスケールするのが難しい。

d．インフラへの新しい要件。特に有形資産から無形資産へのシフトは、ＩＴインフラと大都市での低所得者向け空間の必要性を高め、同時に「ソフトインフラ」への要求も高めている。ソフトインフラとは、人々、政府、企業間の協働と相互作用を律する規範、標準、ルールだ。

5. このシフトは、経営と金融投資にも影響する。無形資産を使う企業は専制主義的になる。無形資産を生み出す企業は強いリーダーシップが必要だ。金融投資家は、現在の事業を表現すると称する現行の財務諸表をはるかに越えた情報を見つけねばならない。

6. このシフトはまた公共政策の使命も変える。政策立案者は知識インフラ支援に専念しなくてはならない——たとえば教育、インターネットと通信技術、都市計画、公的科学支出——そして知的財産規制を明確化せねばならないが、必ずしもそれを強めるということではない。

こうした論点がどういう面で論争を呼ぶのかを振り返っておく価値はある。そして証明すべき点がどこに残っているのかも。第一の点、有形から無形支出へのシフトがあったという点はかなり広く受け入れられている。最大の論争は、ビジネスプロセスにおける投資をどう計測するかということで、これは本質的にきわめて難しいが、この種の無形投資を完全に無視したとしても、無形投資の相対的な重要性の増大はまだ成立する。同様に第二の点、つまりこうした無形支出の大半が計上されていないというのは、無形投資の処理を司る会計慣行を設計する人々によって認められている。

第三の点、つまり無形資産の性質は、もっと概念的なものだ。スケーラビリティとスピルオーバーは、財としての知識の根本的な性質から出てくる（何度も使えるし、他人がそれを使うのを防ぐのは難しい）。ある程度までサンク性（特定の無形投資は、いったん費やされたら取り戻せないという点）は、無形資産の市場がない結果であり、無形資産の市場が発達すれば緩和されるかもしれない。そして無形資産同士のシナジーは、組み合わさったアイデアの力が持つ自然な特性のようだ。

第四の点、経済への影響は、どうしても憶測となる。本書での私たちの狙いは、この経済の資本ストックの重要な変化が、一部の時事的な経済問題やパズルの説明に役立つことを提案することだった。無形投資へのシフトが、こうした広範で複雑な現象のそれぞれについて唯一の原因だということはあり得なさそうだが、それが貢献しているかもしれないということは示せたと願いたい。その貢献は広く一般的に認識されているとはいいがたいからだ。

五番目と六番目の論点、つまり経営と投資、および公共政策にとっての意味に関する議論は、各種の提言を含んでおり、一部の人にはお馴染みのものもあるだろう。公的な資金による研究開発や、事業のリーダーシップに注目するという発想が目新しいなどと言うつもりはない。だが無形投資の着実な長期的増大によって、こうした提言の背景が明確となり、経営者や政策担当者の優先順位付けに役立つという点は主張したい。無形投資の長期的な上昇という流れに沿った戦略が、それに逆らった戦略よりも繁栄を確保しやすくなることを、本書で納得していただけたことを願う。

謝辞

経済学者らは無形経済の発端をかいま見て、それを理解し計測しようと努力した。本書は、そうした決然とした洞察に満ちた長年の研究なしには不可能だった。当初から、キャロル・コッラード、チャック・ハルテン、ダン・シチェルは助言に多くの時間を割いてくれたので、すばらしい共著者にして友人たちとなった。特にキャロル・コッラードは本書に対し詳細かつ不可欠なコメントをしてくれた。

私たちの長年の様々な共著者たちに感謝を述べるのも喜びとするところだ。本書のデータや考えの相当部分は、そうした協働作業の産物なのだから。特に感謝すべきは、イギリス統計局とイギリス知的財産局のトニー・クレイトン、ピーター・グッドリッジ（インペリアル・カレッジ）、マッシミリアーノ・イオミ（ISTAT）、セシリア・ジョナ゠ラシニオ（LUISS）、ギャヴィン・ワリス（イングランド銀行）、アルバート・ブラヴォー・ビオスカ（ネスタ）、マリエラ・ダル・ボルゴ（ワーウィック）、ピーター・グラッケ（ネスタ）、ブライアン・マカウレー（ネスタ）、マーティン・ブラッセル（インゴット）、ベン・リード（ネスタ）、マウロ・ジョルジオ・

マッラーノ（クイーンメアリー）だ。

また本研究に出資してくれた組織にも感謝したい。工学物理科学研究評議会（EPSRC, EP/K039504/1）、欧州委員会第7フレームワークプログラム（COINVEST, 217512:SPINTAN 612774）、イギリス財務相、マレーシア・イノベーション庁。特に、本書の国際データの多くはCOINVESTおよびSPINTAN出資プロジェクトからのもので、そこでの昔ながらの協働研究者はキャロル・コッラード、マッシミリアーノ・イオミ、セシリア・ジョナ＝ラシニオだ。

私たちの著者としての共同作業は、ネスタのイノベーション指数での共同作業から始まった。これはネスタのリチャード・ハルケット、ジョナサン・ケステンバウム、イギリス財務相のジョン・キングマン、諮問理事会議長のデヴィッド・カリーなくしては実現しなかったプロジェクトだ。英『エコノミスト』誌のライアン・エイヴェントからの委託で、もっと一般向けの文を書くというアイデアが生まれた。

また、経済や社会にとって無形資産が持つもっと広い意味について考えろと私たちをうながしてくれた人々、さらに辛抱強く草稿にコメントをくれた人々にも感謝する。特に感謝したいのは、プロジェクト全体を通じて洞察に満ちた助言とコメントをくれたダイアン・コイル、個別の章にコメントをくれたアレックス・エドマンズ、フェルナンド・ガリンド・ルエダ、ニール・リー、マイク・リンチ、デヴィッド・ピット・ワトソン、ジャイルズ・ウィルクスだ。さらにサイモン・ハスケルはすべてを通読してくれた。とても感謝している他の読者や議論相手としてはハサン・バクシ、ダニエル・フィンケルスタイン、トム・フォース、ジョン・ケイ、ファン・マテオス・ガルシア、ラマナ・ナンダ、ポール・ナイチンゲール、ロバート・ペストン、バート・ファン・アークがいる。ジョナサンは、生徒のフッサム・バッカール、ヴィクター・ベルティルソン、シー・テ、シャオイ・ワンに感謝している。スティアンは支援と協力をくれたネスタの政策研究チームに感謝している。

もちろん、すべての誤りや脱落は私たちの責任だ。

本プロジェクトにスティアンが参加できたのは、ネスタから有給休暇をもらえたためだ。休暇を鷹揚に与えてくれたジョフ・ムルガン、不在中にチームを見事に率いてくれたルイーズ・マーストンがいなければ、彼の参加は不可能だった。ジョナサンは著述中に支援してくれたインペリアル・カレッジと、欧州委員会が出資するSPINTANプロジェクトに感謝している。その一方で、ネスタのジェマイマ・キングとインペリアルのドナ・サザーランド・スミスはプロジェクトの進行を助けてくれた。

プリンストン大学出版局は、一貫して支援と励ましを与えてくれた。特にサラ・カーロ、ハンナ・ポール、クリス・ヴァン・ホーンの苦労に感謝したい。

何よりも、プロジェクトの間ずっと無限の支援と励ましを与えてくれた家族に感謝したい。スティアンはカーステン、オーレリア、クララに、そしてジョナサンはスー、ハンナ、サラに感謝している。愛をこめて、彼らに本書を捧げる。

A～Z

ア行

カ行

サ行

タ行

ナ行

ハ行

マ行

ヤ行

ラ行

ワ行

Aghion, Philippe, and Peter Howitt. 1992. "A Model of Growth through Creative Destruction." *Econometrica* 60 (2): 323–51. doi:10.2307/2951599.

Aghion, Philippe, John Van Reenen, and Luigi Zingales. 2013. "Innovation and Institutional Ownership." *American Economic Review* 103 (1): 277–304. doi:10.1257/aer.103.1.277.

Allen, Robert C. 1983. "Collective Invention." *Journal of Economic Behavior & Organization* 4 (1): 1–24. doi:10.1016/0167–2681 (83) 90023–9.

Alvaredo, Facundo, Anthony B. Atkinson, Thomas Piketty, and Emmanuel Saez. 2013. "The Top 1 Percent in International and Historical Perspective." *Journal of Economic Perspectives* 27 (3): 3–20. http://www.aeaweb.org/articles?id=10.1257/jep.27.3.3.

Amore, Mario Daniele, Cédric Schneider, and Alminas Zaldokas. 2012. "Credit Supply and Corporate Innovations." *SSRN Electronic Journal*. doi:10.2139/ssrn.2022235.

Andrews, Dan, Chiara Criscuolo, and Peter Gal. 2016. "Mind the Gap: Productivity Divergence between the Global Frontier and Laggard Firms." OECD Productivity Working Papers.

Appelt, Silvia, Matej Bajgar, Chiara Criscuolo, and Fernando Galindo-Rueda. 2016. "R&D Tax Incentives: Evidence on Design, Incidence and Impacts." OECD Science, Technology and Industry Policy Papers, No. 32. http://dx.doi.org/10.1787/5jlr8fldqk7j-en.

Arora, Ashish, Sharon Belenzon, and Andrea Patacconi. 2015. "Killing the Golden Goose? The Changing Nature of Corporate Research, 1980–2007." Fuqua Business School, Working Paper. https://faculty.fuqua.duke.edu/~sb135/bio/w20902.pdf.

Arrow, Kenneth. 1962. "Economic Welfare and the Allocation of Resources for Invention." In *The Rate and Direction of Inventive Activity: Economic and Social Factors*, edited by Universities-National Bureau, 1:609–26. National Bureau of Economic Research, Inc. http: //ideas.repec.org/h/nbr/nberch/2144.html.

Arthur, W. Brian. 2009. *The Nature of Technology: What It Is and How It Evolves*. Free Press. 邦訳ブライアン・アーサー『テクノロジーとイノベーション：進化／生成の理論』(日暮雅通訳、みすず書房、2011)

Autor, David H. 2013. "The Task Approach to Labor Markets: An Overview." *Journal for Labour Market Research* 46 (3): 185–99. https://ideas.repec.org/a/iab/iabjlr/v2013i3p185-199.html.

——. 2014. "Skills, Education, and the Rise of Earnings Inequality among the 'Other 99 Percent.'" *Science* 344 (6186).

Awano, G., M. Franklin, J. Haskel, and Z. Kastrinaki. 2010. "Measuring Investment in Intangible Assets in the UK: Results from a New Survey." *Economic & Labour Market Review* 4 (7): 66–71.

Bakhshi, Hasan, Carl Benedikt Frey, and Mike Osborne. 2015. "Creativity vs. Robots." http://www.nesta.org.uk/sites/default/files/creativity_vs_robots_wv.pdf.

Bakhshi, Hasan, Juan Mateos-Garcia, and Andrew Whitby. 2014. "Model Workers: How Leading Companies Are Recruiting and Managing Data Talent." http://www.nesta.org.uk/publications/model-workers-how-leading-companies-are-recruiting-and-managing-data-talent.

Bandiera, Oriana, Luigi Guiso, Andrea Prat, and Raffaella Sadun. 2011. "What Do CEOs Do?" Harvard Business School, Working Paper, No. 11–0SI.

Barth, Mary E., Ron Kasznik, and Maureen F. McNichols. 2001. "Analyst Coverage and Intangible Assets." *Journal of Accounting Research* 39 (1): 1–34. doi:10.11111147s-679X.0000 1.

Belfield, Chris, Jonathan Cribb, Andrew Hood, and Robert Joyce. 2014. *Living Standards, Poverty and Inequality in the UK: 2014*. IFS Reports, Institute for Fiscal Studies.

Bell, Alex, Raj Chetty, Xavier Jaravel, Neviana Petkova, and John Van Reenen. 2016. "The Life cycle of Inventors." *SSRN Electronic Journal*. doi:10.2139/ssrn.2838018.

Bell, Brian D., and John Van Reenen. 2013. "Extreme Wage Inequality: Pay at the Very Top." *American Economic Review* 103 (3): 153–57. http://www.jstor.orglstable/23469720.

Beniger, James R. 1986. *The Control Revolution: Technological and Economic Origins of the Information Society*. Harvard University Press.

Berliner, J. S. 1957. *Factory and Manager in the Soviet Union*. Cambridge University Press.

Bernstein, Shai. 2015. "Does Going Public Affect Innovation?" *Journal of Finance* 70 (4): 1365–1403. doi:10.1111/jofi.12275.

Bessen, James. 2015. "Toil and Technology." *Finance and Development* 52 (1). https://www.imf.org/external/pubs/ft/fandd/2015/03/bessen.htm.

——. 2016. "Accounting for Rising Corporate Profits: Intangibles or Regulatory Rents?" Boston University School of Law, Law & Economics, Working Paper, No. 16–18. https://www.bu.edu/law/working-papers/accounting-for-rising-corporate-profits-intangibles-or-regulatory-rents/.

Big Innovation Centre. 2017. "The Purposeful Company: Policy Report." http://www.biginnovationcentre-purposeful-company.com/wp-content/uploads/2017/11/feb-24_

tpc_policy-report_final_printed.pdf.
Black, Jane, David de Meza, and David Jeffreys. 1996. "House Prices, the Supply of Collateral and the Enterprise Economy." *Economic Journal* 106 (434): 60. doi:10.230712234931.
Blaug, Mark. 1978. *Economic Theory in Retrospect*. 3rd ed. Cambridge University Press.
Bloom, Nicholas, Christos Genakos, Raffaella Sadun, and John Van Reenen. 2011. "Management Practices across Firms and Countries." Harvard Business School, Working Paper, No. 12-052.
Bloom, Nicholas, Raffaella Sadun, and John Van Reenen. 2012. "Americans Do IT Better: US Multinationals and the Productivity Miracle." American Economic Review 102 (1): 167-201. https://ideas.repec.org/a/aea/aecrev/v102y2012i1p167-201.html.
Bonnet, Odran, Pierre-Henri Bono, Guillaume Chapelle, and Etienne Wasmer. 2014. "Does Housing Capital Contribute to Inequality? A Comment on Thomas Piketty's Capital in the 21st Century." SciencesPo Economics Discussion Paper 2014-07. https://econpapers. repec.org/paper/spowpecon/info_3ahdl_3a2441_2f30nstiku669glbr66l6n7mc2oq.htm.
Bower, M. 1979. *Perspective on McKinsey*. Internal McKinsey publication.
Braggion, Fabio, and Lyndon Moore. 2013. "The Economic Benefits of Political Connections in Late Victorian Britain." *Journal of Economic History* 73 (1): 142-76. doi:10.1017/S00220S07130000S3.
Brynjolfsson, Erik, Loren Hitt, and Shinkyu Yang. 2002. "Intangible Assets: How the Interaction of Computers and Organizational Structure Affects Stock Market Valuations." *Brookings Papers on Economic Activity* 33 (1): 137-98.
Brynjolfsson, Erik, and Andrew McAfee. 2014. *The Second Machine Age*. W. W. Norton and Co. 邦訳エリック・ブリニョルフソン/アンドリュー・マカフィー『ザ・セカンド・マシン・エイジ』(村井章子訳、日経BP社、2015)
Chen, Ester, Ilanit Gavious, and Baruch Lev. 2015. "The Positive Externalities of IFRS R&D Rule: Enhanced Voluntary Disclosure." http://people.stern.nyu.edu/blev/files/Positive-Externalities-of-IFRS_March_30_2015_k4gn98s2.pdf.
Chesson, Adrian. 2001. "Estimation of Software in the UK National Accounts-Recent Developments." OECD STDINA (2001) 23. http://www.oecd.org/std/na/1908892.doc.
Collecchia, Alessandra, and Paul Schreyer. 2002. "ICT Investment and Economic Growth in the 1990s: Is the United States a Unique Case?" *Review of Economic Dynamics* 5 (2): 408-42. doi:10.1006/redy.2002.0170.
Corrado, Carol A. 2010. "Intangible Capital and Economic Growth." https://www.

wilsoncenter.org/sites/default/files/Corrado%20Presentation.pdf.

Corrado, Carol A., and Janet X Hao. 2013. "Brands as Productive Assets: Concepts, Measurement and Global Trends." https://www.wipo.int/export/sites/www/econ_stat/en/economics/pdf/wp13.pdf.

Corrado, Carol A, Jonathan Haskel, Cecilia Jona-Lasinio, and Massimiliano Iommi. 2013. "Innovation and Intangible Investment in Europe, Japan, and the United States." *Oxford Review of Economic Policy* 29 (2): 261–86. https://ideas.repec.org/a/oup/oxford/v29y2013i2p261-286.html.

——. 2016. "Intangible Investment in the EU and US before and since the Great Recession and Its Contribution to Productivity Growth." EIB Working Paper, No. 2016/08. https://www.eib.org/attachments/efs/economics_working_paper_2016_08_en.pdf.

Corrado, Carol A., and Charles R. Hulten. 2010. "How Do You Measure a 'Technological Revolution'?" *American Economic Review* 100 (2): 99–104. doi:10.1257/aer.100.2.99.

Corrado, Carol A., Charles Hulten, and Daniel Sichel. 2005. "Measuring Capital and Technology: An Expanded Framework." In *Measuring Capital in the New Economy*, edited by Carol A. Corrado, John Haltiwanger, and Daniel Sichel. University of Chicago Press.

——. 2009. "Intangible Capital and U.S. Economic Growth." *Review of Income and Wealth* 55 (3): 661–85.

Corrado, Carol A., M. O'Mahony, and Lea Samek. 2015. "Measuring Education Services as Intangible Social Infrastructure." SPINTAN Working Paper Series, No. 19.

Cowen, Tyler. 2011. *The Great Stagnation: How America Ate All the Low Hanging Fruit of Modern History, Got Sick, and Will (Eventually) Feel Better*. Penguin eSpecial from Dutton. 邦訳タイラー・コーエン『大停滞』(池村千秋訳、NTT 出版、2011)

CQ Researcher. 2016. "The Iron and Steel Industry." http://library.cqpress.com/cqresearcher/document.php?id=cqresrre1930050100.

Crawford, Rowena, Dave Innes, and Cormac O'Dea. 2016. "Household Wealth in Great Britain: Distribution, Composition and Changes 2006–12." *Fiscal Studies* 37 (1):35–54. doi:10.1111/j.1475-5890.2016.12083.

David, Paul. 1990. "The Dynamo and the Computer: An Historical Perspective on the Modern Productivity Paradox." *American Economic Review* 80 (2): 355–61.

Davies, Daniel, and Tess Read. 2015. *Secret Life of Money-Everyday Economics Explained*. Metro.

Davies, Richard, Andrew Haldane, Mette Nielsen, and Silvia Pezzini. 2014. "Measuring

the Costs of Short-Termism." *Journal of Financial Stability* 12 (June): 16–25.

Dixit, Avinash. 1992. "Investment and Hysteresis." *Journal of Economic Perspectives* 6 (1): 107–32. https://www.aeaweb.org/articles?id=10.1257/jep.6.1.107.

Dixit, Avinash, and Robert S. Pindyck. 1995. "The Options Approach to Capital Investment." *Harvard Business Review* 73 (3). https://hbr.org/1995/05/the-options-approach-to-capital-investment.

Dodgson, Mark, David Gann, and Ammon J. Salter. 2005. *Think, Play, Do: Technology, Innovation, and Organization*. Oxford University Press.

Domar, Evsey D. 1961. "On the Measurement of Technological Change." *Economic Journal* 71 (284): 709–29.

Edgerton, David. 2011. *Shock of the Old: Technology and Global History since 1900*. Profile.

Edmans, Alex. 2009. "Blockholder Trading, Market Efficiency, and Managerial Myopia." *Journal of Finance* 64 (6): 2481–2513. doi:10.1111/j.1540–6261.2009.01508.x.

——. 2011. "Does the Stock Market Fully Value Intangibles? Employee Satisfaction and Equity Prices." *Journal of Financial Economics* 101 (3): 621–40. doi:10.1016/j.jfineco.2011.03.021.

——. 2014. "Blockholders and Corporate Governance." *Annual Review of Financial Economics* 6 (1): 23–50. doi: 10.1146/annurev-financial–110613–034455.

Edmans, Alex, Vivian W. Fang, and Katharina Lewellen. 2013. "Equity Vesting and Managerial Myopia." NBER, Working Paper, No. 19407, 1–60. doi:10.2139/ssrn.2270027.

Forman, Chris, Avi Goldfarb, and Shane Greenstein. 2016. "Agglomeration of Invention in the Bay Area: Not Just ICT." *American Economic Review* 106 (5): 146–51. doi:10.1257/aer.p20161018.

Forth, T. 2015. "The North-South Divide: We Never Even Tried." http://www.tomforth.co.uk/wenevertried/.

Foss, Nicolaï, and Nils Stieglitz. 2012. "Modern Resource-Based Theory (ies)." In *Handbook on the Economics and Theory of the Firm*, edited by Michael Dietrich and Jackie Krafft. Edward Elgar Publishing, Inc. doi:10.4337/9781781002407.00030.

Fraser, Stuart. 2012. "The Impact of the Financial Crisis on Bank Lending to SMEs." https://www.bl.uk/collection-items/impact-of-the-financial-crisis-on-bank-lending-to-smes-econometric-analysis-from-the-uk-survey-

Freeman, Richard. 2007. "The Great Doubling: The Challenge of the New Global Labor Market." In *Ending Poverty in America: How to Restore the American Dream*, edit-

ed by John Edwards, Marion Crain, and Arne L. Kalleberg. New Press.

Fukao, Kyoji, Tsutomu Miyagawa, Kentaro Mukai, Yukio Shinoda, and Konomi Tonogi. 2009. "Intangible Investment in Japan: Measurement and Contribution to Economic Growth." *Review of Income and Wealth* 55 (3): 717–36.

Garicano, Luis. 2000. "Hierarchies and the Organization of Knowledge in Production." *Journal of Political Economy* 108 (5): 874–904. doi:10.1086/317671.

Garicano, Luis, and Thomas N. Hubbard. 2007. "Managerial Leverage Is Limited by the Extent of the Market: Hierarchies, Specialization, and the Utilization of Lawyers' Human Capital." *Journal of Law and Economics* 50 (1): 1–43.

Gaspar, Jess, and Edward L. Glaeser. 1998. "Information Technology and the Future of Cities." *Journal of Urban Economics* 43 (1): 136–56.

Giorgio Marrano, Mauro, and Jonathan Haskel. 2007. "How Much Does the UK Invest in Intangible Assets?" CEPR Discussion Papers, No. DP6287. https://ideas.repec.org/p/cpr/ceprdp/6287.html.

Giorgio Marrano, Mauro, Jonathan Haskel, and Gavin Wallis. 2009. "What Happened to the Knowledge Economy? ICT, Intangible Investment and Britain's Productivity Record Revisited." *Review of Income and Wealth* 55 (3): 686–716.

Glaeser, Edward L. 2011. *Triumph of the City*. Macmillan. 邦訳エドワード・グレイザー『都市は人類最大の発明である』(山形浩生訳、NTT出版、2012)

Glaeser, Edward L., Hedi D. Kallal, José A. Scheinkman, and Andrei Shleifer. 1992. "Growth in Cities." *Journal of Political Economy* 100(6): 1126–52. doi:10.1086/261856.

Goldin, Claudia, and Lawrence F. Katz. 2008. *The Race between Education and Technology*. Harvard University Press.

Goodridge, P. R., and J. Haskel. 2016. "Big Data in UK Industries: An Intangible Investment Approach." Imperial College Business School. http://hdl.handle.net/10044/1/32279.

Goodridge, P. R., J. Haskel, and G. Wallis. 2016. "Accounting for the UK Productivity Puzzle: A Decomposition and Predictions." *Economica* (Dec). doi: 10.1111/ecca.12219.

Goos, Maarten, and Alan Manning. 2007. "Lousy and Lovely Jobs: The Rising Polarization of Work in Britain." *Review of Economics and Statistics* 89 (1): 118–33. https://ideas.repec.org/a/tpr/restat/v89y2007i1p118-133.html.

Gordon, Robert J. 2016. *The Rise and Fall of American Growth: The U.S. Standard of Living since the Civil War*. Princeton University Press. 邦訳ロバート・J・ゴードン『アメリカ経済　成長の終焉』(上下巻、高遠裕子ほか訳、日経BP社、2018)

Graham, John R., Campbell R. Harvey, and Shiva Rajgopal. 2005. "The Economic Implica-

tions of Corporate Financial Reporting." *Journal of Accounting and Economics* 40 (1): 3–73. doi:10.1016/j.jacceco.2005.01.002.

Griliches, Zvi. 1992. "The Search for R&D Spillovers." *Scandinavian Journal of Economics* 94 (supplement): S29–47.

Grossman, Sanford J., and Oliver D. Hart. 1980. "Takeover Bids, the Free Rider Problem, and the Theory of the Corporation." *Bell Journal of Economics* 11 (1): 42–64. doi:10.2307/3003400.

Groysberg, Boris, Andrew McLean, and Nitin Nohria. 2006. "Are Leaders Portable?" *Harvard Business Review* 84 (5): 92–100.

Guy, Frederick. 2014. "Technological Change, Bargaining Power and Wages." In *Our Work Here Is Done: Visions of a Robot Economy*, edited by Stian Westlake. Nesta.

Håkanson, Christina, Erik Lindqvist, and Jonas Vlachos. 2015. "Firms and Skills: The Evolution of Worker Sorting." IF AU-Institute for Evaluation of Labour Market and Education Policy, Working Paper, No. 2015:9

Hall, Bronwyn H., Christian Helmers, and Georg von Graevenitz. 2015. "Technology Entry in the Presence of Patent Thickets." NBER, Working Paper, No. 21455. doi:10.3386/w21455.

Hall, Bronwyn H., Adam Jaffe, and Manuel Trajtenberg. 2005. "Market Value and Patent Citations." *RAND Journal of Economics* 36 (1): 16–38.

Hall, Bronwyn H., and Josh Lerner. 2010. "The Financing of R&D and Innovation." In *Handbook of the Economics of Innovation*, edited by Bronwyn H. Hall and Nathan Rosenberg. Elsevier B.V.

Hall, Robert E. 2001. "Struggling to Understand the Stock Market." *American Economic Review* 91 (2): 1–11. https://ideas.repec.org/a/aea/aecrev/v91y2001i2p1-11.html.

Haskel, J., P. Goodridge, A. Hughes, and G. Wallis. 2015. "The Contribution of Public and Private R&D to UK Productivity Growth." Imperial College Business School. https://spiral.imperial.ac.uk/handle/10044/1/21171.

Henderson, Rebecca M., Richard G. Newell, and David C. Mowery. 2011. "Federal Policy and the Development of Semiconductors, Computer Hardware, and Computer Software: A Policy Model for Climate Change R&D?" In *Accelerating Energy Innovation: Insights from Multiple Sectors*, edited by Rebecca M. Henderson and Richard G. Newell. University of Chicago Press. http://www.nber.org/chapters/c11753.

Hermalin, Benjamin E. 1998. "Toward an Economic Theory of Leadership: Leading by Example." *American Economic Review* 88 (5): 1188–1206. https://ideas.repec.org/a/

aea/aecrev/v88y1998i5p1188-1206.html.

Higgs, Peter, Stuart Cunningham, and Hasan Bakhshi. 2008. "Beyond the Creative Industries." Nesta Technical Report.

Hilber, Christian. 2016. "The UK Planning System: Fit for Purpose?" *Planning & Building Control Today* (July): 8–11.

Hulten, Charles R. 1978. "Growth Accounting with Intermediate Inputs." *Review of Economic Studies* 45 (3): 511–18.

——. 2001. "Total Factor Productivity: A Short Biography." In *New Developments in Productivity Analysis*, edited by Charles R. Hulten, Edwin R. Dean, and Michael J. Harper. University of Chicago Press. http://ideas.repec.org/h/nbr/nberch/10122.html.

——. 2010. "Decoding Microsoft: Intangible Capital as a Source of Company Growth." NBER, Working Paper, No. 15799. doi:10.33861w15799.

Hulten, Charles R., and Frank C. Wykoff. 1981. "The Estimation of Economic Depreciation Using Vintage Asset Prices." *Journal of Econometrics* 15 (3): 367–96. doi: 10.1016/0304–4076 (81) 90101–9.

Ikenberry, D., J. Lakonishok, and T. Vermaelen. 1995. "Market Underreaction to Open Market Share Repurchases." *Journal of Financial Economics* 39 (1995): 181–208. https://www.sciencedirect.com/science/article/pii/0304405X9500826Z.

Kahneman, Daniel, Dan Lovallo, and Olivier Sibony. 2011. "The Big Idea: Before You Make That Big Decision . . ." *Harvard Business Review* 89 (6): 51–60. https://hbr.org/2011/06/the-big-idea-before-you-make-that-big-decision.

Kantor, Shawn, and Alexander Whalley. 2014. "Knowledge Spillovers from Research Universities: Evidence from Endowment Value Shocks." *Review of Economics and Statistics* 96 (1): 171-88. doi:10.1162/REST_a_00357.

Kaufman, E. 2016a. "Brexit Voters: Not the Left Behind." *Fabian Review*, June 24, 2016.

——. 2016b. "It's NOT the Economy, Stupid: Brexit as a Story of Personal Values." LSE British Politics and Policy Blog, July 7, 2016. https://blogs.lse.ac.uk/politicsandpolicy/personal-values-brexit-vote/.

Kay, John. 1993. *Foundations of Corporate Success*. Oxford University Press. https://www.johnkay.com/1993/12/06/foundations-of-corporate-success-1993/.

——. 2003. "The High Cost of ICI's Fall from Grace." http://www.johnkay.com/2003/02/13/the-high-cost-of-icis-fall-from-grace/.

——. 2011. *Obliquity: Why Our Goals Are Best Achieved Indirectly*. Profile Books.

——. 2015. *Other People's Money*. Profile Books. 邦訳ジョン・ケイ『金融に未来はあるか：ウォール街、シティが認めたくなかった意外な真実』(薮井真澄訳、ダイヤモンド社、2017)

Khan, B. 2008. "An Economic History of Patent Institutions." EH.net Encyclopedia. https://eh.net/encyclopedia/an-economic-history-of-patent-institutions/.

Krueger, Joachim I. 2016. "The Personality of Brexit Voters." Psychology Today Blog,-June 29, 2016. https://www.psychologytoday.com/intl/blog/one-among-many/201606/the-personality-brexit-voters.

Lakhani, Karim R., and Jill A. Panetta. 2007. "The Principles of Distributed Innovation." *Innovations: Technology, Governance, Globalization* 2 (3): 97–112. doi:10.1162/itgg.2007.2.3.97.

Lazonick, William. 1979. "Industrial Relations and Technical Change: The Case of the Self-Acting Mule." *Cambridge Journal of Economics* 3 (3): 231–62. doi:10.1093/OXFORDJOURNALS.CJE.A035423.

Lerner, Josh. 2012. *Boulevard of Broken Dreams: Why Public Efforts to Boost Entrepreneurship and Venture Capital Have Failed-and What to Do about It*. Princeton University Press.

Lev, Baruch. 2001. *Intangibles*. Brookings Institution Press. https://www.brookings.edu/book/intangibles/.

Lev, Baruch, and Feng Gu. 2016. *The End of Accounting*. Wiley. 邦訳バルーク・レブ＋フェン・グー『会計の再生』(伊藤邦雄訳、中央経済社、2018)

London View Management Framework. 2012. https://www.london.gov.uk/file/7988/download?token=YJoKa7uK.

Lucas, Robert E. 1993. "Making a Miracle." *Econometrica* 61 (2): 251–72. doi:10.2307/2951551.

Machlup, Fritz. 1962. *The Production and Distribution of Knowledge in the United States*. Princeton University Press. 邦訳フリッツ・マッハルプ『知識産業』(高橋達男・木田宏訳、産業能率短期大学出版部、1969)

Maizlin, Zeev V., and Patrick M. Vos. 2012. "Do We Really Need to Thank the Beatles for the Financing of the Development of the Computed Tomography Scanner?" *Journal of Computer Assisted Tomography* 36 (2): 161–64. doi:10.1097/RCT0b013e318249416f.

Mann, W. 2014. "Creditor Rights and Innovation: Evidence from Patent Collateral." Wharton Job Market Paper.

Mazzucato, Mariana. 2013. "Debunking the Market Mechanism: Organisations, Innova-

tion and Inequality-A Response to John Kay." The Political Quarterly 84 (4): 444–47. doi:10.1111/j.1467-923X.2013.12039.x.

——. 2015. *The Entrepreneurial State: Debunking Public vs. Private Sector Myths.* Anthem Press.邦訳マリアナ・マッツカート『企業家としての国家：イノベーション力で官は民に劣るという神話』(大村昭人訳、薬事日報社、2015)

Miglani, Jitender. 2016. "Apple Revenues and Profits 2000 to 2015: Pre and Post-iPhone." *R&P Research* January 4, 2016. https://revenuesandprofits.com/apple-revenues-and-profits-2000-to-2015-pre-and-post-iphone/.

Milanović, Branko. 2005. *Worlds Apart: Measuring International and Global Inequality.* Princeton University Press.

Miles, David. 1993. "Testing for Short Termism in the UK Stock Market." *Economic Journal* 103 (421): 1379–96. doi:10.2307/2234472.

Milgrom, Paul, and John Roberts. 1988. "An Economic Approach to Influence Activities in Organizations." *American Journal of Sociology* 94: S154–179. http://www.jstor.org/stable/2780245.

Mintzberg, Henry. 1990. "The Manager's Job: Folklore and Fact." *Harvard Business Review* 90 (2): 163–76.

Mirrlees, James, Stuart Adam, Tim Besley, Richard Blundell, Stephen Bond, Robert Chote, Malcolm Gammie, Paul Johnson, Gareth Myles, and James M. Poterba. 2011. *Tax by Design.* Institute for Fiscal Studies. https://www.ifs.org.uk/docs/taxbydesign.pdf.

Mokyr, Joel. 2002. *The Gifts of Athena: Historical Origins of the Knowledge Economy.* Princeton University Press.

Moulton, Brent R., Robert P. Parker, and Eugene P. Seskin. 1999. "A Preview of the 1999 Comprehensive Revision of the National Income and Product Accounts: Definitional and Classificational Changes." Survey of Current Business, August.

Nakamura, Leonard J. 2001. "What Is the U.S. Gross Investment in Intangibles? (At Least) One Trillion Dollars a Year!" Federal Reserve Bank of Philadelphia, Working Paper, No. 01–15.

——. 2010. "Intangible Assets and National Income Accounting." *Review of Income and Wealth* 56 (s1): S135–55. doi:10.1111/j.1475–4991.2010.00390.x.

Nightingale, Paul. 2004. "Technological Capabilities, Invisible Infrastructure and the Un-Social Construction of Predictability: The Overlooked Fixed Costs of Useful Research." *Research Policy* 33 (9): 1259–84. doi:10.1016/j.respol.2004.08.008.

OECD. 2015. Frascati Manual 2015: Guidelines for Collecting and Reporting Data on Research and Experimental Development. OECD Publishing. doi: http://dx.doi.org/10.1787/9789264239012-en.

OECD Secretariat. 1998. "Measuring Intangible Investment: Selected Bibliography." OECD Work on Measuring Intangible Investment 会合での発表資料, Amsterdam, June 1999. https://www.oecd.org/sti/ind/1943317.pdf.

Office for National Statistics. 2016. *UK National Accounts, The Blue Book: 2016*. https://www.ons.gov.uk/economy/grossdomesticproductgdp/compendium/unitedkingdomnationalaccountsthebluebook/2016editionunitedkingdomnationalaccountsthebluebook2015edition.

Oliner, Stephen D., and Daniel E. Sichel. 1994. "Computers and Output Growth Revisited: How Big Is the Puzzle?" *Brookings Papers on Economic Activity* 1994 (2): 273–334. doi:10.2307/2534658.

——. 2000. "The Resurgence of Growth in the Late 1990s: Is Information Technology the Story?" *Journal of Economic Perspectives* 14 (4): 3–22. doi:10.1257/jep.14.4.3.

Pardey, Philip G., Julian M. Alston, and Connie Chan-Kang. 2013. "Public Agricultural R&D over the Past Half Century: An Emerging New World Order." *Agricultural Economics* 44 (s1): 103–13. doi:10.1111/agec.12055.

Parviainen, Jaana. 2011. "The Standardization Process of Movement in the Fitness Industry: The Experience Design of Les Mills Choreographies." *European Journal of Cultural Studies* 14 (5): 526–41. http://ecs.sagepub.coml/content/14/5/526.abstract.

Perez, Carlota. 2002. *Technological Revolutions and Financial Capital: The Dynamics of Bubbles and Golden Ages*. Edward Elgar Publishing, Inc.

Piketty, Thomas. 2014. *Capital in the Twenty-First Century*. Harvard University Press. 邦訳トマ・ピケティ『21世紀の資本』(山形浩生ほか訳、みすず書房、2014)

Pisano, Gary, and Willy C. Shih. 2009. "Restoring American Competitiveness." *Harvard Business Review* 2 (July-Aug).

Rauch, Ferdinand. 2011. "Advertising Expenditure and Consumer Prices." CEP Discussion Paper, No. 1073. http://cep.lse.ac.uk/pubs/download/dp1073.pdf.

Ridley, Matt. 2010. *The Rational Optimist: How Prosperity Evolves*. Fourth Estate. 邦訳マット・リドレー『繁栄：明日を切り拓くための人類10万年史』(大田直子ほか訳、ハヤカワ文庫、2013)

Roberts, Russell D. 2014. *How Adam Smith Can Change Your Life: An Unexpected Guide to Human Nature and Happiness*. Portfolio/Penguin. 邦訳ラス・ロバーツ『ス

ミス先生の道徳の授業：アダム・スミスが経済学よりも伝えたかったこと』（村井章子訳、日本経済新聞出版社、2016）

Rognlie, Matthew. 2015. "A Note on Piketty and Diminishing Returns to Capital." MIT. http://mattrognlie.comlpikettydiminishinK-retums.pdf.

Romer, Paul M. 1990. "Endogenous Technological Change." *Journal of Political Economy* 98 (5): S71–102.

Rosen, Sherwin. 1981. "The Economics of Superstars." *American Economic Review* 71 (5): 845–58. http://www.jstor.org/stableIl803469.

Sampson, Rachelle C., and Yuan Shi. 2016. "Evidence and Implications of Short-Termism in US Public Capital Markets: 1980–2013." *SSRN Electronic Journal*. doi:10.2139/ssrn.2837524.

Smil, Vaclav. 2005. *Creating the Twentieth Century: Technical Innovations of 1867–1914 and Their Lasting Impact*. Oxford University Press. doi:10.1093/0195168747.001.0001.

Solow, Robert M. 1957. "Technical Change and the Aggregate Production Function." *Review of Economics and Statistics* 39 (3): 312–20. doi:10.230711926047.

——. 1987. "We'd Better Watch Out." *New York Times Book Review*. http://www.standupeconomist.com/pdf/misc/solow-computer-productivity.pdf.

——. 2014. "Thomas Piketty Is Right: Everything You Need to Know about 'Capital in the Twenty-First Century.'" *New Republic*, April 22, 2014. https://newrepublic.comlarticlel117429/capital-twenty-first-century-thomas-piketty-reviewed. 邦訳ロバート・ソロー「トマ・ピケティの言う通り」ヘザー・ブーシェイほか編『ピケティ以後——経済学と不平等のためのアジェンダ』（山形浩生ほか訳、青土社、2019）59–71所収

Song, Jae, David J. Price, Fatih Guvenen, Nicholas Bloom, and Till von Wachter. 2015. "Firming Up Inequality." NBER, Working Paper, No. 21199. doi:10.3386/w21199.

Soto, Hernando de. 2001. *The Mystery of Capital: Why Capitalism Triumphs in the West and Fails Everywhere Else*. Black Swan.

Summers, Lawrence H. 2014. "U.S. Economic Prospects: Secular Stagnation, Hysteresis, and the Zero Lower Bound." *Business Economics* 49 (2): 65–73.

——. 2015. "Have We Entered an Age of Secular Stagnation?" *IMF Economic Review* 63 (1): 277–80.

——. 2016. "Corporate Profits Are Near Record Highs. Here's Why That's a Problem." Washington Post Wonkblog, March 30, 2016. http://larrysummers.com/2016/03/30/corporate-profits-are-near-record-highs-heres-why-thats-a-problem/.

Sutton, John. 1991. *Sunk Costs and Market Structure: Price Competition, Advertising, and the Evolution of Concentration.* MIT Press.

Thwaites, Gregory. 2015. "Why Are Real Interest Rates So Low? Secular Stagnation and the Relative Price of Investment Goods." Bank of England Staff Working Paper, No. 564. https://www.bankofengland.co.uk/working-paper/2015/why-are-real-interest-rates-so-low-secular-stagnation-and-the-relative-price-of-investment-goods.

Triplett, J. E. 1996. "Depreciation in Production Accounts and in Income and Wealth Accounts: Resolution of an Old Debate." *Economic Inquiry* 34 (1): 93–115.

van Ark, Bart, Janet Hao, Carol Corrado, and Charles Hulten. 2009. "Measuring Intangible Capital and Its Contribution to Economic Growth in Europe." *European Investment Bank Papers* 14 (1): 62–93.

Vanguard. 2015. "Can Active Funds Deliver Persistent Performance?" https://www.vanguard.co.uk/documents/adv/literature/can-active-funds-deliver-persistent-performance.pdf.

Walters, Ben. 2016. "What Are Queer Spaces for Anyway?" *Not Television.* http://www.nottelevision.net/what-are-queer-spaces-for-anyway/.

Weitzman, M. L. 1976. "On the Welfare Significance of National Product in a Dynamic Economy." *Quarterly Journal of Economics* 90 (1): 156–62. http://www.jstor.org/stable/1886092.

——. 1980. "The 'Ratchet Principle' and Performance Incentives." *Bell Journal of Economics* 11 (1): 302–8.

Willetts, David. 2010. *The Pinch: How the Baby Boomers Took Their Children's Future-and Why They Should Give It Back.* Atlantic Books.

Young, Alison. 1998. "Towards an Interim Statistical Framework: Selecting the Core Components of Intangible Investment." OECD Secretariat. https://www.oecd.org/sti/ind/1943301.pdf.

第1章：無形資産の台頭で何が変わるのか？

1. “Stansted [Mountfitchet]” の土地台帳記述は以下にある: http://opendomesday.org/place/TLSI24/stansted-mountfitchet/.
2. Office for National Statistics 2016を参照.
3. マイクロソフトの財務諸表参照: https://www.microsoft.com/investor/reports/ar06/staticversion/10k_fr_bal.html.

第2章：姿を消す資本

1. SNA 2008, para 10.32. 生産者が資産も売る場合、指標は新資産から売却資産を引いたものとなる。土地の個別処理からくる土地改良や、もっと一般的には生産されていない資産の国民会計における扱いについてはさらにややこしい話がある。SNAと同じ定義がESA 2010, para 3.124にある。
2. SNA 2008, 617.
3. 「資本主義」という用語を使った最初の人物ではないにせよ、マルクスはそれを広めるのに貢献した。彼にとって「資本主義」とは、資本（上の機械やインフラという意味で）が私的に所有されている社会において生産が行われている場合だ。『資本論』で「資本」は、上の意味での資本に関連したストックやフローの様々な形をあらわすのに使われているが、それ以外にも運転資金（賃金支払いのために貯めてあるお金）、一定資本（減価償却を含む）なども含まれる。こうしたすべてについてはBlaug 1978を参照。資本、収益、富の説明についてはBox 6.1、ピケティの資本モデル概略についてはBox 6.2を参照。
4. 厳密にいつ越えたかというのは、まだ継続中のデータ改善や更新によって変わってくるが、無形資産の重要性増大のパターンはデータで一貫している（たとえばNakamura 2010参照）。
5. これらはその略称COINVEST（www.coinvest.org.uk）、INNOORIVE（www.innodrive.org）SPINTAN、（www.SPINTAN.net）、INTAN-Invest（www.intan-invest.net）で知られる。
6. ベニガーの本 *The Control Revolution* は、IT以前の無形投資のすばらしい歴史的事例が豊富に掲載されている。朝食用食品の歴史もその一つだ。1879年にクエーカー・オーツをヘンリー・P・クローウェルが発明したときには、消費者にこの食品が馬のエサではないと説得するために、かなり厳しい広告キャンペーンを必要とした。マーケティングにおけるクローウェルの発明は、賞、専門家の推薦、特別セールなどを含む

(Beniger 1986, 266)。同様にイギリスでは、イヌ用ビスケットを初めて製造したジェイムズ・スプラットが、懐疑的な消費者を説得する必要にかられて、ロンドン初の立て看板を1860年代に設置した。その従業員チャールズ・クルフトはドッグショーを開催し、スプラットの企業は、ヴィクトリア女王御用達としてそのビスケットを宣伝した。

7. この関係をもっとフォーマルに検討すると、他の条件について調整した場合、無形投資は雇用の厳しさや市場規制と負の相関を持つことが明らかになる(Corrado et al. 2016)。

第3章：無形投資の計測

1. 投資とGDPの計測について、データたっぷりのきわめて有益なガイドはEurostat: http://ec.europa.eu/eurostat/statistics-explained/index.php/National_accounts_and_GDP.
2. Smith, *The Wealth of Nations*, book 2, chapter 3. 邦訳アダム・スミス『国富論』多数。
3. このため、GDPの定義と計算についてアメリカ経済分析局が直面する課題についてアラン・グリーンスパンが2000年に行った言及が出てくる。「経済システムにはますます技術的変化が生じており、それが投資と呼ぶものと当期支出と呼ぶものの間の区別を不明確にしてきたのが明らかになってきた。そして20-30年前、鋼鉄工場を作ったら、それがなんであるかは完全に明らかで、資本に分類されていた。そしてコークスや鉄鉱石を消費したら、それは経費扱いだった。だが今日の世界では、ある支出が経費化され、GDPの指標に含まれるべきでないか、それとも資本化され、GDP指標に含めるべきかを見極めるのはずっと難しくなった」。https://www.bea.gov/scb/account_articles/general/0100od/maintext.htm.
4. そんなの全部「研究開発」に含まれるじゃないかと論じる向きもおありだろうし、私たちもそう思う。だが研究開発の公式定義は、科学技術的な不確実性を解消するための作業に関するものであり、これは普通は、少なくとも建前上は、デザインや芸術活動といったものは含まない。だからこうした分類は研究開発とは別物となる。
5. この調査票の見本は以下にある: http://www.ons.gov.uk/file?uri=/surveys/informationforbusinesses/businesssurveys/quarteriyacquisitionsanddisposalsofcapitalassetssurvey/ft14qcastcm77375040.pdf
6. こうした資産の価値変化は「損耗・摩耗」によるものかもしれない。これは会計士が減価償却と言う時に通常考えていることだ。あるいはその価値が競争プロセスを通じて減少することもある。経済学者は、Triplettに従い、これを「陳腐化」と呼ぶ。これについて詳しくはこの章の補遺を参照。

7. これはたとえば、支出に対する収益の分布がきわめて偏っていて、少数のプロジェクトだけが大成功を収める場合には成立しない。Hall, Jaffe, and Trajtenberg (2005) は、特許の引用はきわめて偏った分布になっていることを発見しているが、デザイン、ソフト、マーケティング支出の収益の偏りについてはあまりわかっていない。
8. 公共部門での時間の使い方については多少のデータがある。たとえばO'MahonyはKlinke and Muller (2008) を引用している。これはドイツの病院の医師を調査したもので、医師たちは六種類の作業領域に費やした時間を示さねばならなかった。平均で医師たちは、勤務日のうち4.3時間を医療作業に費やす。2.1時間は管理事務、1.4時間は患者や親戚との談話、1.2時間は医学報告の執筆だ。もし医療業務と患者たちとの談話が「患者に近い」作業だと考えれば、この両者で通常の勤務日のうち5.7時間が費やされる。もし管理事務や医学報告執筆が「患者から遠い」作業とするなら、これは3.3時間もかかっている。こうした形で調査は、直接的な患者サービスと患者の管理業務とが、およそ2：1の比率となっていることを示した。
9. 法治は資産構築インセンティブとして重要な要因と思われるかもしれないが、それ自体は直接は資産ではない。
10. アメリカの経済学者マーティン・ワイツマンは有名な論文Weitzman (1976) で、GDPは厚生の指標ではないが、それと密接に関連した指標、純国内生産（適切な価格調整をしたもの）は有益な指標になることを示した。ただしこれは、消費者が消費フローを最大化しようとしている場合の話だ。GDPに含まれる投資が、消費ベースの厚生指標に登場する理由は、消費者は彼のモデルでは、投資が将来の消費をもたらすと知っているので、当期投資にも価値を置くせいだ。

第4章：無形投資はどこが違うのか？：無形資産の4S

1. 経済学者はしばしばシナジーを「相補性」と呼ぶ。ある資産の存在が別の資産の価値を高めるからだ。
2. 厳密に言えば、経済学でのスケーラビリティとは資本そのものの性質ではなく、投入と産出の関係が持つ性質だ。経済学者たちが「規模（スケール）」と言うのは、「規模の経済」の話のときで、この場合、ある企業がその投入をすべて倍にしたとき、産出が倍以上になるという話だ。非競合性、あるいは私たちの用語だとスケーラビリティは関連性がある。これを見るには、仮に惑星地球をもう一度作り直し、そこのあらゆる天然資源、労働、資本投入など、私たちがいまあるものを配置するとしよう。そして資源、労働、資本投入を2倍にしたとする。現在の惑星と同じ産出を得るには、アイデアも2倍にする（たとえば代数を再創造する）必要があるだろうか？　いいや。同じアイデアを元の惑星からスケーリングすればいい。これは非競合性のおかげだ。だか

ら無形資産が「スケーラブル」だというとき、厳密に言うと何度も使われているのはその資産の根底にある知識なのだ。

3. スケーラビリティとサンクコスト（埋没費用）とそれが市場構造に与える影響についての古典的な議論はSutton（1991）だ。
4. http://www.mckinsey.com/business-functions/strategy-and-corporate-finance/our-insights/learning-to-let-go-making-better-exit-decisions.
5. Avinash Dixit（1992）は、投資にサンクコストがある程度含まれて、不確実性が継続していて、投資機会がまた後でも生じる可能性があるなら、待つことにも価値があると指摘している。Dixit and Pindyck（1995）は2段階の埋没研究開発投資プロジェクトの例を設定している。第1段階はきわめて高価だが、それほど費用のかからない第二段階の収益性について情報を与えてくれる。彼らの例での簡単なNPV（純現在価値）計算で、第1段階は埋没費用（サンクコスト）がきわめて高いために実施する価値がないことが示される。だが不確実性解消からの収益も含めれば、第1段階もきわめて価値あるものとなるかもしれない。というのもそれは「オプション」、つまり第2段階に進むかどうかを決める機会を作り出すからだ。つまり無形投資への投資は、第1段階では直接資産を創り出さなくても、きわめて価値が高く、Carol Corrado and Charles Hulten（2010）が「戦略的」財産と呼ぶものを創り出すかもしれない。
6. *The Writings of Thomas Jefferson*. 1905. Andrew A. Lipscomb and Albert Ellery Bergh編。Thomas Jefferson Memorial Association, 13:333–35.
7. アメリカ合衆国憲法第1章第8条第8項は、アメリカ議会に以下の力を与えている。「科学と有用な技芸の進歩を促進するため、限られた時間の範囲内で、著者や発明者に対してそれぞれの著作や発見に対する独占的な権利を確保する」。

第5章：無形資産、投資、生産性、長期停滞

1. Summers 2015として公開。サマーズは2014年2月24日のNational Association for Business Economics Policy Conference基調演説でこの考えをさらに進めた（Summers 2014）。ポール・クルーグマンはまた「流動性の罠」という用語を普及させた。これは金利がこれ以上は下げられず、したがって金利の調整による投資と消費の変化を通じて機能する金融政策が、活動への影響力を失う状況を指す。
2. 利潤の指標はいろいろある。そうした指標の一つが統計機関により公開されている。これは経済全体の企業利潤（ただし銀行や石油産業など一部産業部門除く）を計測し、それを経済全体の商業資本で割って、雇用資本収益率を計算するものだ（これと関連した別の指標は、企業利潤をGDPで割ったものだが、これは雇用資本収益率ではなく、総所得に占めるそうした利潤の割合だ）。「利潤／利益」と呼ばれる他の指標としては、

株式市場での時価総額からのもので、たとえばトービンのQ（非金融企業の時価総額と有形資本の比率）や、株式時価総額がGDPに占める比率などがある。

3. この見方に対する一つの反論は、James Bessen (2016) のものだ。彼は企業の時価総額を、(i) 企業の無形資産（研究開発、広告宣伝、販管費）、および (ii) 規制、ロビイング、レントシーキングに関するその業界のデータと組み合わせた。他の研究と同じく、彼は時価総額と各種無形指標やロビイング／レントシーキング指標との間に統計的に有意な相関を見出している。だが2000年代からの彼のデータだと、無形／有形資本比率は下がっているので、彼は無形投資は2000年代の利潤上昇を説明できない（ただし1980年から2000年の上昇は説明できる）としている。だが彼も認めているように、彼の規制や研究開発に関する指標は製薬や輸送などごく少数の産業に集中している。だから彼は、私たちが使っているもっと広い種類の無形資産を計測していない。
4. TFPは企業が投入をどれだけうまく使っているかを計測しているのだということを思い出そう（つまり、全投入1単位による産出だ）。もしそれをスケーリングできたり、あるいはもっとムシのいい場合は他の企業からの投入の恩恵を受けられたら、TFPはさらに上昇する。
5. たとえば http://stumblingandmumbling.typepad.com/stumbling_and_mumbling/2016/03/barriers-to-productivity-growth.html を参照。

第6章：無形資産と格差の増大

1. ミュール（騾馬）と呼ばれるのは、それが先立つ二つの発明のハイブリッドだからだ。その二つとは水力紡績機とジェニー紡績機だ。無形投資——この場合、違った種類の研究開発——のシナジーが最近発見されたわけではないことを示す好例だ。
2. Louis Anslow, https://timeline.com/robots-have-been-about-to-take-all-the-jobs-for-more-than-200-years-5c9c08a2f41d#.wh363gjar. また Bakhshi, Frey, and Osborne 2015 も参照。
3. たとえば彼の以下の投稿を参照: http://stumblingandmumbling.typepad.com/stumbling_and_mumbling/2011/10/the-bosses-pay-con-trick.html.
4. この論理の背後にはもっと深い理由があり、移動性を持つ資本を課税すると、労働者の費用負担が増えるからなのだ。どうして資本所有者が支払う税金請求が労働者の負担になるのだろうか？　答えは、税の法的発生と経済的発生の差にある。法的な発生は、その税金を実際に支払う存在の身元だ。経済的発生は、その結果として所得が変わる人々の身元だ。だから政府が資本課税したら、資本は外国に移動できるが、それでも法的な発生は確かにそれを納税する資本所有者の負担となる。この例では、資本はすべて外国に移動するからだれも納税しない。でも仕事に使える資本が減ると、労

働者たちの生産性は下がり、その賃金も下がる。だから経済的な発生は労働者にふりかかるのだ。

5. Krueger 2016での報告。

第7章：無形資産のためのインフラと、無形インフラ

1. John Fairleyは1900年にロンドンにいた馬30万頭について赤裸々に描き出している。その馬は「驚異的なまでの組織的複雑性と洗練度を持つインフラによって支えられていた。（中略）大西部鉄道は4階建ての厩舎からなる馬の保管場所を建設し、その世話係として厩舎係、蹄鉄職人、獣医、飼料運搬車の大群を擁していた」（*Horses of the Great War* 2016, prologue）。
2. Edgertonはまた、距離の死という主張はずいぶん前からあることを指摘している。彼は1944年のジョージ・オーウェルを引用している。「人々は1914年以前にも流行っていたいくつかのフレーズを繰り返し続けている。私が大好きな二つは『距離の廃止』『フロンティアの消失』だ。『航空機と無線が距離を廃止した』とか『世界中のあらゆる場所はいまや相互依存している』というような主張には何度お目にかかったか見当もつかない」。Orwell, "As I Please," *Tribune*, May 12, 1944.
3. 「場所ベース」の政策を評価した経済学者たちは重要な問題を見つけている。まず政策でありがちなこととして、反実仮想をどう置くかが非常に難しい。つまりそのクラスターがなければ何が起きたかは非常にわかりにくい。第二に、経済学者たちは「場所移動」の証拠をますます見つけるようになっている。経済学者Henry Overman and Elias Einioは、荒廃地域での雇用に補助金を出す2006–2011年のプロジェクト、地元企業成長イニシアチブを検討した。すると、それが荒廃地域の雇用を5%増やしたが、近隣地域の雇用を5%下げたという結果を出した。もっとひどいことに、このプログラムが6年で終わると、企業はすべて元の地域に戻ってしまった。だからこのプログラムは4.18億ポンドほどかけて、企業を一時的に800メートルほど引っ越しさせただけに終わったのだった。
4. 彼女の辞職届けは以下にある: https://shift.newco.co/letter-of-resignation-from-the-palo-alto-planning-and-transportation-commission-f7b6facd94f5#.9oa7winlu, 以下のMarginal Revolution blogで引用: http://marginalrevolution.com/marginalrevolution/2016/08/collective-land-ownership-in-palo-alto.html.
5. Daniel Davies and Tess Readの著書 *The Secret Life of Money* には展示会の経済学に関する見事な章がある（D. Davies and Read 2015）。

第８章：無形経済への投資資金という課題

1. ケインズは『雇用、利子、お金の一般理論』第12章で以下のように両者を分ける。「市場の心理を予測する活動に、投機ということばをあてはめて、資産の寿命を通じた見込み総収益を予測する活動を事業と呼ぶ（中略）。［一部の投資家は］株価上昇の見込みがないと、投資商品を購入したりしません。これは（中略）上述の意味で投機家なのです。事業の安定した流れがあれば、その上のあぶくとして投機家がいても害はありません。でも事業のほうが投機の大渦におけるあぶくになってしまうと、その立場は深刻なものです。ある国の資本発展がカジノ活動の副産物になってしまったら、その仕事はたぶんまずい出来となるでしょう」。
2. もっと細やかな議論は、公的に提供される研究開発が邪魔されているというものだ。Arora, Belenzon, and Patacconi（2015）論文は、アメリカ証券取引所におけるアメリカ企業の科学的な発表論文を1980年から2007年まで調べ、ほとんどの公開企業は特許を増やしていて、そうした特許の価値は安定しているようだが、専門誌に発表する論文の数はどんどん減っていると報告している。
3. 最近の CMA/FCA 報告書では、中小企業のうち「自分の銀行が事業を支援してくれている」と考えたのはたった25％だった。
4. *Hamlet,* Act I, Sc. 3, lines 75–76. 邦訳シェイクスピア『ハムレット』。
5. アメリカのルールについては、たとえば以下を参照：http://www.federalreserve.gov/bankinforeg/stress-tests/2014-revised-capital-framework.htm#f37r.
6. これは税の影響について調整しても残るようだ。
7. この一部は*Economist*で論じられている：https://www.economist.com/news/briefing/21651220-most-western-economies-sweeten-cost-borrowing-bad-idea-senseless-subsidy
8. https://www.bloomberg.com/news/articles/2014-10-06/s-p-500-companies-spend-almost-all-profits-on-buybacks-payouts.
9. ちなみに指摘しておくと、Ikenberry, Lakonishok, and Vermaelen（1995）によれば、株式買い戻しは短期で価値を創り出し、長期ではさらにもっと価値を生む。
10. これは経済学者サンフォード・グロスマンとオリヴァー・ハートの有名な議論（Grossman and Hart 1980）にも関連している。この議論では、小株主は業績の悪い経営者を始末するために自分のリソースを割いたりはせず、むしろ株価を通じて暗黙のうちに他人（特に企業乗っ取り人たち）の仕事に頼ろうとする。
11. *Forbes Magazine*での彼のプロフィールは以下を参照：http://archive.fortune.com/magazines/fortune/fortune_archive/1998/10/26/250008/index.htm.

第9章：無形経済での競争、経営、投資

1. Sarah O'Connor, "Amazon Unpacked," February 8, 2013, https://www.ft.com/content/ed6a985c-70bd-11e2-85d0-00144feab49a.
2. 持続的優位性は、持続可能性（サステナビリティ）と混同してはいけない。持続可能性はしばしば、長命性の指標ではなく、環境的な配慮の指標として出てくる。だが多くの場合、どちらも立派な目標となる。というのも法制度と世論の圧力で、企業はおそらくまちがいなしに、どちらもやりたいと考えるだろうからだ。だが企業が、たとえば環境破壊により短期的な収益を増やせる場合（たとえば不適切な廃棄物処理をするなど）は常に存在する。同様に、短期収益を上げる最も簡単な方法は、供給業者（そしてときに顧客）に対する約束を破ることだ。こうした戦術は長期的にはどれも持続可能ではないので、私たちは除外している。
3. http://data.ers.usda.gov/reports.aspx?StateFIPS=16&StateName=Idaho&ID=10633#.U-5XxfldXzg.
4. さらなる議論としては、Lev and Gu (2016) および Foss and Stiglitz (2012) のきわめてわかりやすい分析を参照。Kay (1993) は企業が創り出せる各種資産を三種類に分類している。イノベーション、評判、アーキテクチャ（最後のものは組織の特徴の話だ）。
5. http://stumblingandmumbling.typepad.com/.
6. だったら、その権限をだれが持つべきかと問う活発な研究が行われている。経営者か、労働者か、所有者か？
7. たとえば www.sfgate.comで報道されている（https://www.sfgate.com/bayarea/article/Court-to-FedEx-Your-drivers-are-full-time-5717048.php）。これによると、Fedexは運転手に自分で車を用意しろと義務づけたのに、「自分のサイズ、棚の構成、塗装の色」を指定したという。
8. そして経営アンケート作業は、実際にこの影響について補正しようとしている。だからたとえば世界経営アンケート調査は、目標の期間について尋ね、もし「長期目標が具体的な短期目標に翻訳されて、短期目標が長期目標実現のための『階段』となる」ならば高得点を与えている（World Management Survey, question 10, manufacturing questionnaire, http://worldmanagementsurvey.org/wp-content/images/2010/09/Manufacturing-Survey-Instrument.pdf）。
9. もちろんこうした一般原理もそれ以外にも、実際にはもっと複雑になる。まず、企業会計においては無形資産はしばしば「のれん代以外の無形資産」（たとえばここで論じた特許）と「のれん代」だ。のれん代というのは、企業がたとえば買収を通じて合併した場合に外的にしか生じないものだ。こうしたのれん代は、資産として扱われて償却される（あるいはのれん代の価値が合意された形で下がれば（毀損と呼ばれる）、その

分の経費が計上される)。イギリスでこれに関する指針としてはUK Financial Reporting Council, FRS102, chapters 18と19を参照。Lev (2001) の補遺Aは、アメリカについてのルールを報告しているが、同じパターンをたどる。ただしたとえばクレジットカードのポートフォリオ、映画ライブラリやテレビ会社、鉱物や空港着陸権などの場合にはややこしい例外がある。

10. Lev and Gu (2016) が指摘するように、2011年にHP社はオートノミー社を100億ドルで買収したが、その価値の大半はソフトだった。だがそのほとんど全額を翌年に損切りした。
11. BAT 財務諸表、2015 : http://www.bat.com/ar/2015/assets/downloads/BAT_Financial_Statements_2015.pdf.

第10章:無形経済での公共政策

1. 具体的な規制はFrameworkの第一部、p. 89に挙げられている("London View Management Framework" 2012)。
2. その一方で、すでにある程度の便益を生み出して競争政策を左右できるようになるほどの独占企業を容認するのは、たぶんよい政策にはならない。逆にたくさんの小企業を創り出すような市場構造をつくり出す競争政策にこだわるのは、無形リッチな(おそらくは大規模な)企業からくる多くの便益を消費者が享受できないので、よい政策決定とはいえない。競争政策はむしろ、市場がたとえば競争性を提供していて、新企業や新製品が導入できるようになっているかに専念すべきだ。
3. https://www.iras.gov.sg/irashome/Schemes/Businesses/Productivity-and-Innovation-Credit-Scheme/#title5を参照。

【著者紹介】
ジョナサン・ハスケル（Jonathan Haskel）
インペリアル・カレッジ・ビジネススクール経済学教授。スティアン・ウェストレイクと2017年インディゴ賞を共同受賞した。

スティアン・ウェストレイク（Stian Westlake）
イギリス全国イノベーション財団ネスタ・シニアフェロー。ジョナサン・ハスケルと2017年インディゴ賞を共同受賞した。

【訳者紹介】
山形浩生（やまがた　ひろお）
評論家、翻訳家。東京大学大学院工学系研究科都市工学科およびマサチューセッツ工科大学不動産センター修士課程修了。開発援助コンサルタント。コンピュータ、経済、脳科学からSFまで幅広い分野で翻訳と執筆を手がける。著書に『新教養主義宣言』ほか。訳書にピケティ『21世紀の資本』、クルーグマン『クルーグマン教授の経済入門』、スノーデン『スノーデン 独白』、バナジー&デュフロ『貧乏人の経済学』ほか多数。

無形資産が経済を支配する
資本のない資本主義の正体

2020年1月30日　第1刷発行
2024年4月17日　第5刷発行

著　者——ジョナサン・ハスケル／スティアン・ウェストレイク
訳　者——山形浩生
発行者——田北浩章
発行所——東洋経済新報社
〒103-8345　東京都中央区日本橋本石町 1-2-1
電話＝東洋経済コールセンター 03(6386)1040
https://toyokeizai.net/

装　丁…………吉住郷司
DTP…………アイランドコレクション
印　刷…………港北メディアサービス
製　本…………積信堂
編集担当………矢作知子
Printed in Japan　　ISBN 978-4-492-31524-8